KB187414

어윤중과 그의 시대

근대 재정개혁의 설계자

어윤중과 그의 시대

김태웅 역사평설

아카넷

프롤로그

왜 어윤중인가?

이 책은 한국 근대개혁기 재정 문제를 비롯해 국내외 정치 · 경제 · 사회 현안을 해결하려다가 비명횡사한 어윤중(魚允中, 1848~1896)의 일대기를 자료에 입각하여 서술한 결과물이다. 따라서 여기서는 어윤중의 개인사에 국한하지 않고 한 인물을 통해 이 시대의 전개 과정과 그 의미를 재조명했다.

한때 필자는 한국근대사에서 지조 있는 애국지사와 열정적인 혁명가는 많은데 왜 유능하고 냉철한 정치가와 관료는 등장하지 않았는지 의문을 품었다. 김옥균의 경우, 식자층과 정치가들부터 근대화의 선각자라는 칭송이 오랫동안 이어졌다. 그러나 그는 조급하게 개혁을 추진하려다가 좌절한 풍운아일 뿐만 아니라 결과적으로 일본 침략의 길을 열어주었다는 혐의를 완전히 벗을 수 없었다. 또 전봉준의 경우, 1980년대 변혁을 꿈꿨던 청년들의 우상으로서 그의 민중의식과 혁명의지가 가히 폭발적인 매력으로 다가왔다. 하지만 일본의 침략과 집권층의 탄압으로 형장의 이슬로 사라졌다. 그의 꿈이 당시 민중들의 소망을 담고 있다고 해도 현실의 장벽을 뛰어넘기에는 그 정치적 · 사회적 기반이 매우 열악했기 때문이다.

오늘날 우리 현실도 19세기 상황과 마찬가지여서 재기 어린 정치가와 열정적인 시민운동가가 즐비하지만 그들의 꿈이 정책으로 펼쳐지지 못하고 구호로 그친다면 무슨 의미가 있겠는가. 국가개혁은 국내외 시세 변동에 대한 날카로운 인식과 함께 현실의 복잡다단한 난제를 풀 수 있는 전문 역량, 체계적인 중장기 예측 능력 그리고 사회통합적 자세가 뒷받침될 때 소기의 성과를 거둘 수 있다. 물론 이런 요소들을 두루 갖추고 있는 정치가나 관료가 있을지라도 당대의 풍파 속에서 난파할 수 있다. 한국근대사는 이를 단적으로 보여주고 있지 않는가.

그럼에도 필자는 한국근대사에서 이러한 요소를 갖춘 인물을 찾아 현실로 소환하고자 하는 시도를 그만둘 수 없었다. 순수와 열정을 넘어 국제 정세와 근대 문물에 대한 폭넓은 안목과 자신의 역사와 문화에 대한 자긍심, 그리고 현실의 모순을 예리하게 파악하고 실질적으로 가능한 정책을 수립하여 집행함으로써 국가의 이익과 민족의 생존, 민생의 안정을 도모한 인물은 과연 없는가.

이런 가운데 필자는 30여 년 전 석사과정 시절 근대지방재정사 논문을 준비하는 과정에서 어윤중의 글을 접하고 이루 말할 수 없는 짜릿함을 느꼈다. 그의 암행어사 서계 및 별단, 조사시찰단 보고서 등을 보고 혹시 내가 찾고 있는 인물이 이 인물이 아닐까 하는 생각이 든 것이다.

그러나 당시 필자의 치기 어린 의문을 풀어내기에는 사정이 다급했다. 논문을 집필하는 게 급선무였기 때문이다. 다행히 현재 서울대 명예교수인 신용하 교수가 1980년대 초반 규장각 등에서 발굴한 어윤중의 저작물을 『어윤중전집』으로 엮어 영인 출간한 덕분에 필자는 수고를 덜고 그의 글을 찬찬히 읽게 되었다. 이때 필자는 지방재정 관련 자료를 찾는 터라 어윤중이 1883년 조사시찰단(朝士視察團, 1980년 중반까지는 신사유람단으로 불림)의 일원으로 일본을 방문한 뒤 돌아와 남긴 『재정문견』에서 일본 메이지 시대의 지바현 지방세 자료를 발견하고는 필자의 논문 구도를 잡는 데 활용했다.

어윤중에 대한 재평가의 필요성

이후 박사학위 논문을 집필하는 과정에서 어윤중과 다시 마주하게 되었다. 갑오개혁기에 어윤중이 탁지부 대신으로 활동하면서 근대 재정개혁을 추진했다는 점은 익히 알고 있는 가운데 그가 1883년 서북경략사로 파견되어 함경도 재정개혁을 추진하였고 급기야 여기서 얻은 실무 경험을 바탕으로 갑오개혁기 국가재정개혁에 확대 · 적용함으로써 우리나라 조세체계를 혁신하였음은 물론 중세 재정체계를 근대 재정체계로 전환시켰음을 확인할 수 있었다. 즉 그는 서북경략사로서 평안도와 함경도를 순찰하면서 환곡을 혁파하여 지방관아 재정의 안정을 도모하는 데 그치지 않고 이러한 경험을 살려 국가 재정체계를 일신하고 근대개혁의 물적 토대를 갖추고자 했다. 그를 일컬어 우리나라 근대개혁기 '재정개혁의 설계자'라고 불러도 지나치지 않을 것이다.

어윤중의 이러한 혁혁한 업적에도 불구하고 우리 역사책에서는 그를 별로 주목하지 않았다. 무엇보다 그에게 덧씌어진 온건 개화파라든가 심지어 친청파라는 달갑지 않은 명명이 그의 활동을 김옥균 등 급진 개화파에 비해 빛이 바래게 했으며 그의 개혁 활동도 정치적으로 해석할 수 있도록 만들어 놓았기 때문이다. 특히 김옥균 등 급진 개화파가 일으킨 갑신정변이 조급했다는 비판을 받음에도 불구하고 자주적인 근대개혁운동으로 높이 평가되는 반면에 어윤중 등 이른바 온건 개화파의 활동과 노선은 민씨 정권에 대항하지 못하고 청국의 보호에 안주했다는 일면적 평가로 인해 변혁운동의 무기력한 결과를 초래했다는 비판을 면치 못했다.

이런 차에 1990년대 말 필자는 김옥균에 관심을 기울이게 되었다. 무엇보다 일제강점기 인물사 연구와 위인 교육에 대한 해명이 초등역사교육사 차원에서 절실했기 때문이다. 2000년에 발표한 논문 「일제강점기 김옥균 추앙운동과 위인교육」은 그러한 고민의 산물이었다. 그런데 이 과정에서 김옥균에 대한 기존의 평가에 의문을 갖게 되었다.

왜 일제강점기에 일본인 아시아주의자들과 한국인 친일파들은 김옥균 추앙운동에 열을 올렸을까? 북한학계가 언급한 대로 김옥균은 근대적 선각자임에도 불순한 후생들이 그들의 정치적 야욕을 채우기 위해 김옥균을 친일파나 아시아주의자로 몰고 간 것일까? 아니면 남북한 학계가 각자 자신의 이념적 지향을 정당화하기 위해 김옥균을 비롯한 급진 개화파를 과대평가한 것일까? 이런 의문이 이 논문의 기저를 깔고 있었다.

최근 급진 개화파에 대한 학계의 주류 인식을 비판하면서 새로운 자료 발굴과 엄격한 사료 비판을 통해 재해석이 이루어지고 있어 고무적이다. 따라서 저자로서는 김옥균에 대한 학계의 기존 인식을 재고하기 위해서는 개혁의 한 축을 맡았던 어윤중에 대한 치밀한 복원과 정당한 해석이 수반되어야 한다는 필요성을 절실하게 느꼈다. 하지만 『어윤중전집』이 간행되었음에도 불구하고 그의 행적을 추적하는 데는 많은 난관이 기다리고 있었다.

첫째, 어윤중이 청국과 통상·국경 문제로 중국을 자주 방문하였다는 점에서 그의 중국행을 추적하기 위해서는 조선뿐만 아니라 중국 쪽 자료를 검토해야 한다. 물론 이 시기에 『계청중일한관계사료(季淸中日韓關係史料)』가 타이완에서 이미 간행되었다. 그러나 중국 자료에 대한 안목이 일천한지라 한국근대사 연구자로서는 엄두가 나지 않았다. 한중관계 자료의 발굴과 함께 한중관계사에 대한 연구 성과의 축적을 기다려야 했다.

둘째, 어윤중 개인에 대한 자료가 좀 더 발굴될 필요가 있었다. 비록 국사편찬위원회에서 일찍이 『종정연표』를 발굴하여 사료총서로 출간하였지만 그의 출생, 성장 과정 및 가족 관계 등 그의 가계와 행적이 구체적으로 나오지 않고 있었다. 그동안 허동현 교수를 비롯한 많은 이들이 어윤중에 관심을 가지고 수편의 글을 발표했지만 한 인간의 삶을 온전하게 복원하는 데에는 채워야 할 빈 구석이 많았다.

셋째, 19세기 전후반 정치사와 사상사에 대한 연구가 빈곤한 데다가 이 분야에 대한 저자 자신의 학식이 부족했던 터라 그의 정치적 성향을 파악함은 물론 사상적 위치를 가늠하기가 어려웠다. 특히 한 시대가 종말을 고하고 새로운 시대로 이행하는 때일수록 한 개인의 사상적 깊이를 알아야 할 뿐더러 이를 뒷받침하는 사상적 조류에 대한 이해가 선행될 필요성을 느꼈다. 따라서 어윤중에 대한 관심은 한동안 수면 밑으로 잠겨 있어야 했다. 좀 더 많은 시간이 필요했다.

그런 가운데 2000년대에 들어와 북학 사상에 대한 연구를 비롯하여 18 · 19세기 사상사 연구의 성과물이 속속 출간되는 한편 사회경제사 연구도 궤도에 올라 여러 권의 두툼한 단행본으로 나오면서 어윤중의 일대기를 집필할 수 있는 조건이 서서히 마련되고 있었다.

특히 국사편찬위원회와 한국고전번역원을 비롯하여 규장각한국학연구원, 한국학중앙연구원 등에서 추진해 온 자료들의 전산화로 문집, 공문서 등을 쉽게 볼 수 있게 되면서 어윤중 관련 자료를 찾을 수 있는 길이 보이기 시작했다. 또 중국 근대사 전공자들의 노력과 동북아역사재단의 지원으로 한중관계 외교자료들이 번역, 출판되었다. 만약 여러 선학들의 연구 성과와 함께 각종 아카이브의 전산화와 번역이 없었다면 이 책의 집필은 불가능했다. 어윤중 연구에 직접적인 근거들을 제공하고 있지 않지만 조선후기 사회경제사의 변동은 물론 부세개혁론과 토지개혁론으로 대표되는 사회경제개혁론을 집중 다룬 선학들의 연구 성과 역시 이 책을 뒷받침하고 있다.

그동안 필자는 전문 연구자를 대상으로 학술 논문을 집필하면서도 간간히 역사교사라든가 학생, 일반인들을 구분하여 각각에 부합하는 다양한 글쓰기를 시도해 왔다. 한편의 귀중한 논문에 연구자들이 쏟은 각고의 정성과 시대에 대한 고뇌가 담겨 있음에도 불구하고 상아탑에 갇힌 연구 성과로 치부되는 것에 대한 안타까움이 앞섰기 때문이다.

특히 사회경제사 연구자로서 늘 아쉬웠던 것은 장기적인 구조의 지속과 변동에 중점을 두다 보니 역사의 주인공인 인간의 활동이 구조와 제도에 가려 구체적이고 역동적으로 드러나지 않아 정치사나 사상사에 비해 일반 독자의 관심이 현저히 떨어지는 게 아닌가 하는 조바심이 있었다. 그리하여 외우(畏友) 차익종 교수의 적극적인 권유와 여러 지인들의 따뜻한 격려 속에서 구조와 시대를 종적으로 추적하면서도 한 개인의 고뇌와 격정적인 삶을 횡적으로 엮을 수 있는 인물로 어윤중을 선택했다. 어윤중의 삶과 시대의 생생한 길항을 그리는 데 필자가 유념한 부분은 다음과 같다.

우선 인간과 구조의 상호 작용, 인간과 시대의 만남을 씨줄과 날줄로 서술하는 방법을 어윤중의 삶에 적용하여 한국근대사의 격랑 속에서 어윤중을 중심으로 여러 인물들이 총체적 난국을 어떻게 헤쳐 나가며 다음 세대에 무엇을 남기고자 했는가를 서술하고 싶었다. 또한 근대개혁을 추진하다가 난파되었지만 어윤중에 대한 실증적이고 깊이 있는 기초 작업이 선행되지 않은 채 성공과 실패, 수구와 개화라고 하는 도식에 사로잡혀 섣부른 평가로 치달은 것은 아닌가 하는 의문 속에서 어윤중의 출생, 성장, 학문과 관력을 세밀하게 복원하고 그의 개인적 고뇌와 엄혹한 시대의 긴장 어린 대화를 듣고자 했다. 그것은 시대와 민인(民人)의 목소리를 경청하며 험난한 세계사적 조류에 맞서 걸어가는 작은 거인의 행적을 드러내는 일이다.

또한 인물의 생애사에서 흔히 볼 수 있듯이 한 개인의 삶이 이전 세대의 지적 · 사회적 환경에 영향을 받고 때로는 그 한계를 극복하면서 끊임없이 성장 · 진화한다는 점에 유의했다. 즉 1881년 일본 시찰 이후 어윤중의 활동에 초점을 맞춰 이전 시기와의 단절성을 부각시키려 한 기존 연구의 접근 방식에서 벗어나 이전 시기의 사상적 성향과 교우 관계도 가능한 한 복원하고자 했다.

풍부한 자료와 답사를 통해 복원한 어윤중의 삶과 시대

이 책에서는 어윤중의 생애를 생생하게 재현하기 위해 허동현 교수를 비롯한 여러 연구자들이 거둔 학문적 성과를 다시 한 번 검토했다. 이 과정에서 대학원 강좌에 참여한 사범대 역사과 대학원생들의 성실과 열정이 큰 보탬이 되었다. 이 자리를 빌어 감사를 드린다.

어윤중과 관련된 수다한 자료들 가운데 국내 자료는 물론 국사편찬위원회와 동북아역사재단을 비롯한 여러 기관에서 발간한 중국 자료, 일본

자료도 포함되었다. 특히 어윤중 자신이 갑오개혁 직전에 남긴 『종정연표』는 개혁관료로서의 활동을 연표 형식으로 보여주고 있어 그의 생애를 복원하는 데 매우 중요한 근거 자료가 되었다. 또한 『고종실록』, 『승정원일기』 등 연대기 자료는 『종정연표』가 미처 말하지 못하고 있는 틈새를 메우는 데 매우 적절한 자료였다. 물론 이들 연대기의 국문 번역 역시 국사편찬위원회나 한국고전번역원의 국역사업의 도움을 받았다. 두고두고 연대기 자료에 감사한 것은 이 때문이리라. 그 밖에 인간의 정서와 시대적 분위기를 전하기 위해 여러 인물들의 문학 작품도 대거 활용했다. 물론 자료의 공백과 미진한 부분은 저자가 짊어져야 할 몫이다.

한편, 자료를 찾아 읽어가는 가운데 틈틈이 어윤중 관련 유적지를 세 번 답사했다. 현장을 보지 않고 자료의 생생함을 배가할 수 없기 때문이다.

첫 번째 답사 장소는 어윤중이 출생하고 성장한 곳으로 알려진 충청북도 보은군 삼승면 선곡리와 장안면 장내리, 봉비리였다. 이곳 선곡리에서 어 씨 성을 가진 어르신이 저 집이 옛날 '어판사댁'이라고 알려주실 때 그 전율은 이루 말할 수 없었다. 또한 휴일 날 장안면사무소 직원의 따뜻한 안내 역시 비봉리 함종어씨 집성촌을 찾는 데 큰 도움이 되었다. 그런가 하면 1893년 3월 동학농민들의 보은 집회 현장을 방문하고는 그날의 함성을 듣는 듯했다. 상경하는 길에 어윤중이 살해당한 안어고개를 찾는 과정에서 용인시 처인구 이동면사무소 직원의 안내 역시 답사의 기쁨이자 보람이었다.

두 번째 답사 장소는 어윤중 부모의 묘지가 소재한다고 알려진 군산시 성산면 성덕리였다. 애초에 어윤중의 묘지를 찾기 위해 함종어씨 종친회를 방문했지만 잘 알지 못한다는 답변을 들었다. 그러나 종친회 총무일을 맡고 계신 어강(魚溓) 씨는 나의 실망을 눈치채고 어윤중이 편찬한 『함종어씨세보』와 종친회가 간행한 족보를 보여주었다. 나로서는 천군만마를 얻는 기쁨이었다. 집으로 돌아와 촬영된 족보를 찬찬히 검토해 보니 어윤중 부모의 묘지가 임피(오늘날 군산)에 있음을 확인했다. 혹시나 하여 근대군산역사박물관의 김중규 계장에게 문의해 어윤중의 부모 묘지가 있는 장소를 안다는 답변을 들었다. 이렇게 해서 두 번째 답사를 떠났다.

이 답사에는 학과의 이경식 명예교수와 군산대 구희진 교수가 동행하고 김중규 계장이 길을 안내했다. 긴가민가하는 마음으로 언덕을 좀 더 올라가 수풀을 헤쳐 보니 과연 비문이 덩그렇게 서 있었다. 비문을 만져보니 글씨들이 하나씩 하나씩 보이기 시작했다. 어윤중의 출생 장소를 추적할 수 있는 실마리를 구하지 않을까 하는 들뜬 마음과 어윤중 집안의 쇠망을 엿보아야 하는 비통함이 교차했다. 조심스럽게 비문을 촬영한 뒤 답사를 마치고 비문을 번역하기 시작했다. 그런데 천우신조였을까? 군산의 향토사가인 김두현이라는 분이 이 비문을 번역한 터라 작업 기간을 단축시킬 수 있었다.

두 번째 답사는 함종어씨 종친회에서 시작되었고 마무리는 군산의 많은 분들의 노고와 지원에 힘입은 바가 컸다. 군산이 저자에게 베풀어준 은택이었다. 상경하는 길에 익산시 여산면에 들러 가람 이병기 선생의 묘지 앞에서 재배했다. 그의 국학 연구에 대한 자세와 열정을 상기하기 위해서였다.

세 번째 답사 장소는 어윤중의 공적을 기리는 선정비 소재지 가운데 한 곳인 전라북도 정읍시 칠보면 시산리였다. 선정비가 여러 군데 남아 있지만 인터넷상으로는 비문의 내용이 확인되지 않아 직접 찾아가기로 했다. 이번 답사 역시 많은 분들의 친절한 안내로 소기의 목적을 이루었다. 이곳

역시 찾기가 만만치 않았지만 무성서원의 문화유산해설사가 짐작되는 곳을 몸소 동행하여 알려주었다. 한문학의 비조라 할 최치원 선생, 가사 문학의 백미 「상춘곡」을 지은 정극인 선생, 태인 의병을 일으킨 최익현 선생이 저자를 도운 게 아닌가 한다.

그러나 마음에 걸리는 장소가 여전히 남아 있었다. 어윤중의 지방관 시절을 잘 보여주는 양산이었다. 이곳에 남아 있는 선정비의 내용이 이미 인터넷상으로 알려져 있지만 혹시나 그 밖의 자료가 있지 않을까 하는 궁금증 때문이었다. 그런 차에 어윤중 군수 시절 직전에 양산군 주민들이 상경하여 동래부에 합속된 구포면의 환속을 청원하는 여러 상소문을 올렸는데 이를 양산시립박물관이 전시했음을 알게 되었다. 나로서는 궁금증이 일시에 해소되는 느낌이었다. 양산시립박물관 관계자 분께 감사할 따름이다.

끝으로 얼개도 제대로 안 잡힌 이 책에 과분한 의미를 부여하며 단안을 내린 아카넷 김정호 사장과 오랫동안 원고를 기다려준 김일수 편집장께 감사를 드리고 싶다. 어윤중과 독자의 만남은 이분들의 덕분이다.

이 글을 집필하는 과정은 나의 능력이 부실함을 새삼스럽게 확인하는 세월이었다. 특히 조선 후기 사상사에 대한 일천함이 또 한 번 나를 짓누르면서 분발심을 자극했다. 그러면서도 선학들의 학문적 발자취를 따라가는 작업은 즐거운 일이었다. 이순으로 가는 길이 점점 뚜렷해지지만 선학들의 고뇌를 되돌아보고 후학들의 힘찬 도전을 마주하면서 천천히 조심조심 이 길을 가고자 한다.

모쪼록 독자들이 어윤중의 삶과 그가 남긴 발자취를 통해 한국근대사에 시세의 새로운 변화와 국내외 여건을 냉철하게 인식하면서 국가 진로의 목표와 민족의 생존 전략을 세우고, 민중의 목소리에 귀를 기울이며 자신의 실무적 역량을 제대로 발휘한 시무개혁관료가 있었다는 사실을 여실히 느낀다면 저자로서 바랄 게 없겠다.

2018년 8월
관악산 앞자락 연구실에서
저자 삼가 씀

목차

4. 재기의 꿈을 꾸었으나

1 난세의 시대

가세의 몰락과 민란의 도래

봉기하는 백성과 마주하다

전통사회에서는 근현대사회와 달리 한 인간이 태어나서 성장하는 과정에서 유소년기 · 청년기 학문 수련과 인간관계 못지않게 가문의 학문적 성향, 정치적 위상과 경제적 기반이 인생에 크게 영향을 미쳤다. 따라서 역사학자들은 개인의 삶 뿐만 아니라 그가 속한 가문의 학풍과 위세 및 소유 재산에 관심을 두었다. 19세기 중반에 태어났던 어윤중 역시 가계와 가학, 사회경제적 처지를 빼놓고 그의 성장 과정을 온전하게 이해할 수 없다.

어윤중의 본관은 함종(咸從)이고 시조는 어화인(魚化仁)이다. 어화인은 남송 풍익현(馮翊縣, 지금의 산서성) 출신으로 난을 피해 고려로 귀화한 인물이다.[1] 초기에는 강원도 강릉에 정착하였다가 평안도 함종 고을(오늘날 평안남도 강서군 함종면)을 세거지로 삼았다. 이후 6세 어석공에 이르기까지 이 곳에 현달한 족속으로 세거하여 함종을 본관으로 삼았다.

중시조는 조선시대 세조 때 이시애의 난을 진압하여 시호가 양숙공(襄肅公)인 어세공이다. 훗날 그의 후손들이 양숙공파로 불린 이유가 여기에 있다. 부친은 약우(若愚), 조부는 명능(名能)이고, 증조부는 재상(在象)이다.

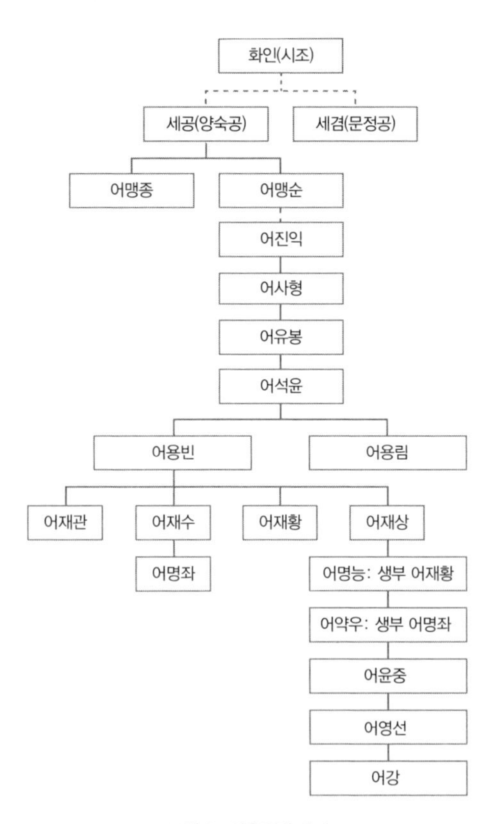

그림 1 어윤중의 가계
출전 : 『함종어씨세보』(1871, 1947, 1994), 『文譜』 2(장서각).

그의 가계를 보면 〈그림 1〉과 같다.

경기관찰사 어진익이 이 집안 출신이고 심지어 경종의 비인 선의왕후(宣懿王后, 1705~1730)가 어윤중의 직계 조상 어유봉의 조카였을 정도로 어윤중 가문은 노론의 당당한 문중이었다.[2] 그런데 이 집안은 역적으로 몰리지도 않았는데 왜 몰락했을까. 이는 어윤중의 성장 배경을 이해하는 데 중요한 실마리를 제공한다.

우선 어윤중의 3대조 어재상이 후사가 없어 어재황의 아들 어명능이 후사를 이었으며 2대조 어명능도 사촌인 어명좌의 아들 어약우가 후사를 이었다. 후손이 적다는 것은 가계를 이어갈 혈연적 유대가 매우 약해졌음을 의미한다. 더욱이 4대조 어용빈이 참봉직을 제수 받은 이래 어느 후손도 관직에 진출하지 못하였다. 당시 그 이유를 구체적으로 확인할 수 없지만 어유구가 경종의 이복동생 연잉군(후일 영조)의 건저(建儲, 제왕(帝王)의 계승자로서 황태자나 왕세자를 세우는 일을 말함)에 소극적이었고 선의왕후가 주저하여 훗날 노론의 공격 대상이 되었다는 점에서 이들 집안이 선의왕후를 예우하였던 영조 연간을 지나면서 정계의 핵심에서 밀려나지 않았을까 추정된다.[3] 이후 다음 대 어용빈과 어용림은 중앙 정계에서 이름이 보이지 않는다. 그러나 박지원의 먼 친척 동생이자 순조 생모 수빈 박씨의 아버지인 박준원(朴準源, 1739~1807)이 기록한 바에 따르면 어용빈(魚用賓, 1737~1781)은 화가 단원 김홍도와 절친하였으며 박준원의 이웃이었다. 당시 김홍도는 어용빈에게 1779년 「송하취생도(松下吹笙圖)」를 그려주기도 했다.[4] 또한 홍봉한의 아들 홍낙임과도 교제가 지속된 것으로 보아 여전히 노론의 중심에 위치했다.[5] 하지만 이후 출사한 인물이 없으므로 가문이 더욱 쇠미해졌다.

어윤중의 출생지를 둘러싼 여러 가설

이런 형편에서 어윤중은 헌종 14년(1848) 경기도 수원에서 태어나 경기도 광주와 충청도 보은에서 성장한 것으로 추정된다. 이러한 추정은 기존의 여러 설과 배치되기 때문에 부연 설명이 필요하다. 즉 어윤중이 처한 환경과 학문 성향, 그의 세계관과 정치경제적 기반을 이해하는 데 매우 중요한 요소여서 소략하게 다룰 수 없다. 그가 어느 지역에서 출생하여 어떻게 성장하며 무엇을 보았고 그의 동네 스승은 누구였고 공부는 어떻게 하였는가는 그의 삶이 추구했던 방향과 주위 환경의 상호 관계를 추적하는 데 매우 중요하다. 어윤중이 갑자기 횡사한데다가 후손들이 조상의 내력을 제대로 정리하지 못해 추정에 불과하지만 출생지에 관한 기존의 설을 소개한 뒤 나의 주장을 제시하면 다음과 같다.

우선 각종 백과사전과 인명사전에서는 함종어씨의 주요 세거지로 오늘날 충청북도 보은군 삼승면 선곡리와 외속리면 봉비리를 지목한다. 물론 대부분의 사전들은 특정 마을을 지목할 수 없어 보은군만 제시할 뿐 구체적인 동네까지 제시하지 않는다.

이 가운데 선곡리설은 현재도 마을 노인들 사이에 '어판사댁'이라고 전해지고 있는 가옥이 있어 유력한 출생지로 거론된다.[6] 해당 지역의 신문들

그림 2 보은군 삼승면 선곡리 마을 전경

도 이런 구전에 근거하여 어윤중의 출생지로 추정하고 있다.[7] 이러한 주장은 당시 어윤중이 많은 시간을 이곳에서 보냈다는 여러 정황으로 보아 신빙성이 높다. 그러나 이곳이 그의 삶에서 차지하는 기간이 길다고 하여 출생지로 단정하기에는 다소 무리가 따른다. 또한 이곳은 화순최씨의 집성촌이어서 어윤중 개인이 거주할 수 있겠지만 함종어씨 집성촌이 들어서기에는 무리에 가깝다. 좀 더 많은 자료들이 발굴될 필요가 있다. 인문지리학자 최창조는 출생지를 선곡리로 추정했다가 1997년에는 봉비리로 변경했다.[8]

봉비리설도 여러 학자들이 주장하고 있다. 최창조에 따르면 봉비리는 세조 때의 명신 어효첨(魚孝瞻)의 고향이며 이후 어효첨의 후손이 임진·병자 양란을 피해 다시 입향(立鄕)한 곳으로 추정하고 있다.[9] 당시 이들 후손이 다시 이곳을 찾은 까닭은 속리산이 풍수지리에서 10승지의 하나로 꼽힐 정도로 피난처로서 안성맞춤이라고 판단했다는 것이다. 이는 마을 이름 봉비리 자체가 '비봉귀소형(飛鳳歸巢型, 날아다니는 봉황이 돌아오는 보금자리 모양)'의 길지라는 뜻에서 나왔다는 데 근거를 두고 있다.

1893년 3월 동학도 2만여 명이 보국안민과 척양척왜를 외치며 보은 장내리에 모였는데 이곳 장내리가 봉비리와 매우 가깝다. 당시 어윤중이 선무사로 파견된 이유 중에 보은이 어윤중의 성장지였다는 점도 감안되었다는 것이다. 이후 1990년대 중반에도 어씨 일가 10여 호가 거주하였음도 이를 방증한다.[10] 그러나 이러한 주장도 이곳이 어윤중의 삶과 밀접했음을 보여주는 정황을 보여주지만 출생지를 문헌상으로 직접적으로 증빙하는 주된 근거로 삼기에는 미약하다.

한편 어윤중이 경기도 광주군 구천면 고덕리(오늘날 서울 강동구 고덕동)

에서 출생한 뒤, 충청도 보은군 삼승면 선곡리로 이사하여 성장했다는 주장도 있다.[11] 1910년대 초반 토지조사부에 따르면 고덕리에는 함종어씨가 상당한 면적의 토지를 소유하고 있었다.[12] 비록 이들 일가가 양숙공파가 아니라 문정공파이기는 하지만 당시 어씨 문중이 작은 규모임을 감안한다면 여기서 세거했음을 짐작할 수 있다. 특히 어윤중이 추천하여 국비 유학생으로 일본 유학을 간 어담(漁澹, 1881~1943)의 소유지 3,454평이 기재되어 있다.[13]

또한 이곳 고덕리에는 조선 중기에 서얼이지만 율곡 이이를 가르칠 정도로 박식한 학자이자 중국어에 뛰어난 외교관으로서 『고사찰요(攷事撮要)』와 『패관잡기』를 남긴 어숙권(魚叔權)의 별묘(別廟, 가묘에서 받들 수 없게 된 신주를 모시는 사당)가 남아 있다는 것도 주목해야 할 점이다.[14] '구천(龜川)'이라는 명칭은 문정공 어세겸이 성종 19년(1468) 익대공신에 책록되면서 국가로부터 사패지를 받았을 때 이 땅의 이름을 아버지 어효첨의 호를 따서 국가의 허락을 받아 개명한 이름이다.[15] 어세겸 사당도 고덕리에 건립되어 있었서[16] 구천면 고덕리는 어씨 문중과 인연이 매우 깊다고 하겠다.[17] 그 밖에 어윤중의 부친인 어약우의 무덤이 최초에는 선영인 조부 어명능의 무덤 옆에 조성되었다는 점에서 어약우가 광주 근처에 거주할 때 어윤중이 출생하지 않았을까 싶다.

마지막으로 나의 경기도 수원설이다. 무엇보다 어윤중이 손수 지은 어머니 이 씨 묘비명에 따르면 어윤중의 어머니가 수원에서 성장하였고 함종어씨에게 출가한 뒤에도 친정어머니를 보살피기 위해 수원에 기거하다가 어윤중을 낳은 것으로 보인다.[18] 당시 시댁은 후술하는 바와 같이 광주 고덕동으로 짐작된다. 특히 어윤중이 어렸을 때 수원에 거주하였다는 결정적인 증거는 어윤중이 훗날 박원양의 시신을 거둔 일로 탄핵을 당할 때 그 상황을 변명하면서 박원양이 자신의 소시적 스승이었다는 점 그리고 『매천야록』에 따르면 박원양이 수원에서 서당 훈장으로 어린 학동을 가르치면서 겨우 풀칠을 면했다는 점이다.[19] 물론 박원양이 1868년 흥덕현감으로 출사하면서 한양 운니동으로 이사한 뒤 어윤중을 가르쳤다는 설도 있다.[20] 그러나 어윤중이 1856년 모친 사후 광주로 이사하였음을 전제한다면 기간이 부합되지 않는다. 오히려 박원양이 출사하기 전인 1868년(어윤중 나이 21세) 이전에 박원양 문하에서 수학한 것으로 보아야 한다. 또한 1868년 이후에는 박원양이 바쁜 관직 생활로 서당을 운영할 리가 없다. 따라서 이러한 두 가지 근거에 입각하여 어윤중은 수원 모친의 친정집에서 출생하여 성장했다고 하겠다. 이러한 출생 사정은 그가 외조부로부터 실학을 전해 받을 수 있는 계기가 되지 않았을까 싶다.

그러나 그가 태어났을 당시 집안 형편은 몰락 양반의 가세나 다름없었다. 어윤중 자신이 모친 여주이씨 묘비명에서 기술하고 있듯이 가세가 기울대로 기울었으며 출사한 뒤에도 사정이 크게 나아지지 않았다는 고백은 이러한 형편을 잘 말해준다.[21]

어윤중 자신은 9살 때인 1856년에 모친을 여의고[22] 이즈음에 아마 광주의 어씨 집성촌으로 이사했다가 16살 때인 1863년에 부친마저 여의었다.[23] 일약 고아가 된 셈이다. 이때 그는 함종어씨 집성촌이 소재하는 경기도 광주군 덕천면 고덕리(오늘날 강동구 고덕동)에 더 이상 거주하지 못하고 충청도 보은군 외속리면 봉비리에 내려왔다. 당시 어윤중은 이곳 보은에서 재기의 발판을 마련하고자 낮에는 농사를 짓고 저녁에는 공부를 게을리하지 않으며 후일을 도모했다. 이때 1849년생인 풍양조씨와 혼인을 한 것으

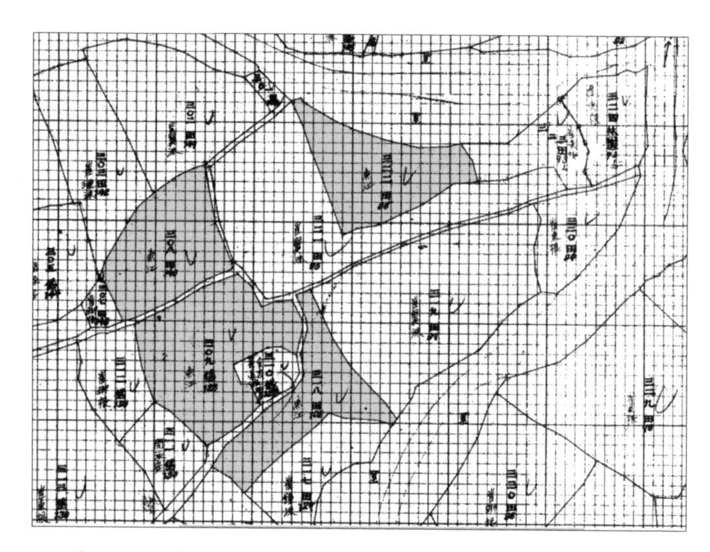

그림 3 1913년 5월 현재 삼승면 선곡리 지역 어윤중 손자 어강의 소유 현황(음영 부분)
출전 : 『지적원도』(국가기록원 소장)

로 추정된다.[24] 그리고 어느 시점에 화순최씨 집성촌이 있는 삼승면 선곡리로 들어왔다.[25] 현재에도 이곳 주민들은 최태하 가옥 뒤편에 자리한 가옥을 '어판사댁'이라고 부른다. 또한 1913년 5월 토지조사사업 당시 〈그림 3〉과 같이 어윤중의 장손 어강(魚江)이 선곡리 지번 322, 308, 309, 318을 소유하고 있었다. 따라서 어윤중은 이곳에서 성장하였으리라 확정할 수 있다.

그러나 그가 수원에서 광주로, 광주에서 보은으로 옮겨오던 이 시기는 어윤중 개인의 삶만큼 시대와 사회도 혹독한 세월을 견뎌야 했다. 우선 어윤중이 청년기에 거주하였던 보은의 경제 상태가 여타 고을에 비해 양호한 상태가 아니었다.

보은은 『택리지』와 『여지도서』에 따르면 땅이 메말랐고 장부상 밭은

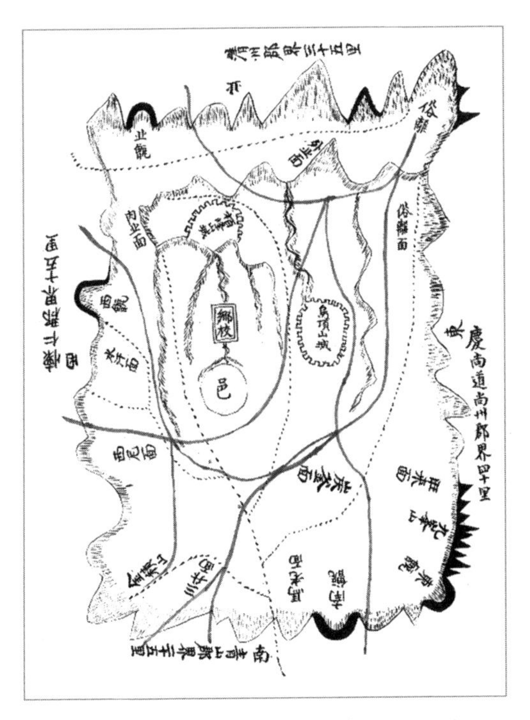

그림 4 『충청북도 보은군 읍지여지도』(규 10757, 1899)

3,794결, 논은 1,101결로서 밭이 훨씬 많았다. 삼승면 바로 옆 회인현의 경우(밭 987결, 논 160결)에 비해 양호하다고 할 수 있지만 청주목(밭 13,355결, 논 5,956결)에 비하면 매우 열악했다. 현재 보은의 경제 실태를 정확하게 파악할 수 있는 자료가 없어 양안이 남아 있고 경제상태가 보은군과 유사한 회인현을 통해 보면 다음과 같다.

회인현은 밭 위주의 전형적인 산촌지대로 당시 주변의 영춘, 연풍에 비해 경제적으로 열악했다.[26] 그래서 전세와 양역 부담을 제외하면 19세기 농민의 실질소득은 45말뿐이었다. 이러한 수치는 1인당 평균 식량 36말보다 조금 많을 뿐이다.[27] 결국 이 시기 회인 농가 한 가족이 생산한 곡물이 가족 전체의 재생산에 크게 부족하여 이곳 농민들은 기아 상태에 허덕이고 있었다. 훗날 1862년 임술민란이 회인 지역에서 일어난 것도 이 때문이었다. 그 가운데 신분은 양반이지만 경제적으로 몰락하여 중소지주로서의 경제적 지위에 이르지 못한 경우도 허다했다. 훗날 어윤중의 상소에 따르면 어윤중 일가도 이런 부류에 속했을 것으로 보인다.

심지어 현재 보은군 회남면 회북면 일대의 작은 지역에 해당하는 회인현의 양안을 분석한 김용섭의 연구에 따르면 현종 연간이지만 평민과 천민 중에서 어윤중 같은 양반의 경제력보다 우세한 부농이 존재하기도 했다.[28] 그러나 전반적으로 경제 상태가 열악한 만큼 충주 같은 대읍에 비해 농민층 분화가 심하지는 않았다.[29] 보은도 회인과 마찬가지로 대읍이 아니었기 때문에 사정은 마찬가지였다.

어씨 일가가 애초부터 이렇게 열악한 환경에 놓이지는 않았다. 그들 자신이 보은에 집성촌을 두고 있었지만 일부는 18세기에 상경하여 고위 관직에도 진출했다. 대표적으로 어유봉 형제를 비롯한 여러 선조들이 노론의 당당한 일원이었고 심지어 선의왕후를 배출할 정도로 위세가 큰 문중이었다. 그 위로 8대조에는 경기관찰사를 지낸 어진익(魚震翼)이라는 인물도 있었다.[30] 하지만 4대에 걸쳐 벼슬길에 들어서지 못하면서 양반으로서의 가격(家格)이 떨어졌고 심지어 지방으로 내려가야 할 처지에 몰렸다.

도래한 '민란의 시대'

한편, 이 시절은 세도정치가 극성을 부리던 때로 사회 모순이 심화되어 여기저기 농민들의 저항이 점차 거세지는 시기였다. 지주와 농민 사이에서 토지 소유의 불균등이 심해지고 양반과 평민 사이에서 부세 부담의 차이가 커지면서 농민들이 난을 도모하기 시작했다. 이른바 '민란의 시대'가 도래한 것이다. 당시 정약용(1762~1836)은 자기가 살고 있는 시대를 모든 사람이 난을 생각할 만큼 심각한 위기의 시대라고 단정할 정도였다.[31]

이러한 조짐은 이미 19세기 초반부터 본격화되었다. 비록 1811년에 일어난 홍경래난이 관군의 진압으로 실패로 돌아갔지만 농민들의 저항 의식은 갈수록 날이 서고 조직화 수준도 높아져 갔다. 경주에서는 1826년 민인들이 동계(洞契)를 동원하여 국왕의 대리인인 현감을 폭행할 정도였다.[32] 이전에는 농민들이 원한을 풀거나 부세 문제를 해결하기 위해 개인적으로 향리에게 불만을 토로했다면 이제는 집단적인 방식으로 수령한테까지 공격하기에 이른 것이다. 향촌사회의 부세수탈을 단지 향리의 탐학만으로 바라보지 않고 조정의 수탈로 인식하고 집단적으로 해결하려 했던 것이다. 그럼에도 정부는 문제의 원인을 근원적으로 해결하기보다는 그때그때 난의 주동자를 강경하게 처벌하는 방식으로 일관했다. 이에 농민들의 반발은 지속적으로 진행되지 않았지만 규모는 점차 커져갔다. 경주의 경우도 마찬가지였다. 드디어 경주 농민들은 헌종 7년(1841) 환곡의 폐단 문제를 갖고 집단적으로 상소하여 궁궐 앞에서 엎드려 상소하기에 이르렀다.[33] 당시 경주민들은 "관리가 축낸 것인데 백성에게 무슨 관계가 있는가?"라고 집단적으로 호소하기에 이르렀다. 당시 비변사에서는 이러한 집단 상소는 이전에는 없었던 일이라고 하며 사태를 심각하게 받아들였다.

농민들의 이러한 저항은 한두 군데 고을에서 산발적으로 일어나는 데 그치지 않았다. 어윤중이 15세 때인 철종 13년(1862)에는 진주를 비롯하여 70여 고을에서 일어나기에 이르렀다. 당시 이러한 소식은 보은에도 전해졌을 것이다. 특히 보은의 이웃 고을인 회덕과 회인에서 민란이 일어나면서 충격은 적지 않았을 것이다. 노론의 아성이라 할 수 있는 이곳에서마저 초군(樵軍, 나무꾼)을 비롯한 빈농들이 수령을 비롯하여 향리들을 공격했다. 원인은 여타 고을과 마찬가지로 삼정의 폐단이었다. 회덕현의 경우 회덕 현감은 그 원인을 다음과 같이 진단했다.

> 삼정은 세 가지의 일이나 실제로는 한 가지 일이다. 한 곳에서 폐단이 있으면 삼정 모두에서 폐단이 발생한다. 한 곳에서 폐단이 없으면 삼정 모두에 폐단이 없다. 우리 고을을 예로 들어 말하자면, 군역세 행정에 폐단이 생기자 토지에 전가하여 결 단위로 부가하였고[結斂], 이에 토지세 행정에 폐단이 생겨서 향리들의 재원[吏況]을 줄여 토지세 부족을 보충하였다. 때문에 향리들이 생계를 이을 방도가 없어서 다시 나라 곡식인 환곡을 훔쳐 먹게 되어 환곡행정에 폐단이 발생한다. 그러므로 모든 폐단의 근원은 군정에서 말미암은 것이다.[34]

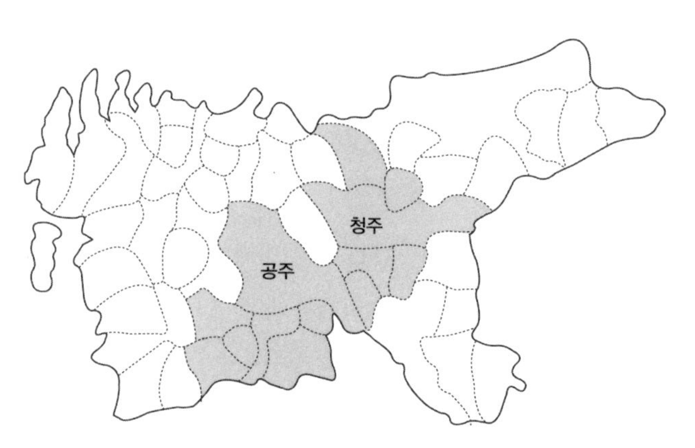

그림 5 충청도 임술민란 지도. 음영 부분이 민란이 발생한 고을을 나타낸다.
출전 : 망원한국사연구실 19세기 농민항쟁분과 편, 『1862년 농민항쟁』, 동녘, 1988, 326쪽

고을마다 사정은 다르겠지만 회덕의 경우, 신분제의 동요 속에서 야기된 군역 재원의 부족이 가장 큰 원인이었다. 양반이 군역세를 납부하지 않는 가운데 일부 평민들마저 신분제 변동에 편승하여 양반으로 상승하면서 군역세를 납부하지 않게 되자 부족 재원을 일반 농민에게서 확보하고자 했기 때문이다.

당시 군역행정의 이러한 폐단은 일상화되어 어느 지역 가릴 것 없이 농민들의 생계를 더욱 압박했다. 강진에 유배를 당했던 정약용은 강진 고을을 다니면서 처참한 광경을 목격하고 시 『애절양』에서 다음과 같이 농민들의 딱한 사정을 개탄했다.

갈밭마을 젊은 아낙
설리설리 우는 소리
관문 앞 달려가 통곡하다
하늘보고 울부짖네.

출정나간 지아비가 돌아오지 못한 일이야
그래도 있을 법한 일이로되
사내가 제 양물을 잘랐단 소리
예로부터 듣도 보도 못하였네.

시부님 삼년상 벌써 지났고
갓난아이 배냇물도 안 말랐는데
이 집 삼대(三代)의 이름이

모두 다 군적에 실렸구나.

관가에 가서 억울한 사정 호소하재도
범 같은 문지기 버티어 섰는데
이정(里正)은 으르렁대며
외양간의 소마저 끌어갔다오.

남편이 칼을 갈아 방안으로 들어가더니
선혈이 자리에 흥건히
스스로 부르짖길
"이 바로 자식 낳은 죄로다!"

잠실궁형(蠶室宮刑)은
어찌 죄가 있어서던고
민(閩, 중국 남방의 지명)땅의 어린애 거세하던 풍속
참으로 가엾은 일이었거든

만물이 낳고 살아가는 이치
하늘의 내려주심이니
음과 양이 어울려서
아들이요 딸이로세.

말이나 돼지 불알까기도

슬프다 이르겠거늘
하물며 우리 인간
대 물리는 일 얼마나 소중하냐?

부자집들 일년 내내
풍악 울리고 흥청망청
이네들은 한톨 쌀 한치 베
내다 바치는 일 없거니

다 같은 백성인데
이다지 불공평하다니
객창에 우두커니 앉아
시구편(詩句篇)을 거듭거듭 읊노라.[35]

이 시는 당시 군역세의 가중 때문에 남성의 상징을 스스로 절단해야 했던 어느 농민의 고통을 가감없이 전하고 있다.

고을 수령의 횡령도 적지 않았다. 민란 직후 정부가 조사한 보고서에 따르면 함종어씨 집성촌이 소재한 보은군의 수령 윤정호도 마찬가지였다. 그 내용은 다음과 같다.

1857년 사징전(査徵錢, 관리들이 사사로이 써버린 물품을 조사하여 물려 받는 돈) 1,120냥을 착복하였고, 1861년 재해로 피해를 입은 농지 31결에 대해 세금을 감면하지 않고 오히려 거둬 착복하였으며, 소송에 임하여서 뇌물을 받아 판결을 하였고, 좌수와 예교(禮校)에게도 뇌물을 받았으며, 죄 없는 백성들 중 부자를 골라 무단하였다고 죄를 뒤집어 씌워 뇌물을 받고 풀어줬다. 또한 죄수들에게서도 속전을 받고 풀어주는 등 부정한 탐학은 이루 말할 수 없었다.[36]

어윤중 역시 15세의 어린 나이였지만 이런 광경을 전해 들으면서 폐단의 원인을 짐작하였을 것이다. 특히 농민들의 집단 투쟁을 보면서 위기감을 절실하게 느꼈을 것이다. 당시 회덕의 초군들은 억울함을 호소할 것이 있다고 서로 통문을 돌리고, 무리를 모아 관청을 포위하여 수령을 위협할 정도였다.[37] 나아가 평소에 원한이 많았던 양반의 집과, 양반가의 하수인이 살던 행랑살이 집 등 총 74채를 방화 · 습격했다. 비록 이러한 민란이 함종어씨 세거지인 보은까지 번지지는 않았지만 인근 고을에서 이러한 민란을 강 건너 집 불구경할 수 있는 일은 아니었다. 정부와 양반들이 삼정 문제에 대한 해결책을 제시했어야 했다.

어윤중이 거주하던 경기도 광주에서도 정부가 삼정의 폐단을 없애는 개혁기관으로서 삼정이정청을 설치하여 농민들의 요구 사항을 반영하려고 노력했음에도 불구하고 1862년 10월 농민들은 한강을 건너 한양으로 몰려 들어갔다.[38] 당시 농민들은 이정청 당상으로서 이번 이정절목(삼정의 개혁 대상을 적어놓는 조목)을 만드는 데 중요한 역할을 했던 조두순과 정원용의 집 앞에서 농성을 벌이며 "환곡의 쌀값을 1석에 5냥으로 계산하는 것은 너무 높다.", "환곡제를 폐지한다 하여 토지에 2냥씩의 조세를 더 부과하는 것은 부당하다."고 항의했다. 이정절목에 따르면 환자곡은 품질이 낮으므로 1석씩 3냥씩으로 계산하게 되어 있는데, 광주부에서는 과대평가

된 액수를 메꾸기 위해 1석에 5냥씩으로 계산해서 거두어들였다. 이들 농민은 정부 측의 해산하라는 명령에도 불구하고 5~6일간 계속 시위를 벌였다. 10월 29일 정부가 삼정이정절목을 폐지하고 예전 방식대로 다시 조세를 거둘 것이라는 조치를 내리자 농민들은 비로소 시위를 풀었다. 여기서 알 수 있듯이 농민들은 정부가 근본적인 대책을 수립하기보다는 미봉적인 대책으로 일관하며 부족분을 농민들에게 전가하는 것에 대해 적극 저항했던 것이다.

조세에 관한 정부의 이러한 방침은 극히 이례적인 조치였다. 대부분의 경우, 정부의 입장은 강경 일변도였다. 회덕의 경우, 충청 순영, 병영 군대를 풀어 주모자를 체포하여 효수에 처했다. 반면에 정부는 수령 교체가 오히려 농민항쟁의 빈발을 초래할 수 있다는 이유로 종전의 파직 방침을 바꾸어 유보했다. 정부의 이러한 방침은 당장 진압의 효과를 극대화할 수 있지만 이는 항쟁의 원인을 미봉적으로 막는 데 불과했다. 어윤중이 후일 1893년 동학농민들의 보은 집회를 해산하려고 내려갔을 때 왜 강경 일변도가 아닌 타이르는 방침을 취했는지가 여기서 드러난다. 고을 수령을 지내거나 암행어사 시절에 삼정 문제를 해결하려 노력한 것도 이러한 경험의 결과로 보인다.

한편 이러한 사회적 위기를 가중시키는 요소들이 외부에서 물밀듯이 들어왔다. 이상하게 생긴 배라고 하여 붙여진 이양선이 한반도 해안에 출몰했다. 특히 1841년 영국이 아편전쟁에서 승리한 뒤 프랑스, 미국 등 서구 열강들이 빼곡하게 동아시아에 몰려들고 있었다. 영국의 경우, 1840년과 1848년 사이에 유달리 한반도 근해에 접근했으며 프랑스도 이에 못지않았다. 2년 전인 1846년 프랑스 해군 소장 세실이 조선 정부의 천주교 금압을 구실로 군함 3척을 끌고 충청도 외연도에 들어와 국서를 전달하고자 했다. 국서에 따르면 헌종 5년(1839) 프랑스 신부 3명의 처형 이유를 따져 물으며 성실한 해명이 없을 경우 "대재해를 면할 수 없을 것"이라는 위협적인 발언까지 해가며 답서를 받으러 이듬해에 오겠다는 발언을 남기고 떠났다. 이 사실이 곧 도성 주변에 알려져 인심이 소란해지자 조정에서는 이를 진정시키기 위해 프랑스의 국서를 공개하면 좋겠다고 할 정도였다.[39] 비록 1848년 프랑스 군함 중 1척이 좌초되어 물러가면서 양자의 충돌은 미뤄졌지만 이양선의 출현은 양반은 물론 일반 민인들에게 엄청난 충격이었다. 1863년 부친 사후 어윤중을 비롯한 여러 식구들이 보은에 거주하고 있었지만 이러한 소문을 족히 들었을 것이다. 특히 1860년 베이징이 영불 연합군에게 점령당했다는 소식이 순식간에 전해져 도성민들이 양반 상민 가릴 것 없이 지방으로 피난하는 소동이 벌어지기도 했다.

이러한 내우외환은 당시 민인들 사이에서 『정감록』이 유행하는 원인이 되었다. 예언서에 따르면 갑자(甲子)가 든 해 즉 1864년에 대란이 있을 것이라는 예언이 있었다.[40] 임진왜란과 병자호란을 피해 십승지의 하나인 속리산 근처로 피난했던 함종어씨 일가로서는 당시 이러한 『정감록』에 대해서도 불안한 눈길로 보았을 것이다.

최제우가 창시한 동학 역시 일반 민인은 물론 어윤중을 비롯한 양반들에게도 영향을 적지 않게 미쳤다. 최제우는 서양인이 "먼저 중국을 점령하고 다음에는 우리나라에 진출할 것이니 변란을 예측할 수 없을 것이다."라고 말했다.[41] 특히 많은 민인들은 "이 서구 도둑놈들이 화공하면 갑병은 대적하지 못하며 오로지 동학만이 그 무리 등을 섬멸할 것"이라는 최제우 말에 솔깃하여 동학 신도가 되었다. 이에 젊은 어윤중은 동학의 위세에 대해 불안감을 느끼면서도 동학의 반외세적 지향에 공감했을 것이다. 따라서 1893년 3월 어윤중 자신이 동학도들의 보은 집회를 해산시키는 과정에서 지켜본 그들의 모임은 한낱 교조 최제우의 신원을 풀려는 동비(東匪, 동학도를 낮추어서 부르는 호칭)들의 작당(作黨)이 아니라 민족적 위기 속에서 민인들의 삶을 지키려고 일어난 민당(民黨)의 모임이었다.

가학을 통해 계승한 실학사상

가문의 영광을 되찾다

어윤중은 가학(家學)의 영향 아래 성장했다. 물론 외가가 있는 수원에서 성장했기 때문에 외가인 여주이씨 가문의 영향을 받았다. 이 기간은 모친이 친정집에 머물며 친정어머니를 봉양하다가 사망하는 1856년경 사이로 추정된다. 이때 어윤중은 모친의 정성으로 초학에 들어섰을 것이다. 모친이 사망한 이후에는 본가가 소재한 광주로 돌아와 부친 어약우로부터 가학을 배운 것으로 추측된다. 이러한 수학은 부친이 사망하는 1863년까지 지속된 것으로 보인다. 특히 부친 어약우가 어윤중의 조부 어명능(1795~1840)의 영향을 받았다는 점에서 어윤중의 가학에는 어명능의 흔적이 남아 있으리라 짐작된다. 어윤중은 조부 어명능이 완성한 어유봉의 『기원집(杞園集)』을 고이 간직했을 뿐더러 이를 증보하여 간행하고자 할 정도로 가학에 대한 관심이 매우 높았다. 어유봉이 함종어씨 가문에서 학문적으로나 정치적으로 빛났던 시절의 대표 인물로 기억되었기 때문이다.[42] 어유봉은 인간과 동식물의 본성이 동일하게 오행(五行)의 이(理)를 갖추었다는 인물성동론(人物性同論)을 주장함으로써 낙론계열의 세례를 받았다고 하겠다. 특히 이 집안은 반남박씨 박지원과 밀접하다는 점에서 낙론에서 출발한 북학파의 영향을 배제할 수 없다. 이 가운데 어용림이 박지원의 고모부였다는 점도 주목할 만하다.[43] 그리고 어윤중의 4대조 어용빈은 박지원과 동갑으로 교유가 매우 활발했다.[44] 그리하여 어명능이 어유봉의 연보를 연찬(演纂)할 때 이정관(李正觀, 어유봉의 제자 이보천의 손자)이 함께 작업했으며 거기에 풍산홍씨 홍길주(洪吉周, 홍석주의 동생)가 발문을 붙였다.[45] 또한 어유봉의 문집『기원집』을 간행하는 데 앞장섰던 조부 어명능은 그의 집안과 대대로 교류가 있었던 풍산홍씨(豊山洪氏) 집안의 홍석주(洪奭周)에게 사사했다.[46] 홍석주의 증조부인 홍상한(洪象漢)은 김창협(金昌協), 어유봉의 학통을 이었으며, 어유봉의 사위이기도 했다.[47] 이처럼 함종어씨는 가계로나 학통으로나 낙론 계열의 중심이었다.

주지하다시피 조선 후기 사상계에서 가장 큰 충격을 불러온 사건은 흔히 호락논쟁으로 알려진 인물성동이(人物性同異) 논쟁이다.[48] 성리학적 이기론에 입각하여, 인성과 물성에 유의미한 차이가 있는지 없는지 여부를 놓고 벌어진 이 논쟁은 노론학자인 권상하(權尙夏)의 문하에서 시작해 조선 학계 전체로 파급되었다. 인성과 물성이 동일하다고 파악할 경우, 이는 중화(中華)와 이적(夷狄), 정통(성리학)과 이단을 동등하게 파악할 수 있는 단초를 제공하는 것이기에, 중화주의적 명분론을 강조했던 보수 성리학적 입장에서는 수용하기 어려운 주장이었다. 노론학자들 중 인물성동론을 주장한 인물들이 주로 낙하(洛下, 지금의 서울-경기 지역)에 거주하고 있었던 반면, 인물성이론에 동조하는 그룹들은 거의 호서에 살고 있었기에 호락논쟁이란 이름으로 불리게 되었다.

박지원(朴趾源, 1737~1805), 홍대용(洪大容, 1731~1783), 이덕무(李德懋,

1741~1793), 박제가(朴齊家, 1850~1805) 등 흔히 북학파로 알려진 일군의 학자들은 이 호락논쟁에서 모두 낙론 계열이었다. 예컨대 홍대용은, "천지(天地)에 가득 찬 것은 다만 이 기(氣)뿐이고 이(理)가 그 중에 있다. … 이는 사람과 물(物)이 같다."고 하여, 유기론(唯氣論)의 관점에서 인성과 물성을 동일하다고 파악하고 있다.[49] 또한 그 연장선에서 홍대용은 중화와 비중화의 차이에 대해서도 비판적인 견해를 취한 바 있다.[50] 중국과 서양을 상대적인 가치로 파악함으로써 중화주의, 성리학 중심의 세계관을 극복할 수 있는 새로운 세계관을 창출한 것이다. 나아가 중화와 서구 사이에서 제3의 천하로서 조선의 독립적인 지위를 확보할 수 있는 이론적 토대를 마련하기도 했다.[51]

가학을 통해 이어받은 실학사상

한편, 어명능은 훗날 정약용의 문하에 출입하면서 정학연(丁學淵)[52]과 가까운 문우로 지내기도 했다.[53] 이렇게 어명능의 실학사상은 자연스럽게 어윤중에게 이어졌을 가능성이 높다. 어윤중이 초창기 유학에 충실하다가 방향을 전환, 개화를 중시하게 된 것도 일본 문물을 접하고 난 뒤의 일순간의 변화라기보다는 어린 시절 조부의 영향으로 실학사상을 받아들였기 때문에 가능했을 것이다.

따라서 다산 정약용의 양주 능내와 가까우면서도 함종어씨 집성촌과 관련된 지역을 찾는다면 당시 어명능의 거주 지역은 이미 언급한 바와 같이 광주군 구천면 고덕리로 추정된다. 여기서 어명능 부자가 영향을 받은 광주 실학의 분위기에 주목할 필요가 있다.

경기도 광주는 한양에 근접하여 근교 농업과 시장이 발달했을 뿐더러 새로운 외부 요소의 영향이 강한 나머지 실학적 사유가 태동하는 데 안성맞춤 지역이었다.[54] 특히 광주 등 한양에서 가까운 곳의 학자들은 농촌경제에 밀착하여 농촌 현실에 대한 체험을 직접적이고 일상적으로 했기 때문에, 한양의 학자들보다 농촌문제에 더 깊은 관심을 기울였다. 정약용·정학연 부자가 실제로 과수 농사 등을 지어 상업적 농업을 하면서 농촌 현실을 직접 맨눈으로 보았을 뿐더러 어명능 부자 역시 이러한 체험과 무관하지 않았을 것이다. 어명능의 친구인 정학연은 수많은 시를 남겼는데 농사체험을 반영한 시를 짓기도 했다.[55] 나중에 어윤중이 보은에서 낮에는 농사를 짓고 밤에는 공부할 수 있었던 데는 선조들의 경험이 녹아들었기 때문이다.

한편, 어윤중이 수원 외가에서 모친 이 씨의 교육 아래 성장하였다는 점에 모친과 외가의 학풍에 귀를 기울일 필요가 있다.[56] 즉 외가의 어떤 학문적 경향이 어윤중에게 영향을 미쳤는가에 중점을 두어야 한다.

우선 모친 여주이씨의 4대조 이석조(李奭祚)는 송시열의 제자로서 정조가 화성을 축성할 때 화성진흥을 위한 상소문을 진언했다.[57] 물론 그도 넓은 토지를 정자(井字)로 구획한 뒤 농민에게 나눠주는 정전제에 대해서 중국의 주자와 마찬가지로 지주들의 반발을 의식하여 실행 불가능성을 인정했다. 그러면서도 수원에서 소유할 수 있는 토지의 한도를 정하는 한전제도(限田制度)를 시행할 것을 주장하고 고을 단위에서 병농일치를 실현해 보려고 시도했다.[58] 그 대상은 수원의 둔전(屯田, 지방에 주둔한 군대의 군량이나 관청의 경비에 쓰도록 지급된 토지)으로 농민들이 군역을 지면서 그곳에서 농사를 짓기를 원했다. 이러한 점에서 정조의 농업개혁론과 부합되는 측면이 많았다. 특히 정조가 조성한 대유둔은 이석조 가문의 터전인 일

용면(一用面)과 근접하였고 광주와 수원의 경계였다는 점에서 실현될 가능성이 낮지 않았다. 그리고 실제로 정조는 이석조의 이러한 정전론을 대유둔 조성 과정에서 실현시켰다.[59] 그의 이러한 개혁론은 경서, 농서, 역서, 의서(醫書), 산수(算數) 등 다양한 분야에 관심을 가진 데서 비롯되었다.[60] 특히 그가 출사하기 전부터 학문과 인품으로 명망이 높아 수원에서 이름이 알려져 지역에서는 관찰사에 10차례나 추천되기도 하였다.[61] 드디어 80세에 수원 유생의 응제시권(應製詩卷, 임금의 특명에 의한 임시 과거에서 지은 시)으로 장원에 오르기도 했고[62] 고종 13년에는 경헌(景憲)이라는 시호가 내려지기도 했다.[63] 이처럼 어윤중 집안은 노론 낙론계열로서 풍산홍씨, 반남박씨와 상호 인척 관계로 얽혀 있으며 낙론을 가학으로 삼아 인척 관계였던 박지원의 북학사상, 외가 여주이씨 이석조의 근기 실학사상을 흡수했다. 따라서 어윤중은 어떤 특정 학파의 사상에 경사되지 않고 당시 새롭게 부상하고 있는 여러 사상을 절충하면서 새로운 방향을 모색하고자 했다.

그 밖에 어윤중에게 영향을 미친 스승으로 박영효의 부친인 박원양(朴元陽, 1804~1884)을 들 수 있다. 그는 수원에서 서당 훈장을 하면서 어린 어윤중을 가르쳤기 때문이다.[64] 이때 그는 매우 빈곤하여 황현의 말대로 훈장을 하면서도 신발을 팔아 생계를 이어가고 있었다.[65] 그러다 60여 세가 넘은 뒤인 고종 5년(1868) 음직으로 흥덕 현감으로 나아갔다. 이후 1871년 먼 친척 박규수의 추천으로 삼남 박영효가 철종의 딸 영혜옹주와 혼인하자, 박원양은 공조참의, 공조판서로 승진하는 등 승승장구를 달렸다. 그렇다면 어윤중은 1848년경부터 수원에 거주하면서 모친이 살아 있는 1865년 사이에 박원양에게 글을 배웠을 것이다.

어윤중은 병인양요가 일어난 지 채 2년도 안되어 드디어 보은에서 21세 나이로 1868년 7월 과거에 응시했다. 공직에서 잠깐 은퇴한 듯한 1893년에는 그의 관력(官歷) 일대기를 정리하여『종정연표』라는 글을 남겼는데 첫 일자는 그가 칠석제(七夕製) 부(賦)에서 9등으로 뽑혀 왕 앞에서 직접 전시(殿試)를 보았던 7월 8일이었다. 이날 아침에는 비가 왔고 오후에는 맑았다. 시험 치기 좋은 날이었다. 칠석제는 칠일제라고도 하는데 일반적으로 7월 7일 절기에 맞추어 시행되는 시험으로 중앙과 지방을 가리지 않고 응시자격을 부여했다.[66] 다만 어윤중이 응시한 일자는 7월 7일이 아니라 7월 8일이었다. 이 시험의 응시 자격은 성균관 유생에게만 부여되었으나 왕명이 있을 경우에는 지방 유생들도 응시 기회가 부여되었다.[67] 당시 경복궁이 중건되고 고종을 비롯한 왕실이 7월 2일 경복궁으로 옮기는 것을 축하하는 자리이기도 했다.

칠석제 시험에서 수석을 차지하다

시험은 고종의 참석 하에 근정전에서 치러졌다. 이전만 하더라도 칠석제는 성균관이나 춘당대에서 시행했기에 근정전에서 열린 일은 뜻깊었다. 부(賦)의 제목도 '정아중건 백도수거(正衙重建百度修擧, 경복궁을 중건하여 온갖 법도가 닦여지고 거행된다)'였고 시험 시간은 진시부터 신시까지(오전 7시~오후 5시)로 정했다.[68] 1866년 칠석제의 경우 응시 인원은 명확하지 않지만, 시험지가 479장이었음에 비추어 1868년 응시자도 이 정도 규모가 아니었을까 추정된다.[69] 또한 사직서(社稷署)를 비롯한 여러 관부의 관원들도 응시했다.[70]

어윤중은 성적이 매우 우수하여 문과, 무과 초시와 회시를 치르지 않고 바로 왕 앞에서 전시를 치렀다. 전체 50명 중에서 수석을 차지한 셈이다.[71] 이러한 부정기시험은 인일제(人日製, 정월 초이레)와 함께 나라에 경사가 있으면 그때마다 과거를 보여 선비들을 뽑았는데 경사스러운 일을 함께하자는 뜻이 담겨 있었다.[72] 나아가 과거가 경전 암송을 시험하는 데 치우침으로써 나타나는 폐단을 줄임은 물론 응시자의 범위를 시골 선비들까지 확대하고 제술(製述, 시나 글을 지음)을 시험 과목으로 삼아 실무 능력을 갖춘 인재를 뽑고자 하는 의지도 담겨 있었다.[73] 『매천야록』에 따르면 한양 사람들은 칠석제에 급제한 사람들 중에 판서를 지낸 사람은 한 사람도 없다고들 말하지만 일반 사람들은 어윤중이 재주와 명망이 뛰어나 이런 속설이 맞지 않을 것이라고 말했다는 기록이 있다. 칠석제가 특정 가문의 자제를 뽑고자 하는 요식 행위임에도 이러한 이야기가 확산된 것을 보면 어윤중이 참가한 칠석제는 매우 엄격하게 치러진 것으로 보인다.[74]

이듬해인 1869년 3월 20일 정시(庭試)에서 어윤중은 합격자 32명 중에서 병과 17등을 차지했다.[75] 당시 갑과 1등은 대구 출신 성주도씨 도석훈(都錫壎)이었다. 이때 이건창(李建昌, 1852~1896), 강문형(姜文馨,1831~ ?), 김만식(金晩植, 1934~1900) 등도 병과에 합격하여 어윤중과 함께 관직 생활을 시작했다. 이건창은 훗날 어윤중과 함께 암행어사로서 능력을 인정받았으며 강직한 관리로 정평이 났다.[76] 특히 이건창은 병인양요 때 자결한 강화학파 양명학자 이시원(李是遠)의 손자로서 위정척사 노선을 걸었다는 점에서 훗날 어윤중과 자주 갈등을 빚었다.[77] 강문형은 훗날 어윤중과 더불어 암행어사로 경기도에서 활동하였으며 조사시찰단에 뽑혀 일본의 공부성(工部省)을 시찰했다.[78] 또한 김만식은 어윤중의 동지 김윤식의 종형이자 유신환의 문인으로서 동도서기 노선을 걸으며 신식 외국어교육기관

인 동문학(同文學)의 설립과 『한성순보』의 창간에 관여한 인물이었다.[79]

이어서 어윤중은 5월 승정원의 임시 관직 정7품인 가주서로 임명되어 관리 생활을 시작했다.[80] 6월에는 주서로 추천될 뻔했는데 이건창에 밀렸다.[81] 이후 1871년 1월 11일 어윤중과 이건창은 둘 다 홍문록(弘文錄)에 올랐다.[82] 언관의 기능을 수행하는 홍문관 관리의 후보가 된 것이다. 또한 1878년에 어윤중은 이헌영, 이건창 등과 더불어 암행어사로 지방에 내려가기도 했다.[83]

한편, 어윤중은 과거 합격을 전후하여 『함종어씨세보』 편찬 작업에 돌입하여 1871년에 홍문관 수찬(修撰)에 있으면서 족보를 완성했다. 이 역시 『기원집』 편찬과 함께 몰락한 어씨 집안의 위상을 다시 세우고 가문의 영광을 되찾기 위한 노력으로 보인다. 이러한 취지는 어윤중의 서문에서 잘 드러난다. 즉 어유봉이 유실된 『함종어씨세보』를 다시 편찬한 이래 어재찬이 1803년에 편찬했으나 이후 70년 가까이 편찬하지 못하다가 어재연이 세보를 편찬하고자 했건만 신미양요 전투에서 전사함으로써 세보 편찬이 어려워졌음을 안타깝게 여기다가 본인이 널리 자료를 수집하여 편찬하게 되었음을 밝히고 있다.[84] 자신이 언급한 대로 "오종(吾宗)의 부진이 오래되었음"으로 인해 문중이 이리저리 흩어지고 갈피를 잡지 못한 가운데 이러한 족보 편찬을 통해 계통을 세우고 잃어버린 가문의 영광을 되찾고자 한 것이다. 그 밖에 어유봉과 관련된 자료를 소장하여 가문의 위상을 다시 세우고자 했다. 현재 규장각 소장의 『기원집』에는 어윤중의 인장이 찍혀 있다.

2 격변의 시대

내수자강을 통한 문명개화

새로운 학풍과 법고창신에 눈뜨다

어윤중은 고종 6년(1869) 승정원 정7품 벼슬인 가주서(假主書)[1]로 관료 생활을 시작했다.[2] 이어서 어윤중은 권지(權知),[3] 승문원(承文院),[4] 부정자(副正字)[5]에 잠시 재직했다. 그 후 어윤중은 기사관, 전적, 감찰, 정언, 문신겸선전관 등을 거쳤고 고종 8년(1871) 1월 홍문록(弘文錄)[6]에서 6점, 도당록(都堂錄)[7]에서 5점을 받은 12명 중 한 명으로 뽑혔다.[8] 어윤중은 이처럼 주로 삼사(三司)[9], 승정원 또는 규장각이나 선전관청 등 명예롭고 중요한 청관요직(淸官要職)을 두루 거쳤다.

이후 1871년 2월 홍문관 교리(校理)[10]로 임명되었고 시독관(侍讀官)[11]을 겸임하여 진강(進講)[12]에 참석하여 고종에게 유학에서의 성군의 도리를 아뢰었다.[13] 또한 홍문관 관리로서 고종에게 경연을 그만두신 지가 이미 여러 날이 되었다며 자주 경연을 열어 신료들을 만나 총명을 개발하고 학문을 진보시키기를 바라는 의견을 개진했다.[14] 왕도정치를 표방하는 유학자로서 어윤중의 신념은 이후로도 계속 드러난다. 관료 생활을 시작한 지 어언 8년이 지났지만 여전히 어윤중은 고종에게 왕도정치를 추구할 것을 간언했다. 어윤중은 외세의 위협을 막아내고 나라를 보위하는 방법 역시 왕도정치라고 보았다.[15] 또한 왕도정치를 실현하는 방법의 하나로 절용론을 강조했는데,[16] 이는 당시 재정 상황이 극도로 악화되었던 상황과도 관련이 있을 것이다.[17] 당시 재정 상황을 보면 1876년 국고 현재 보유액이 별로 남아 있지 않아 재정 위기가 가중되었기 때문이다.[18] 어윤중은 이처럼 유교 왕정 이념에 입각한 성군정치론과 재정절약론을 줄곧 주장한 셈이다. 결국 그는 체제의 지속적 안정과 소민 보호를 축으로 하는 중세적 재정절용론에 그친 나머지 국가의 적극적 역할을 요구하는 근대적 식산흥업론으로 나아가지는 못했다.[19]

『해국도지』를 접하고 서구 문물에 눈을 뜨다

그러나 어윤중은 기성 관료들과 달리 성장과정에서 조선의 현실을 관찰하면서 절감했던 여러 문제에 관심을 가지고 있었다. 예컨대 1871년 4월 20일 진강 자리에서 미국의 이양선 출몰을 두고 논의가 있었는데 여기서 미국에 관한 정보를 알려주는 『해국도지(海國圖誌)』를 알게 되었다.[20] 『해국도지』는 위원(魏源, 1794~1857)이 아편전쟁 후 청국의 패배를 반성하면서 1847년에 저술한 세계지리서로 세계 각국의 지세(地勢) · 산업 · 인구 · 정치 · 종교 등을 개략적으로 소개한 책이다. 이 책이 당시 조선의 식자층이 서구 문물을 이해하는 데 많은 영향을 미쳤기 때문에[21] 어윤중 역시 이런 진강 자리를 통해 국제 정세의 변화와 서구 문물을 파악하는 데 도움을 받았다. 비록 초창기 조선의 식자층은 서양을 막아야 한다는 어양론(禦洋論)에 입각하여 서구의 침략으로부터 조선을 방어하는 데 중점을 두었지만 『해국도지』가 단서가 되어 결과적으로는 서양 기술의 우세를 인정하는 입장에 서게 된 것이다.

한편, 어윤중은 가학의 연장선에 있기도 하였지만 현실의 문제에 관심을 가지고 있었던 만큼 그와 생각을 공유하는 이들과 가까워질 수 있는 기회들을 맞고 있었다. 그 가운데 한장석·서응순과의 교류는 그의 가학을 한 단계 발전시킬 수 있는 계기가 되었다.

어윤중은 관직 진출 이후 23세가 되던 1870년 3월 12일 그의 6대조 어유봉의 흔적이 묻어나는 북한산 아래 고양군 청담동(淸潭洞) 와운루(臥雲樓)를 방문했다.[22] 이곳은 한양 도성에서 약 40리가량 떨어져 있는 곳으로 어유봉의 스승 김창흡으로부터 "금강산에서도 보지 못한 풍경"이라는 찬사를 받을 만큼 명승으로 손꼽히는 곳이었다.[23] 풍산홍씨가의 홍석보가 와운루를 짓고 매번 나귀 한 마리와 술 한 병만으로 홀연히 갔다가 흥을 다하고 돌아오니 이로부터 청담의 이름이 세상에 널리 알려지게 되었다.

1870년 당시 이곳에 방문하자고 제안한 사람은 어윤중이 아니라 한장석(韓章錫, 1832~1894)이었다. 그는 유신환의 문인으로 당대의 문장가로 명성을 날렸던 양반이었다. 그가 이곳을 방문하게 된 이유는 그의 어머니가 풍산홍씨 홍석주의 여식이며 홍석주는 와운루를 지은 홍석보의 고손자였기 때문이다. 한장석으로서는 자신의 외가댁 별서를 다녀오고 싶은 마음이 굴뚝 같았는데 뜻이 맞는 어윤중과 또 한사람 서응순(徐應淳, 1824~1880)과 함께 어울리게 된 것이다.[24] 서응순이야 한장석과 함께 유신환의 제자로서 당연히 한장석과 서응순은 동행할 만했다. 그런데 한장석은 왜 하필이면 16살이나 적은 어윤중과 함께 가고자 했을까. 왜 어윤중은 한장석의 제안에 따라나섰을까. 이들에게 하나의 공통점이 있었다.

우선 어윤중은 홍석보, 홍상한 부자를 대신하여 실질적으로 와운루 주

그림 6　18세기 중엽 불염재 김희성이 그린 그림 「와운루계창」(삼성미술관 소장)

인 역할을 담당했던 선조인 어유봉을 떠올렸을 것이다. 더욱이 어유봉이 와운루를 중심으로 청담동의 지리적 환경과 명칭, 역사 등을 기술한 『청담동부기』를 지었다는 사실은 어윤중을 청담동으로 이끌었을 것이다. 반대로 한장석은 『청담동부기』를 지은 어유봉의 후손 어윤중과 발걸음을 같이 한다는 것이 유쾌한 일일 터였다. 또한 어윤중은 늘 어릴 때부터 꿈꾸었던 어유봉의 영광을 되찾는 길이기도 하거니와 교제의 폭을 넓힐 수 있는 호기로 받아들였을 것이고, 한장석은 신진 기예 어윤중과 동행함으로써 천군만마를 얻은 느낌이었을 것이다. 더욱이 이들 사이에는 유신환의 제자 김윤식이 있어 양자를 더욱 묶어 주지 않았을까. 어윤중이 유신환으로부터 직접 가르침을 받지 못했지만 유신환의 경세론을 자연스럽게 받아들이는 기회가 된 셈이다. 이들 3인의 청담동 와운루 방문은 단순한 유람이 아니라 이들 사이의 연대를 강화하고 유신환의 꿈을 이루는 첩경이었다. 한장석은 3인의 청담 와운루 풍류를 다음과 같이 노래했다.

흰 구름은 느릿느릿 날아가는데 白雲冉冉飛
문득 몇 개의 봉우리를 보네. 忽見峯數三
내 집 안에 있을 때를 생각해보니. 憶在我屋裏
밤낮으로 엄연히 서로 어울렸네. 日夕儼相參
산 넘고 물 건너는 고생이 없다면 不有跋涉苦
어떻게 진경을 찾겠는가. 何由眞境探
녹반현에서 나를 기다리니 候我綠礬峴
옥천암에서 그대를 기약하네. 期子玉泉庵
이 일을 어찌 그만둘 수 있겠는가 玆事那能已
우울함을 씻어냄이 복령 인삼보다 낫네. 宣欝勝苓蔘
남쪽 숲은 아침놀이 흐릿하고 陽林曖朝霞
화창한 바람은 옅은 이내를 흩뜨리네. 惠風散輕嵐
봄 경물들이 날로 펴지니 春物日以暢
포계를 사람이 어찌 감당하랴. 匏繫人何堪
하물며 다시 좋은 만남을 기뻐하고 況復欣良遻
가는 곳마다 흥이 무르익으려 함에랴. 隨處興欲酣
긴 개울은 나그네 길을 이끌며 脩溪引客路
구불구불 서쪽으로 갔다 다시 남으로 가네. 縈紆西復南
산문은 붉은색 푸른색으로 가려졌고 巖扃翳丹翠

물과 나무는 맑고 화려하여 즐길 만하네. 水木淸華湛
설령 갈 곳에 어긋났더라도 縱然違所適
아름답고 고요하여 또한 이름난 절간이네. 窈窕亦名藍
산달이 촛불처럼 밝으니 山月皎如燭
때때로 한 스님과 더불어 얘기하네. 時與一僧談
밤이 되니 침상의 꿈이 夜來枕上夢
맑고 시원하게 청담에 이르네. 泠然到淸潭[25]

한장석과 서응순의 스승 유신환(兪莘煥, 1801~1859)이 어윤중을 가르쳤는가는 분명하지 않지만 어윤중이 유신환의 직계 제자인 김윤식과 막역했다는 점, 고종 연간 정치 무대에서 활약하고 있던 유신환 제자들과 교유하고 있었다는 점에서 유신환의 사상에 영향을 받았을 가능성이 높다. 이에 유신환의 삶과 학문을 간략하게 살펴보면 다음과 같다.

유신환 학파, 온건개화파의 태동

유신환은 고증학이 고증을 위한 박학과 치밀성에만 경도함으로써 실용성을 상실하고 주자학 역시 현실과 동떨어진 심성론으로 기울어진 가운데 학문의 실용적 측면을 정치적 실천으로 옮길 것을 강조했다.[26] 따라서 유신환과 그의 제자들은 당시 시대적·사회적 현안이었던 삼정의 개혁에 관심을 두고 이를 해결하기 위해 노력했다. 특히 토지에 세금을 집중시킴으로써 조세부담의 공평성을 기하고 국가재정을 확보하기 위해 제시했던 이들 학파의 결포론(結布論)은 어윤중이 서북경략사와 갑오개혁기 탁지부 대신으로서 취했던, 환곡을 혁파하여 토지에 집중하는, 이른바 파환귀결(破

還歸結) 조치에 영향을 미쳤으리라 추정된다. 전자의 결포론이 전세, 군역세를 대상으로 취한 조치인 반면에 후자의 파환귀결은 환곡을 대상으로 취한 조치이지만 그 원리는 동일하다는 점에서 어윤중의 삼정개혁은 여기서 출발했을 것이다. 특히 이러한 삼정개혁은 중세적 신분제의 동요, 교환경제의 발달로 대표되는 19세기 사회경제 사정에 조응하여 나타났다는 점에서 위로부터의 개혁을 잘 보여준다. 훗날 유신환 학파는 이른바 '온건개화파' 또는 '온건개혁파'로 불리며 김옥균, 박영효 등 급진 개화파와 경쟁하면서 개화 정국을 이끌어 갔다. 한장석 또한 균전론을 주장했던 대표적인 토지개혁론자였다는 점도 유의할 필요가 있다. 그 역시 임술민란을 맞으면서 그 원인을 토지소유의 불균등에서 찾았다.[27]

한편, 유신환의 또 다른 축이었던 서응순은 「정전론(井田論)」을 지어 전제의 개선에 관한 의견을 내놓았다는 점에 주목할 인물이다.[28] 그는 정전제를 농민경제의 균산화를 실현하는 방법으로서 이해했다. 이러한 정전제는 정정방방(井井方方)으로 구획된 은(殷)·주(周) 대의 정전제로서 밭이랑과 봇도랑의 다양한 형태[畝澮溝洫]와 산이 많고 들이 적은 우리나라의 지형적 특성 때문에 그대로 받아들일 수가 없지만, 정전의 응용 즉 정전제의 이념을 계승한 한전제, 균전제, 균분세업전(均分世業田)은 오늘날에도 시행할 수 있는 것이라 생각했다.[29] 또한 그는 간성군수가 되어서는 성긴 베옷을 입고 4월에는 보리밥으로 백성과 생활을 같이하는 등의 선정을 베풀었다. 이러한 정전론은 가깝게는 그의 스승 유신환의 지주제 타파론에서 비롯되었으며 멀리는 박지원의 한전론과도 상통했다.

서응순은 유신환의 제자로서 또 다른 모습을 보여주고 있다. 그는 북학사상에 적극 동조하여 외부 문물에 개방적인 자세를 취하고 있었다. 예컨대 한때 북벌론에 경도되었던 신기선이 청나라를 오랑캐 무리로 보고 화이론의 견해에서 배척해야 한다고 완고하게 주장하자 서응순은 청나라가 무력을 동원하여 변발을 강요한다면 그대는 어떻게 할 것이냐고 물었다. 신기선이 죽을 것이라고 대답하자, 서응순은 죽는 것이야 절개라고 할 수 있지만 중용은 아니라고 꾸짖었다.[30]

따라서 어윤중과 서응순의 교유는 단지 사교적 만남에 그치지 않고 사상의 교류로 이어졌으리라 추정된다. 물론 정전제를 거부했던 김윤식이 어윤중에게 미친 영향도 적지 않다는 점을 감안한다면 어윤중은 이러한 학자들과의 교류를 통해 자신만의 절충적인 방안을 구상했을 것이다.

어윤중과 한장석의 이러한 만남은 이후에도 이어졌다. 어윤중은 한장석의 제안으로 청담동을 방문할 때 어유구의 「청담동부기」를 가져와서 한장석에게 보여주었고 한장석은 청담동과 와운루의 유래를 기술하고 풍광을 노래한 이 글을 보고 깊은 감명에 빠졌다. 양자의 교우가 청담동 방문 이전부터 있었는지 분명하지 않지만 이후에는 더욱 잦았으리라 추측할 수 있다. 어윤중으로서는 가문의 영광을 다시 찾기 위해 조부 어명능이 작업하다 완성을 보지 못한 어유봉의 『기원집』을 증보 간행하고자 노력했다.[31] 이때 어윤중은 흩어지고 남은 유문을 수습하여 얻은 16권과 연보 1권을 한장석에게 제공하여 선교(選校)해 줄 것을 의뢰하였다.[32] 오늘날 규장각에 소장되어 있는 『기원집』은 이런 과정을 거쳐 완성된 것이다. 그리고 이 과정에서 조부 어명능이 『기원집』을 정교본으로 완성하려는 가운데 여기에 적극 참여했던 어유봉의 외증손 이정리(李正履, 1783~1843), 이정관(李正觀, 1792~1854), 외현손 홍길주(洪吉周, 1786~1841) 등의 자취를 느꼈을 것이다. 이들은 경화사족의 대표적인 학자들로서 당대의 문장가이자 낙론

계의 대표적인 학자 김매순(金邁淳, 1776~1840)과 북학파의 비조 박지원을 연결해 주는 매개고리였다는 점에 주목할 필요가 있다.[33] 특히 어윤중이 생전에 홍길주를 직접 만날 수는 없었지만 그의 저서 『표농을첨(縹礱乙幟)』을 통해 접할 수 있었던 그의 토지개혁론은 어윤중에게 영향을 미쳤으리라 추정된다.[34] 즉 그는 경자유전(耕者有田)의 원칙에 따라 어떠한 신분의 소유자라 하더라도 농업을 직접 자경할 경우에만 토지를 주어야 한다고 말했다.[35] 이는 사회적 분업, 상업적 농업이 전제되고 있는 방안이었다. 또한 이정관 역시 조부 어명능의 문집 『우당집(愚堂集)』을 간행할 때 서를 써주었다.[36] 이 점에서 어윤중 집안의 가세가 기울어졌음에도 불구하고 조부에 이어 가세를 일으켜 세우려는 노력이 경주되었음을 확인할 수 있다. 이 과정에서 어윤중은 이들 학자의 경세론을 배우거나 그들의 저서를 탐독했을 것이다.

김윤식과 박규수, 그리고 8학사

어윤중의 인생에서 결코 빼놓을 수 없는 인물은 김윤식이다. 김윤식(金允植, 1835~ 1922)은 유신환의 제자이자 박규수의 제자로서 어윤중보다 늦은 1874년 문과에 급제한 뒤 황해도 암행어사 · 문학 · 시강원 겸 사서 · 부응교 · 부교리 · 승지 등을 역임했다.[37] 고종 14년(1877)에는 어윤중이 교리 겸 시독관으로, 김윤식이 수찬 겸 검토관으로 함께 일했다.[38] 이때 어윤중은 29살이었고, 김윤식은 그보다 13살 많은 42살이었다. 또 어윤중이 전라우도 암행어사를 다녀온 1878년에는 둘의 관등이 역전되어 김윤식은 부응교(종4품), 어윤중은 부수찬(종6품)으로 같이 일했다. 이후 두 사람은 시무 관료로서 조선의 대내외 현안을 처리함에 찰떡 궁합을 보이며 많은 시책들을 벌여 나갔다.

한편, 어윤중은 김윤식을 매개로 박규수와도 연결되었다. 그 단초는 어윤중이 가학 아래 성장하면서 박영효의 부친인 호조판서 박원양(朴元陽)의 문하에 들어가 수학한 때부터였다.[39] 훗날 박영효의 부친 박원양이 갑신정변에 연좌되어 자결하자 어윤중은 역적의 제자라는 세인의 비난을 의식하지 않고 박원양 문하에 있던 김윤식과 함께 그의 시신을 거두기도 했다.[40] 어윤중이 이처럼 박원양 문하에서 수학하면서 박영효·박영교 형제와 연결되었으며 자연스럽게 박규수 집(오늘날 헌법재판소 자리)의 사랑방에서 김옥균, 홍영식, 유길준, 서광범, 김윤식, 박영효, 박영교 등과 자리를 같이 했다.[41] 특히 어윤중은 신기선, 김옥균과도 1872년 이전부터 이미 교류하고 있었다.[42] 이후 1882년 봄 김옥균은 어윤중이 1882년 2월 8일에 써준 소개장을 갖고 후쿠자와 유기치를 만났으며[43] 임오군란 당시 어윤중은 "일본군 가운데 우리나라 사람이 있는데 김옥균과 서광범 두 사람은 모두 동지의 벗이다."라고 했다.[44] 갑신정변 이전만 하더라도 어윤중과 김옥균은 매우 가까운 사이였음을 짐작할 수 있다.

그림 7 박규수 초상화

또한 어윤중의 가계와 박규수의 가계는 어유봉을 매개로 연결되어 있었다. 즉 박규수의 척숙(아버지 박종채의 외사촌 형제)인 이정리·이정관 형제는 박규수의 아버지 박종채가 일찍 세상을 떠나자 박종채를 대신하여 박규수를 지도했으며 이정리 · 이정관 형제의 조부인 이보천은 어유봉의 문인이자 사위였다.[45] 따라서 박규수는 어윤중과 혈연 관계이나 학문적으론 매우 밀접했던 것이다.

끝으로 어윤중은 관직 생활 과정에서 박규수의 지도를 받았음에 주목할 필요가 있다. 예컨대 고종 6년(1869) 관직 생활 초기에 전적(典籍)[46]으로 임명된 뒤, 1870년 4월 7일 경무대에서 종친이라 할 선파(璿派) 유생에게 실시된 응제(應製)[47]에서 독권관 박규수 등을 도와 대독관으로 참여했다.[48] 제시(題詩)는 다음과 같았다.

태묘를 중건하여 太廟重建
순조롭고 미덥게 강신과 천신을 지냈도다. 祼薦利孚
선침을 중수하여 先寢重修
정리와 예의를 능히 폈도다. 情禮克伸
이로써 구족을 친목하게 하니 以親九族
구족이 화목해졌도다. 九族旣睦

이때 박규수는 예순이 넘은 조정의 대신이었고, 어윤중은 이제 갓 스물을 넘긴 청년이었다. 김옥균은 1872년 2월 알성문과(謁聖文科, 임금이 성균관의 문묘에 참배한 뒤 보이던 문과) 친임시취(親任試取, 임금이 친히 임하여 뽑은 시험) 때 급제했다.[49]

따라서 어윤중은 박규수, 박원양을 매개로 박영효, 홍영식, 김옥균 등 훗날 급진 개화파로 성장하게 될 인사와 친분을 맺은 것으로 보인다. 그리고 그의 대외관도 안으로 개혁하고 밖으로 서양 오랑캐를 막자는 이른바 내수외양론에서 안으로 개혁하여 스스로 힘을 기르자는 내수자강론으로 점차 바뀌었다. 무엇보다 박규수의 영향이 컸으리라 짐작된다. 훗날 김윤식이 박규수의 언행을 정리하면서 소개한 다음과 같은 글은 어윤중이 어떤 영향을 받았는지 짐작케 한다.

> 선생(박규수)은 한숨을 쉬면서 탄식하며 말하였다. 생각건대, 지금 세계정세는 날로 변하여 동서의 열강이 서로 대치하여 옛날 춘추 열국의 때와 비슷하며, 정벌과 회맹의 복잡 혼란함을 장차 감당하지 못할 것이다. 우리나라는 비록 작지만 동양의 요처임이 정국(鄭國)이 진(晉), 초(楚)의 사이에 있었던 것과 같아 내치와 외교에 있어서 기민한 대응을 실기하지 않으면 오히려 스스로 보존할 수가 있다. 그렇지 않으면 우매하고 약한 자가 먼저 망하는 것은 하늘의 도이니 또 누구를 허물할 것인가?[50]

박규수는 오랫동안 조정 관리로 재직하면서 만국공법의 시대를 약육강식의 시대로 인식하고 자주적인 생존 방식을 모색해야 함을 절감했던 것이다. 이러한 대외관은 김윤식의 국제 정세 인식에 그치지 않고 어윤중에게도 영향을 끼쳤다. 훗날 어윤중이 청나라를 일본과 서구 열강의 침략에 맞서는 지렛대로 사용하면서도 청국에 종속되지 않고 자주적인 국가로 생존하는 데 심혈을 기울인 것은 박규수의 지도와 밀접했다.

끝으로 어윤중은 관직 진출 이후 민씨 척족인 민영익과도 교류가 활발했다. 당시 세간에서는 민영익 집 대문을 출입한 사람들을 8학사로 불렀는데, 어윤중은 그 중 한 사람이었다.[51] 8학사로는 어윤중을 포함하여 이중칠(李重七), 조동희(趙同熙), 홍영식(洪英植), 김흥균(金興均), 홍순형(洪淳

馨), 심상훈(沈相薰), 김옥균(金玉均)이 거명되었다. 그런데 이들이 왜 민영익과 매우 밀접했는지가 분명치가 않다.

무엇보다 어윤중과 민영익의 관계이다. 민영익(1860~1914)은 어윤중보다 12살 연하의 인물로 고종과 명성왕후의 후광을 입고 개화정책을 추진한 것으로 알려져 있다. 그의 아버지인 민태호가 유신환의 제자이며 동문수학한 유만주(俞萬柱) 문하에서 유길준과 함께 수학했다.[52] 따라서 그는 유신환의 제자들과 마찬가지로 개혁의 필요성에 원칙적으로 동의하면서도 급진적인 개혁은 경계했다. 후일 민승호가 대원군에게 미움을 받아 폭사를 당하자 민영익은 그의 양자로서 권력의 중추에 섰다. 당시 민영익은 매일 세 번씩 입궐하는 특전을 누렸으며, 과거에 급제한 이듬해인 1876년에는 이조참의에 제수될 정도로 승승장구의 기세로 나아가고 있었다. 그리고 민영익은 자신의 권세를 적극 활용하여 소론 준론 계열이라 할 이건창도 직접 발탁하기도했다. 예컨대 민영익은 평소 이건창의 재능을 눈여겨보고 있었는데 이건창이 유배를 가자 그를 석방하여 기용했다.[53] 또 그는 1880년 홍영식을 통해 유길준에게도 과거 응시를 종용하면서 개화정책에 동참해 줄 것을 제의하기도 했다.[54]

따라서 민영익과 가까웠다고 알려진 이른바 8학사도 민영익의 이러한 위세를 적극 이용해보고자 하는 의도가 있었을 것이다. 어윤중 역시 본인보다 나이가 어렸지만 민영익의 위세는 매력적인 요인으로 비쳤을 것이다. 특히 이들 사이에는 유신환을 매개로 연결될 고리가 컸고 사상적으로도 친화성이 컸다.

이중칠, 조동희 등이 어윤중과 더불어 8학사에 포함된 까닭도 살펴볼 필요가 있다. 이들은 개혁의 중추 기구라 할 통리군국사무아문에서 실무

중추를 맡은 참의에 임명되었다는 공통점을 가지고 있다.[55] 사실상 이 시기 의정부를 대신하여 자강정책 추진기구로 부상한 통리군국사무아문은 임오군란으로 폐지된 통리기무아문을 잇는 개혁 기구로서 역할을 수행하고 있었던 참이었다. 여기서 이들은 독판이었던 민태호의 산하에서 개혁사업을 추진하면서 민영익과 매우 밀접해진 것으로 보인다. 당시 민영익은 통리교섭통상사무아문에서 협판직을 수행하면서 주로 외무 쪽의 일을 맡았다. 따라서 어윤중을 비롯한 이중칠, 조동희[조두순의 양손(養孫)]는 민영익과 매우 가까운 거리에서 업무를 추진하고 있었다.[56] 따라서 세간에서는 어윤중, 이중칠, 조동희를 민영익의 '8학사'로 거명했던 것이다. 그럼에도 어윤중은 명성왕후의 후원을 받는 민영익의 위세에 눌리지 않았음을 보여주는 이야기가 전해오고 있다. 황현은 『매천야록』에서 이들 8학사를 소개하면서 다음과 같은 일화를 소개한다.

> 하루는 그(민영익)가 첩(帖)에다가 글씨를 쓰고 있는데, 어느 좌객(座客)이 입이 모자라도록 칭찬을 하자 어윤중은 정색을 하며 "지금 영감께서 맡고 있는 책임이 매우 지대하고 국내의 일도 모두 자신의 일인데, 어찌 글씨만 쓰고 앉아서 시간을 다 보내며 일을 방해하고 정신을 손상하고 있습니까?"라고 하였다. 그는 얼굴빛을 바꾸어 사죄하였다. 이 소문을 들은 사람들은 아첨을 잘한 행위라고 지적하였다.[57]

당시 일각에서는 어윤중의 이러한 행위를 아첨 행위로 치부할 수도 있었겠지만 이후 행적에 비추어 보았을 때 나름대로 직언을 서슴지 않는 꼿꼿한 성격을 엿볼 수 있는 일화다.

어윤중은 이처럼 관직 진출을 전후하여 가학의 품에서 점차 벗어나 새로운 학풍과 조우했으며 이후 시대를 이끌어 나갈 인사들과 본격적인 친분을 맺기에 이르렀다. 그것은 옛것을 본받아 새로운 것을 창조한다는 법고창신(法古創新)이었다.

지방관으로 명성을 떨치다

법은 법대로, 사건은 사건대로

양산군수로 첫발을 내딛다

어윤중은 1874년 7월 드디어 지방관으로서 첫발을 내딛었다. 그 자리는 경상도 양산군수였다. 이때 수령으로서 선정했다는 이유로 농민들이 선정비를 세워주었다.[58] 비의 앞면 중앙에 큰 글씨로 '행군수어공윤중영세불망비(行郡守魚公允中永世不忘碑)'라 적고, 양쪽에 작은 글씨로 다음과 같이 4언 시를 새겼다.

구포땅 이미 되찾았을 때　龜浦旣復
공께서 마침 이 고을 계셨네.　公適此土
백성 구휼하고 부지런히 기르시니　恤民孳育
일 처리하는 위엄 당당하셔라!　見事威武

민첩하시기 자로(子路)의 포재(蒲宰) 때처럼　敏也蒲政
논밭에 비 내리기 몸소 비셨네.　禱于桑雨

한 조각 비석이 말을 전하여　可語一片
천년토록 잊히지 않으리.　不忘千古

뒷면에는 큰 글씨로 '기묘십이월일립(己卯十二月日立)'이라 적어 1879년 12월에 비석을 세웠음을 밝히고 있다. 여기서 말하는 양산군의 구포는 감동창(甘同倉)을 가리키는 것으로 그 사연은 이러하다.

감동창은 광해군 2년(1610) 군량미를 보관하는 군창에서 경상도의 전세를 한양에 상납하는 조창으로 발전하면서 주변에 장시가 늘어나고 상업이 발달했다. 그러나 주변에 조창들이 설치되면서 감동창은 자연스럽게 쇠퇴했으며 심지어 대원군 집권기에 환곡을 보관하는 사창으로 전락했다.[59] 더욱이 고종 6년(1869)에 좌이전면(左耳田面) 가운데 4개 리(속칭 구포면)가 동래부에 편입되면서 15칸이나 되는 감동창 역시 양산군에서 분리되었다.[60] 당시 동래부로 편입된 이유는 "구포는 부산창에 떨어져 있고 근처의

그림 8　양산군수 시절 어윤중이 수령으로서 선정했음을 기려 농민들이 세워준 선정비(1879)

땅이 공터"라는 것이었다.[61] 그러나 양산 주민의 처지에서는 구포가 동래부로 편입되면서 경제적 손실이 적지 않았고 양산군의 주민이 부세를 이중으로 부담해야 하는 현실에 처했다.[62]

이에 고종 11년(1874) 정월 양산군 하북면 주민들이 일종의 집단 청원서라 할 등장(等狀)을 제출했으며 심지어 한양에 올라와 상서(上書)하기 위해 봉화를 올리다가 의금부에 끌려가 추국되기에 이르렀다.[63] 4월 영의정 이유원은 양산 주민들의 이러한 행동에 대해 "당초에 구역을 확정한 것은 반드시 까닭이 있을 것이다."라고 하여 이 사안을 경상 감영으로 돌려보냈다.[64] 그러나 이후 이유원은 양산 주민들의 끈질긴 노력으로 양산 고을의 딱한 사정을 알게 되자 7월에 구포면의 동래부 편입 사정을 조사하도록 했다.[65] 이 과정에 어윤중이 7월 양산군수로 부임해 드디어 1875년 8월 이들을 풀어주었으며 이듬해인 1876년 구포면이 양산군에 환속되었다.[66] 당시 어윤중이 양산군수로 부임하면서 이유원의 지시를 받아 편입 사정을 상세히 조사하고 구포면을 양산군에 환속시키고 감동창을 조창으로 되살린 것

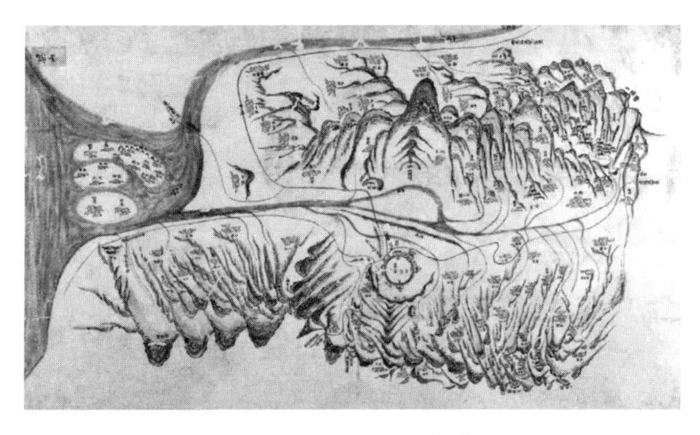

그림 9 1872년 지방지도(양산)

이 아닌가 한다. 이후 구포의 나루터가 번창하고 강변에서부터 남창 주변에서 열렸던 5일장(場)인 감동장(甘同場)도 번창했다.[67] 따라서 당시 이러한 비문은 양산군민들이 여느 선정비와 같이 억지로 쓴 비문이 아니었다. 당시 인사근무 평정은 '출자이반 일심도보'(出自邇班 一心圖報, 근시의 반열에서 나와 한마음으로 보답하려 한다는 뜻)라는 이유로 최상이었다.[68]

당시 한장석은 양산군수로 가 있는 어윤중에게 김홍집을 통해 이런 편지를 부쳤다 .

규룡 물시계 어둑어둑한데 한 해가 남아 있고 虯漏沈沈歲色殘
눈발 날리는 은 촛불에 새벽빛이 차갑네. 雪飄銀燭曙光寒
경서 들고 청대하니 처음 뜻이 어긋나고 執經請對違初志
남들이 시독관이라 부르는 것이 부끄럽네. 慚愧人呼侍讀官

몸이 영주에 이르니 이별의 한이 일어나고 身到瀛洲別恨生
바다구름 아득한데 기러기는 무정하네. 海雲迢遞雁無情
그대의 경제의 평생 뜻을 아니 知君經濟平生志
장차 남쪽 고을 십실의 백성을 시험하리라. 且試南州十室氓[69]

이 편지를 통해 한양에 있는 한장석이 시독관이라는 자신의 직책을 부끄러워하면서 어윤중이 수령에 임하여 고을을 잘 다스려 세상을 구제하고자 하는 의지를 부러워했음을 엿볼 수 있다.

이어서 어윤중은 울산부사를 겸직하여 1875년 4월 울산에서 일어난 민란의 뒤처리를 수습하고자 했다.[70] 울산부사와 향리들이 유용한 공금을 농민들에게 전가하기 위해 농민들의 토지에 추가로 결전을 부가하자 3개 면을 제외한 12개 면의 농민 수천 명이 봉기했기 때문이다.[71] 당시 울산 관아는 부족한 세금을 메우기 위해 세금을 몽땅 토지에 부과하는 도결 방식을 활용했으며 단위당 토지세를 높여 농민들의 부담을 가중시켰다.

나아가 울산 농민들은 관아의 이러한 부당한 조치에 반발하여 수령을 고을 경계 밖으로 추방했다. 이에 중앙정부는 안동부사 홍철주를 파견하여 철저히 조사하면서 민란 주도자와 수령, 향리들을 처벌하는 한편 농민들의 세금 부담을 1/2로 경감시켰다. 물론 홍철주가 활용했던 방식도 세금 부족액을 농민들의 토지에 부과하는 도결 방식이었지만 그 액수를 대폭 인하했던 것이다. 이때 어윤중은 홍철주를 보좌하면서 부세제도의 실상을 뼈저리게 느끼고 부세제도의 모순을 해결하는 방안을 구상했을 것이다. 도결 방식은 결가가 높지 않다면 농민들에게도 신분에 구애되지 않는 방식이라는 점에서 환영할 만한 방안이었다.[72] 이때 어윤중도 당시 경상관찰사 홍훈의 고과 평가를 보면 '강직용전 불피이험(剛直勇前 不避夷險, 강직하고 앞에서 용감하여 평탄함과 험준함을 피하지 않았다)'이라 하여 평가가 최상이었다.[73] 당시 어윤중은『종정연표』에 민란의 원인과 전개 과정, 수습 결과를 간략하나마 적고 있다.

그러나 중앙 정부의 상경 지시에도 불구하고 어윤중은 올라가지 못했다. 1875년 8월 김해 명지도에서 살인사건이 일어난 것이다. 김해(金海) 삼검관(三檢官, 변사자의 시체를 세 번째로 검사하는 검시관)으로서 검시했고 김해 동추관으로서 사형수에 대해서 형추(刑推, 죄인을 때리며 신문함)를 했다.[74] 이후 휴가를 얻어 한양에 올라왔다가 1876년 4월 29일 수신사 김기수 일생이 부산으로 내려온다 하여 그를 배웅하러 부산포로 내려갔다. 당시 수령이 자기 관할 바깥으로 나간다는 것이 쉽지 않았음을 감안할 때 이는 정부의 지시에 따른 것으로 보아야 할 것이다.

당시 수신사 김기수는 동래에서 어윤중과 헤어지면서 다음과 같이 그를 평가했다.

> 어성집(魚聖執, 성집은 어윤중의 자)은 평소에 속내가 곧은 사람인지라 애써 나를 뒤쫓아 왔으니 무한한 고계(告誡)의 말이 있을 것 같았는데 그에게 물으려 하니 이미 가버리고 없었다.[75]

그리고 그는 양산군수로 재직하면서 수신사 일행의 귀국을 보기 위해 윤5월 10일 동래로 왔다가 윤5월 14일 김기수 일행과 함께 양산으로 돌아와서 통도사에서 숙식했다.[76] 그가 왜 김기수 수신사 일행을 마중하고 4일간 동행하면서 숙식을 제공했는지는 분명하지 않다. 다만 그의 이런 행위가 정부의 지시에 따른 것은 아닐까 짐작된다. 당시 어윤중은 양산군수로 1874년 7월에 부임하고 나서 1876년 8월까지 2년 여 기간을 양산군수로 재임한 셈이다. 주변 고을의 여러 난제도 있었겠지만 개항 관련 일로 오래 근무한 것은 아닐까. 그러나 이 과정에서 어윤중은 일본의 실정과 근대화 양상을 직접 들을 수 있는 기회로 삼았을 것이다. 김기수는 수신사로 일본에 다녀오면서 일본의 근대 문물을 시찰한 인물이라는 점에서 어윤중은 그와 숙식하면서 간접적으로 서구 문물을 접할 수 있었을 것이다.[77] 특히 만국공법에 대해 막연하나마 인식할 수 있는 계기를 마련했을 것이다.[78]

이 기간의 근무 평가도 '전최고상(殿最考上)'으로 '근이전번 강능집완(勤以剸煩 剛能戢頑, 근면으로써 복잡한 일을 해결하고 강직함으로 능히 완고함을 그치게 하였다)'이라는 평을 받았다.[79] 이러한 성적은 전국 수령 중에서 최고급에 해당했다. 그리고 수신사 일행이 올라가자 정부에서는 어윤중을 교리로 임명하고 속히 올라오라고 하달했다.[80]

전라우도 암행어사로 명성을 떨치다

정부는 1876년 일본과 병자수호조약을 맺으며 국교 재개 문제를 매듭짓자 국내 문제에 집중하기 시작하였다. 대원군이 호포제 실시와 사창제 시행을 통해 삼정의 폐단을 어느 정도 개선했지만 여전히 후유증이 만만치 않았기 때문이다. 호포제가 신분의 구별 없이 모든 가호에 대해 일률적으로 세금을 부과함으로써 신분제 원칙이 다소 무너졌으나 일부 양반들은 호포 징수에서 누락되어 당시 일반 소민들의 부담은 여전했다.[81] 환곡 역시 토지에 귀결시킴으로써 중간 수탈의 여지를 줄였지만 일부 지방에서는 여전히 농민들의 부담을 가중시켰다. 특히 장마 피해가 극심했던 1877년, 정부는 가을에 암행어사를 파견하여 백성들을 구휼하고자 했다. 암행어사는 경기도, 충청좌우도, 전라좌우도, 경상좌우도에 모두 7명이 파견되었다.[82] 어윤중은 전라우도 암행어사로 파견되어 1877년 8월부터 1878년 5월까지 약 10개월 동안 활동했다.[83] 이동 거리는 한양부터 신안 지도읍까지 이르니 만만치 않은 거리였다.

당시 고종은 어윤중을 전라우도 암행어사로 파견하면서 호남이 흉년을 겪고 있어 민생 보호에 대한 시책이 매우 중요함을 강조한 뒤 백성의 고통을 파악할 것을 주문하였다.[84] 어윤중 역시 암행어사로 파견되면서 그 마음가짐이 남달랐으며 다음과 같이 토로했다.

충성을 다하고 죽는 날까지 조정에서 임금을 모시는 것이 평소 소인의 뜻입니다. 그러나 왕명을 받들고 남하할 때 한양에서부터 용서해 달라거나 잘 봐 달라는 부탁이 한 둘이 아니었습니다. 그것이 만약 착한 일을 권하고 훌륭한 것을 상주는 데 대해서라면 결코 그렇게 부탁할 이치가 없습니다. 나쁜 자를 징계하고 벌줄 때, 이렇게 절박한 청탁이 있습니다. (중략) 법은 법대로 사건은 사건 그대로 처리함으로써 임금을 위하여 죽는 것이 신하의 절조를 다하는 것입니다. 어사의 붉은 깃발이 저의 소원이지만, 앞길이 막히는 따위의 걱정은 제가 생각할 바가 아닙니다.[85]

어윤중은 온갖 청탁에 굴하지 않고 공명정대하게 법대로 수령들의 고과를 평가하겠다는 의지를 보이고 있어 1874년 암행어사 파견과 성격이 달랐다. 후자의 경우, 지방관의 치부를 자세히 탐문하여 수령권의 남용을 견제하고 지방통제를 강화하려는 기본 임무에 충실하였다는 점에서 전자의 경우와 유사하나 지방의 친대원군파 인물들을 제거하고자 했다는 점에서 달랐다.[86]

당시 어윤중이 살펴본 고을은 모두 열두 곳으로 그 중 암행출도(暗行出道, 몰래 다니다가 지방에 나타나서 사무를 처리하기 위해 신분을 밝히던 일)한 고을이 세 곳, 명행노문(明行路文, 신분을 노출시켜 여행의 일정표와 규모를 밝힘)한 고을이 아홉 곳이었다. 어윤중은 암행어사를 마치고 수원(水原) 지방의 만의사(萬儀寺)라는 절에서 서계(書啓, 임금의 명을 받은 벼슬아치가 일을 마치고 결과를 보고하는 문서)를 수정했다.[87] 고종은 암행어사를 마치고 돌아온 어윤중의 서계를 살펴본 뒤 어윤중에게 수령의 치적을 일일이 묻고 확인했는데, 그 내용을 정리하면 〈표 1〉과 같다.

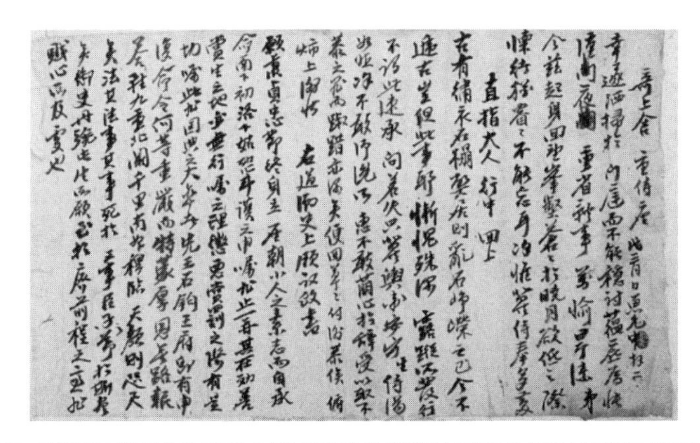

그림 10 어윤중이 보낸 간찰 문서 「우도어사상령의정서(右道御使上領議政書)」(국립순천대학교 박물관 소장)

표 1 1878년 전라우도 암행어사 어윤중의 수령 평가

지역 수령	수령 이름	어사 수령 평가
무장현감	성대영	많은 백성이 그 덕분에 생활하고, 우도(右道) 최고임.
前 전주판관	권용규	10만 냥의 세가(稅價)를 모두 아전이 포흠했는데 발견하지 못함. 파직함.
前 나주목사	김선근	진휼을 부지런히 하고 부유한 백성들에게 곡식을 빌려 주라고 권하지 않음.
장성부사	서중보	잘 다스림.
여산부사	송항진	다스리는 일에 집안 친족들이 방해되는 일이 많음.
前 여산부사	민의호	강명(剛明)함.
진도부사	이규원	개항 예정지로 알려진 벽파정에서 일본인들이 탄(炭)을 쌓아둔다는 말이 있기 때문에 미리 재목을 모아서 기다리고 있음. 치밀한 준비라고 평가됨.
진전부사	심원택	무명 가격이 우도(右道)에서 가장 고름.
익산군수	김대현	큰 과실은 없으나 착하기만 하여 제대로 살피지 못함.
고부군수	서상조	조세를 받는 일이 한창 바쁠 때 휴가를 청해 떠남.
前 고부군수	이수은	탐장죄(貪贓罪, 공공의 재물을 횡령하거나 민간의 재물을 빼앗은 죄)를 범한 수가 32,000여 냥임.

지역 수령	수령 이름	어사 수령 평가
前 영광군수	이기호	진출하여 구제할 밑천을 허비한 것이 3,700여 냥임.
영암군수	민창호	아비의 뜻을 잘 이어 잘 다스림.
前 영암군수	이규대	잘 다스림.
금산군수	김세기	칭찬할 만한 점이 많음.
前 금산군수	오경선	착하기만 할 뿐 일을 잘 처리하지 못함.
진산군수	권재우	경내에 원망하는 사람이 없음.
김제군수	송기로	세미(稅米, 조세로 바치던 쌀)를 잘 받았고 목면 가격을 알맞게 함.
前 김제군수	윤병성	관문에 '감히 사적인 일을 부탁하려는 자는 이 문을 들어오지 마라'는 아홉자를 걸어놓음.
임피현령	이교영	진자전(賑資錢, 진휼을 위해 마련한 돈) 5,300여 냥 중 1,900여 냥만 진휼하고 나머지는 다른 곳에 씀.
금구현령	이철재	수령의 사적 참모[冊客]와 포악한 종[悍奴]의 폐단이 있음.
함열현감	서재순	교체되기 전에 새로운 자리를 미리 정함
고산현감	이보인	처음으로 정사를 함[初政]에도 칭송이 자자함.
前 고산현감	조석영	진휼할 밑천도 자신의 녹봉에서 희사함.
옥구현감	윤영선	떼먹은 돈을 보충[刷逋]하는 것이나 세금을 받는 일 등 모든 일에 정성껏 함.
前 옥구현감	민종수	녹봉을 희사하여 진휼에 보탠 것이 1,780여 냥인데 전연 실효가 없으니 속였다고 이를 말함.
부안현감	정진묵	침착하고 간략하게 정사를 펼쳐 백성들이 다시 모임.
태인현감	민관호	9,000냥의 재물로 백성창고 빚의 폐단을 바로잡으려 함.
정읍현감	김익건	잘 다스림.
흥양현감	신채	잘 다스림.
고창현감	박면하	치적이 있음.
前 고창현감	유돈수	실속없이 겉만 화려한 것을 숭상함. 자기 녹봉을 내어 진자(賑資)를 마련한 것이 2,000냥이라고 했는데, 실제로 내놓은 것은 800냥임.
함평현감	이용일	상당한 칭송이 있음.

지역 수령	수령 이름	어사 수령 평가
前 함평현감	조장희	세미(稅米)를 감히 대전(代錢, 물건 대신으로 주는 돈)으로 거둬들인 것이 1만 7000여 냥, 사적으로 결미(結米, 논밭의 결에 따라 토지세로 내던 쌀)에 덧붙여 거둬들인 사미(社米) 900여 석을 세미로 옮겨 채움.
무안현감	조준구	제사를 지내줄 사람이 없어 굶주려 죽은 자들에 대해 관에서 제수를 마련해 함께 제사함.
前 무안현감	오장선	일곱 차례 진휼을 빠뜨림.
해남현감	허진	나이가 어린데 잘 다스림, 상원 군수로 있을 때도 공적이 많았음.
前 무안현감	김연규	유리(由吏, 지방 관아에 딸린 이방의 아전)가 다섯 번이나 바뀌고 정령(政令, 정치상의 법도와 규칙)을 잘 살피지 않고 진자전(賑資錢, 진휼청에서 발행한 상평통보) 2,900냥도 쓸데없이 버림.
삼례찰방	김우현	복잡하여 처리하기 어려운 직임에 쓰기 합당함.
우병사	김태욱	백성이나 고을의 일에 간섭하지 않아 폐단이 없음.
前 우병사	이민응	장교(將校)와 차인(差人, 관아에서 임무를 받고 파견된 사람)을 많이 보내 섬과 육지를 횡행함.
前 우수사	김기혁	장교와 차인이 침략하는 폐단이 없음.
前 전주영장	윤자익	노성의 구성서원 소유의 금구 소재 논을 금구에 사는 백성이 본원의 유생에게서 샀는데 윤자익이 남는 돈을 탐내어 다른 곳의 백성에게 다시 팔아 원성을 많이 삼.
나주영장	오정선	실제 공적이 있음.
법성포첨사	이장한	진실한 마음으로 진휼.
임치첨사	강민수	참혹한 흉년으로 백성들이 모두 흩어져 진의 모양이 형편없이 됨.
임자도첨사	김종관	진자(賑資, 빈민을 구제하는 데 필요한 물자)를 가지고 농간을 부림.
흑산도별장	김상룡	비용을 거둔다고 하면서 친족에게까지 마구 거두어들임

출전 : 『승정원일기』, 고종 15년(1878) 6월 16일.
비고 : 고종이 전라우도 암행어사 어윤중의 서계를 보고 어윤중을 불러 확인한 순서대로 작성한 내용.

이러한 어윤중의 암행어사 활동을 두고 황현은 『매천야록』에서 당시 암행어사로서 충청우도의 이건창과 전라우도의 어윤중이 가장 명성을 떨쳤고, 나머지는 관례를 따랐을 뿐이라고 평하였다. 당시 황현의 기록을 옮기면 다음과 같다.

> 가을에 어사를 각 도에 파견하여, 진정(賑政)을 살피고 수령의 탐학과 부정을 조사하도록 하였다. 충청우도 어사 이건창과 전라우도 어사 어윤중이 가장 명성이 있었으며 그 나머지는 형식적으로 임할 뿐이었다.[88]

어윤중은 암행어사를 다녀와서 전라우도의 조세제도 폐단을 해소하기 위해 고종에게 별단(別單, 임금에게 올리는 문서에 참조할 수 있도록 첨부한 문서)을 올렸다. 기존의 관행에 대한 문제를 제기하고 개선 방안을 올리는 것은 자신의 정치적 생명이 걸린 일이지만 어윤중은 자신의 책무를 명확히 알고 행하는 뚜렷한 소신을 갖고 있었다. 어윤중이 올린 별단과 의정부의 처리 내역 가운데 중요한 내용만 추출하면 다음과 같다.

의정부는 별단의 내용 중 수령의 상벌에 관해 청한 부분은 거의 수용하였으나 나머지 사안에 대해서는 유보하거나 무시했다. 우선 전라우도 연해 지역의 수령은 각별히 양리(良吏, 백성을 다스리는 어진 관리)를 가리게 하여 5년 동안 체직하는 것을 허락하지 말아 달라는 건의에 대해 임기 연장의 필요성을 인정하면서도 잠시 현행대로 단기 임기로 운영하는 것으로 귀착되었다. 부안의 한 고을과 나주, 영광에 속한 섬에 소재한 토지의 일부를 재결로 잡아 면세해 달라는 건의에 대해서는 허실이 서로 섞여 있다는 구실로 관찰사가 풍흉 상태를 보고하거든 그때 가서 처리하자고 결정했다. 그리고 유망인들의 환자 모곡(耗穀, 곡식을 쌓아 둘 동안 축이 날 것을 예상해 추가로 받던 곡식)과 나주 등 다섯 고을의 회부곡(會付穀, 배당하여 내려준 환곡)과 별비미(別備米, 별도로 준비된 환곡)의 전체 모곡을 탕감하되 모곡으로 만든 돈을 토지 결수에 배당하고 더 이상 환자 모곡을 징수하지 말자는 건의에 대해서는 진휼의 중요성을 내세워 관찰사가 상세히 조사한 뒤 품의하는 것으로 결론을 냈다.

여기서 의정부 대신들이 대원군 집권기 때 환곡을 혁파하여 토지에서 부족한 재원을 구하고자 했던 이른바 파환귀결(破還歸結)에 대해서 부담스럽게 여겼음을 추측할 수 있다. 심지어 측량 도구라 할, 각 고을의 공사(公私) 두곡(斗斛)은 한결같이 유두곡(鍮斗斛, 놋쇠로 만든 용량 측정 도구)에 따라 교정하는데 경창(京倉) 두곡은 이전에 비해 점차 커지고 있다는 지적에 대해서는 "일개 암행어사가 총괄적으로 논하면서 멋대로 청할 것이 아니며 해당 어사를 경고하여 책임을 묻지 않을 수 없으니 엄하게 추고하겠다."는 엄포까지 들었다.[89] 한양에서 재는 두곡이 지방에서 재는 두곡보다 훨씬 커서 농민이 피해를 보고 있음에도 중앙정부는 이런 딱한 사정을 모른 체하고 있음을 확인할 수 있다. 그 밖에 지방관아 재정과 조운 폐단의 개선 건의에 대해서도 의정부는 미봉책만 내놓을 뿐이었다.

심지어 전라우도 암행어사를 마친 어윤중은 전 고부군수 이수은(李秀殷)에 대한 일로 견파(譴罷, 관원의 실수를 탓하여 파면함) 조치를 받아 고향인 충청도 보은으로 내려가야 했다.[90] 의정부에서는 어윤중이 이수은의 죄목을 들춰내어 죽 늘어놓으면서 태인과 고부 지방에서 사들인 토지를 조경묘(肇慶廟)[91]와 경기전(慶基殿)[92]에 모두 소속시켜 관역(官役) 비용에 충당하자고 건의한 것을 두고 이런 방식의 비용 보충이 이치상 지극히 소홀

하니 시행하지 말고 어윤중을 견책하여 파직하도록 했던 것이다.[93] 당시 어윤중은 이 땅들이 이수은이 늑탈(폭력이나 위력으로 강제로 빼앗음), 뇌물 등 갖은 부정한 방법으로 백성들로부터 긁어모아 사들인 땅이라고 판단했다. 따라서 백성의 역을 동원해야 하는 조선왕실의 대표 건물이라 할 조경묘과 경기전의 공사에 보태려고 했던 것이다. 의금부에서는 이수은이 진자(賑資, 빈민구제에 필요한 물자)를 거짓으로 기록하고, 수미(需米, 갖가지 수요에 따라 쓰이는 쌀)를 팔 때 중간에서 이익을 취하였으며, 이임(吏任)이나 향임(鄕任)에게서 뇌물을 강제로 빼앗은 수효가 매우 많았음을 밝혔다.[94] 형조에서도 이수은이 범한 장전(贓錢, 부정하게 얻은 돈)이 3만 2,647냥 5전 3푼이라고 밝히면서 기일 안에 납부할 것을 독촉할 정도였다.[95] 당시 어윤중은 이 돈을 '공화(公貨)', '민전(民錢)'이라고 표현하며 속공(屬公, 관청의 소유로 넘기는 일)시켜야 한다고 했다. 그로서는 매우 억울한 일이었지만 중앙에 기반에 없는 까닭에 의정부의 결정을 묵묵히 받아들여야 했다.

반면에 이수은은 고종 11년(1874)에 강원도 양구 전현감으로 역임한 뒤 강원도 암행어사 유석에 의해 죄를 받은 적이 있었고[96] 이후 탐장죄(공공의 재물을 횡령하거나 민간의 재물을 빼앗은 죄)로 전라도 무주부로 유배를 당했으나[97] 이후 별 탈 없이 관직에 복직하여 수령직을 유지해 갔다.[98] 심지어 이수은은 고종 22년에는 정5품 호조정랑직까지 올랐다.[99] 이수은의 이러한 승진은 당시 매관매직 풍토와 관련이 있을 수 있다. 훗날 고부에서는 조병갑이라는 탐학 수령이 나타나 1894년 농민전쟁을 유발했다는 점도 유의해야 할 점이다.

그러나 일반 민인들은 암행어사 어윤중이 무엇을 개혁했는지를 기억하고 그의 선정을 기리는 비를 각지에 세웠다. 예컨대 현재 전라북도 정읍시

그림 11 전라북도 정읍시 칠보면 시산리 삼리마을 고현동각(古縣洞閣, 조선시대의 학당으로 향학을 실천했던 공간, 옛 태인) 앞에 있는 3기의 선정비 중 하나로 고종 15년(1878) 5월에 건립한 '수의어윤중청덕불망비(繡衣魚允中淸德不忘碑)'가 있다. 여기서 수의란 어사가 입는 옷을 말한다.

칠보면 시산리에는 어윤중의 공덕을 기리는 비가 남아 있다. 이 공덕비에는 태인군의 민고채를 바로 잡은 것에 대한 고을 백성들의 뜻이 담겨 있다.

1878년 7월에도 완주군 상관면(옛 전주군 상관면) 신리 산 2-9번지에 어윤중 공덕비(어사 어윤중 영세불망)가 건립되었다. 당시 전주군의 경우, 어윤중이 아전의 포흠(관청의 물건을 사사로이 써 버리는 일)을 적발했던 것이다. 그 밖에 현재 전라남도 신안군에는 지도와 사옥도를 연결하는 지도대교가 있는데, 이 다리 인근인 지도읍 탄동리 산 115-55번지에 어사 어윤중 영세불망비가 남아 있다. 이러한 선정비는 관리들의 강요로 건립된 비와 달리 구체적인 선정 내용을 담고 있어 고을 주민의 진정성을 반영하고 있다.

지방에 있는 동안 어윤중은 짬을 내어 선친의 묘가 있는 양주 창동리에 가서 자신의 선친을 임피 성덕리(현재 군산시 성산면 성덕리)로 이장[100]하고 묘비를 세웠다.[101] 그러나 이 과정에서 아무개 문중과 묘자리를 두고 다툼이 있었다. 구전에 따르면 아무개 문중은 어윤중이 이곳에 이장하려 한다는 소식을 듣고 먼저 묘지를 썼다. 이에 어윤중은 그 자리 밑으로 이장했다. 또 일설에 따르면 어윤중이 임피 현감을 압박하여 자신의 부모 묘를 강제로 이장했다고 전해진다. 당시 어윤중은 풍수지리설에 매우 밝은 가운데 오랫동안 후손을 보지 못해 명당에 집착한 것으로 보인다.[102] 어느 설이 진실인지 판단할 수 없지만 당시 이장 과정에서 현지 양반 가문과 마찰이 있었던 것 같다. 이때 그는 경기도 지평과 보은에도 들렀다.[103]

1878년 8월 어윤중은 부수찬에 임명되어 다시 관직으로 진출할 수 있게 되었다. 그럼에도 어윤중은 고종에게 암행어사의 직임을 제대로 수행하지 못해 다른 사람을 임명해 주기를 청하는 상소를 올렸다.[104] 그러나 당시 고종은 어윤중에 대한 신임이 두터워 여러 대신들의 반대에도 불구하고 그를 등용했다.[105] 나중에 어윤중은 홍문관에 부교리로 낙점되어 경연에 참석했지만 이전과 마찬가지로 주로 경연의 필요성과 제왕의 학문, 재정 절용에 대해서 주로 언급했다.[106]

그러나 전술한 바와 같이 대다수는 조정에서 수용되지 않았다. 어윤중이 암행어사 활동을 통해 실행하고자 했던 수취제도 개선도 녹록치 않았다. 전주 전직 관리 이기영이 올린 상소에 따르면 어윤중의 개선 요구 방안이 실행되지 않았던 것이다. 즉 어윤중이 현지에서 절목을 제정하여 반포했지만 감사와 수령들은 이를 준행하지 않고 이전 관행으로 돌아감으로써 민인들의 원망을 야기했다.[107] 결국 그는 어윤중이 반포한 절목을 다시 시행할 것을 건의했다. 하지만 어윤중의 건의안이 실시되었다는 기사를 찾아보기 힘들다는 점에서 그의 노력은 사실상 좌절되었다고 하겠다. 수령을 비롯한 향리들의 반발이 적지 않았던 것이다.

고종의 정전제와 어윤중의 정전 인식

어윤중은 암행어사 활동이 끝난 뒤 의정부로부터 견책을 받았지만 여전히 고종의 신임을 받았다. 1880년 2월에는 평안도 경시관(京試官)으로 임명되어 과거시험을 엄정하고 공정하게 주관했다.[108] 당시 과거시험의 폐단이 심해 중앙으로서는 향시에서 일어나는 부정을 억제하고자 했지만 한양에서 파견된 경시관들에게도 뇌물이 공공연히 전달되어 폐단은 극에 달했다.[109] 따라서 정부로서는 청렴한 경시관을 파견하여 향시의 폐단을 줄일 필요가 있었다. 이때 어윤중은 평안도 가산과 태천에 파견되어 향시를 주관했다.[110] 특히 태천 관아에서 향시를 치를 때 당대에 대두된 문제를 해결하기 위한 대안을 묻는다는 뜻의 책문을 출제했다.[111] 그 제목이 '정전(井田)'이었다. 책문의 내용은 다음과 같다.

> 정전은 경계를 정해 백성을 골고루 살게 하는 것이다. 여러 서책에서 그것을 고찰하여 어떤 책에서 시작되었는지, 여러 성인에게 그것을 징험하여 어느 시대에 시작되었는지 설명하라.
>
> 『맹자』의 경계(經界)에 관한 일장(一章)은 진실로 전정(田政)의 지남(指南)이나 지금으로써 보건대 『예기』 「왕제」편이나 『주례』와 비교하여 어긋나는 곳이 많은 것은 대개 무슨 까닭인가. 명당(明堂, 임금이 조회를 받던 정전(正殿))의 제도는 정전(井田)에서 무엇을 취하였으며 도읍(都邑)을 건설하는 법제는 정전

에서 무엇을 본떴는가.

이제(二帝, 요와 순임금)의 지극한 통치에서 강역의 경계가 적지 않았으며, 대략 보건대 삼왕(三王, 하의 우왕, 은의 탕왕, 주의 문왕, 무왕)의 도가 같았으나 공법(貢法, 생산량을 기준으로 수취하는 것)과 조법(助法, 노동력을 기준으로 수취하는 것)은 각각 달랐다. 그 제도를 모두 차례로 들어 논할 수 있겠는가.

중국에서 9주(州)의 땅은 서북 쪽에는 산이 많고 동남 쪽에는 물이 많은데 강역을 어떻게 고루 균등하게 할 수 있는가. 사해(四海) 내의 농토는 비척도가 각각 다른데 경계를 어떻게 가지런히 할 수 있는가. 농토를 이미 정(井)자 모양으로 각각 100무(畝)로 만들었다면 여부(餘夫, 16세로 아직 아내를 얻지 못한 자)와 규전(圭田, 수확물로 제사를 지내기 위하여 경작하는 논밭)은 어느 곳에서 취하는가. 부세를 이미 균등하게 하여 모두 십일세로 낸다면 농촌과 도시에서는 마땅히 어떤 법을 써야 하는가.

조과(趙過, 한무제 때 사람, 우경법을 가르침)의 대전법(代田法, 대농적인 농업경영방법)과 동자(董子, 동중서)의 한전설(限田說)은 과연 정전제의 유의(遺意, 남긴 뜻)를 얻었는가. 진나라가 정전을 폐지하였으나 오히려 부강에 이르렀고 등나라가 정전제를 시행하였으나 왕도를 진흥했다는 말을 듣지 못하였는데, 또한 그 까닭을 말할 수 있겠는가. 혹자는 이 법을 시행하면 기뻐하는 자가 많다고 말하고 혹자는 봉건제가 시행된 연후에 정전제가 흥할 수 있다고 말하는데, 양자는 장차 어떻게 절충해야 되겠는가.

대저 정전의 법은 그 내력이 오래 되었다. 민산(民産)은 여기에서 만들어지고 군부(軍賦, 군역과 세금)는 여기에서 나오며, 토지를 반급하고 녹봉을 제정하는 것에 마땅함을 얻지 못함이 없어서 사농공상은 제 직업을 편안히 여기니, 이것은 진실로 성인의 양법이오 나라를 다스릴 때 먼저 해야 할 일이다.

어찌하여 말세[叔季] 이래, 전제가 문란하고 정(井)으로 구획된 경계가 무너지며 빈부가 불균하여 고향을 떠나는 백성들이 많아지며 부세가 점점 늘어나도 국가는 더욱 넉넉해지지 못하는가. 한나라 이래 잘 다스려지기를 원하는 임금이 없지 않았으나 전제(田制)를 강구하지 않았으니, 어찌 고제(古制)를 끝내 회복할 수 없다고 하겠는가.

우리나라로서 말하건대 비록 한쪽에 치우치고 작다고 할지라도 당당한 천승의 나라이며 기자(箕子)의 흔적도 아직 남아 징험할 수 있다. 더욱이 역대의 성군들이 서로 계승한 치국의 법도는 모두 주나라의 관제를 본받았으나 유독 전제에서는 인순함을 면치 못하였다. 혹자는 오래도록 폐기된 법을 하루아침에 실행하기 어렵다고 말하기도 하고, 혹자는 우리나라의 토지가 중국과 다르다고 말하기도 한다. 양설이 근거가 없지 않다. 만약 옛 것을 참작하고 오늘날에 마땅함을 구하여 농토를 균등히 하는 것[均田]으로 제도를 정하고자 한다면 그 방법은 어떻게 해야 하는가. 그 설을 듣고자 한다.

유자들에게 이상적인 토지제도로 인식되었던 '정전'이 책문의 제목으로 출제된 예는 거의 찾아보기 힘들다.[112] 여기서 정전제에 대한 어윤중의 구상을 엿볼 수 있다. 비록 옛날 그대로 정전제를 시행할 수 없지만 현실적으로 적용할 부분이 있음을 염두에 두었다. 그것은 그 자신이 옛날을 참작하고 오늘날에 맞게 재조정하는 절충안으로서 전세를 비롯한 조세제도의 개혁을 통한 방안이었다. 조부가 정약용에게서 수학했다는 점, 그 자신이 정약용의 전제개혁론을 알고 있었을 가능성이 높았다는 점에서 정전을 책제로 출제하지 않았을까 짐작된다. 또한 어윤중이 한장석과 서응순의 정전론에 영향을 받았을 가능성도 높다. 이미 언급한 바와 같이 어윤중의 교

그림 12 유형원의 『반계수록』 표지

우 관계에서 한장석 · 서응순과의 관계는 매우 특별했기 때문이다. 특히 유형원의 토지개혁론에 영향을 받은 성재(性齋) 허전(許傳)이 1874년 5월 경연에 입시하여 정전제를 논하고, 명을 받아 『기전도설(箕田圖說)』을 바쳤다는 사실에 주목할 필요가 있다.[113]

당시 고종은 즉위 초에 이미 유형원의 『반계수록』에 수록된 토지제도를 알고 토호들의 토지겸병을 막고자 했던 터였다.[114] 따라서 고종은 경연에서 강관(講官) 허전과 정전제도를 두고 토론을 벌였다.

고종 : 백성들이 바라는 것이 어떤 일인가?

허전 : 갑자기 일일이 진달할 수는 없습니다만, 가장 시급한 일은 지금 우리 백성들에게는 일정한 생산이 없고 부호(富豪)들이 겸병하였기 때문에, 이른바 농부란 다 부호의 일꾼일 뿐이며, 한 번 흉년을 만나면 굶주리다 죽어 구렁에 나뒹굴게 됩니다.

고종 : 정전제도(井田制度)는 삼대의 아름다운 법인데, 세상의 수준이 점차 내

려가면서 이 제도가 드디어 폐지되었다.

허전 : 전국시대에는 전쟁이 계속되어 선왕의 법과 제도가 날로 땅에 떨어졌고, 상앙(商鞅)이 토지를 갈기갈기 나눔에 이르러 극에 달하였습니다. 현명한 임금과 유능한 신하가 만난 뒤에야 옛날 제도를 회복할 수 있는데, 혹은 임금은 있으나 신하가 없기도 하고 혹은 신하가 있으나 임금이 없기도 하고 혹은 때와 형세가 미치지 못하기도 하여, 동중서(董仲舒)의 훌륭함과 제갈량(諸葛亮)의 유능함으로도 그 뜻을 행할 수 없었으니 참으로 애석합니다. 우리 태조조에서 정전을 나누어 주는 제도를 시행하려 하였으나, 좋아하지 않는 사람이 많아 성의(聖意)를 밝히지 못하였고 그 논의는 결국 중지되고 말아, 식자들이 한스럽게 여기고 있습니다.

고종 : 우리나라는 지형이 불편하여 정전제도를 행할 수 없는가?

허전 : 산천(山川)이 험하고 막혀 일일이 정전(井田)을 구획할 수는 없다 하더라도, 지형에 따라 긴 것을 잘라 짧은 것을 보태어 면적을 계산하면 옛날 100묘의 수량에 맞추어 백성들에게 균등하게 분배하고 십분의 일에 해당하는 세금을 부과할 수 있을 것입니다. 그렇게 되면 정전법이 저절로 그 속에 있게 됩니다.

고종 : 옛날 제도는 백성들에게는 모두 100묘를 주고 공경대부에게는 전록(田祿)을 차등 있게 주었다.

허전 : 연(燕) 나라와 제(齊) 나라 같은 작은 나라도 경상(卿相)의 녹봉이 1만 종(鍾)에 이르렀고, 삼대 시대에도 서인(庶人)으로서 관직에 있는 자에게 농사 수입을 대신할 수 있는 만큼의 녹봉을 주었습니다. 이렇게 세금을 적게 부과하고도 여유 있게 쓸 수 있었던 것은 절약하여 쓰고

검소함을 숭상하였기 때문입니다. 지금은 들어오는 것을 헤아려 지출하지 못하고 법도가 없이 사치를 부리기 때문에 세금은 더욱 무거워지는데도 쓰임새는 더욱 부족합니다. 더욱이 지금 토지의 경계가 문란하여 좋은 토지는 태반이 부호와 이서(吏胥)들의 손에 들어가, 국가는 토지가 있는 세금을 잃고 백성들은 토지가 없는 세금을 물게 됩니다. 나라와 백성이 다 가난하게 된 것이 바로 이 때문입니다.

고종 : 은결(隱結)의 폐단은 나도 들었다. 다시 측량하게 되면 이 폐단을 고칠 수 있을 것이다.

허전 : 이서(吏胥)에게는 본래 급료를 지급하지 않기 때문에 그들의 생활비는 오직 토지의 세금을 훔쳐 마련합니다. 그러므로 이런 폐단이 생기는 것입니다. 조정에서 사신을 보낸다 하더라도 현지의 교활한 자들이 온갖 방법으로 속이기 때문에 실상을 조사하기가 어렵습니다. 그 요체는 지방관을 잘 뽑는 데에 달려 있습니다.[115]

고종과 허전의 이러한 대화는 비록 고대의 정전제도를 재현할 수 없지만 토지소유 불균형이 심각한 1880년대 상황에서 조세제도만이라도 개혁해야 한다는 절박감이 묻어 나온다. 물론 여러 차례 진강에서 볼 수 있듯이 허전이 이러한 조세 부과의 문제점을 근원적으로 파악하여 토지 불균형 문제 해소에 중점을 두고 토지소유 규모를 제한하는 한전제(限田制)를 강구했던 반면에 고종은 토지개혁 실시 불가를 표명하면서 한전제 실시에 회의적인 반응을 보였다.[116] 다만 고종은 평양에서 이러한 정전의 존재 여부를 확인하기 위해 당시 허전과 같이 자리했던 조희일에게도 기전의 흔적을 확인했다. 또한 고종과 허전 사이에 이러한 정전 논의는 이때가 처음은 아니었다.

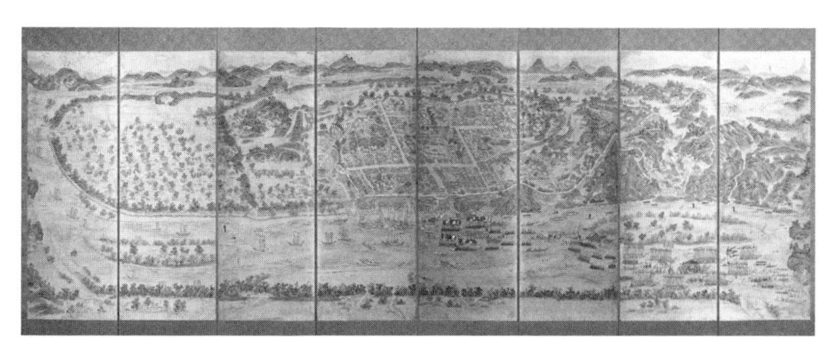

그림 13 〈평양기성도〉
평양의 남쪽, 대동강변을 따라 보이는 격자형의 옛터는 한백겸을 비롯한 많은 유학자들의 관심을 끌었다.

이미 1년 전 1873년 5월 시전(詩傳) 진강(進講)에서도 정전 논의가 이루어졌다.[117] 이처럼 고종은 정전제에 대한 관심을 일찍부터 여러 번 표명하였고 자연스럽게 어윤중도 자신의 생각과 고종의 생각을 반영하여 책제를 통해 정전제의 의미를 유생들에게 알리고 싶었던 것이다.

어윤중은 경시관 임무를 마치고 상경하면서 평양 바깥에 있는 기자유상(箕子遺像)에 참배하고 정전 터를 둘러보았다.[118] 당시 어윤중이 중앙 차원에서 출제한 책문의 주제는 아니지만 최초로 정전을 주제로 출제했다는 점은 주목할 만하다. 물론 평안도 지역이 기자와 매우 밀접해 기자정전을 출제하지 않았을까 짐작해 볼 수 있다. 그러나 기자의 여타 내용이 있음에도 불구하고 토지제도라 할 정전제도를 출제한 것은 매우 희소한 일이다. 그리고 고종과의 교감 속에서 이런 주제가 출제되었기 때문에 어윤중의 정전제도에 대한 지속적인 관심과 깊은 이해는 후일 재정개혁을 추진할 때 큰 자산이 되었다.

일본과 중국을 시찰하며 꿈꾼 부국강병

일본이 우리나라에 대해 다른 뜻이 없느냐?

조사시찰단 시절

어윤중은 1881년 1월 11일, 34세의 나이로 동래부 암행어사에 임명되었다.[119] 당시 어윤중은 교리(校理)를 역임한 터였고 전참판(前參判) 조준영(趙準永), 박정양(朴定陽), 전승지(前承旨) 엄세영(嚴世永)·강문형(姜文馨), 전참의(前參議) 심상학(沈相學)·홍영식(洪英植) 등이 함께 암행어사에 임명되었다.[120] 이들은 본래 고종에게 일본에 건너가 그들의 개화정책과 문물을 시찰하고 돌아오라는 명령을 받았지만, 위정척사파의 반대를 우려하여 암행어사라는 이름으로 비밀리에 파견되었다. 따라서 위정척사파 황현은 이들 암행어사의 활동을 못마땅하게 여겨서인지 조롱조로 '유람조사(遊覽朝士)'라 불렀다.[121]

훗날 이들 암행어사 일행은 서구식 표현으로 '신사유람단(紳士遊覽團)'이라 불렸다. 윤치호가 《동아일보》 1930년 1월 11일 〈풍우20년 독립협회장 윤치호(1)〉라는 연재물에서 이 시기를 회고하면서 '신사유람단'으로 호명한 뒤 최남선이 이를 수용함으로써 '신사유람단'이란 역사용어로 굳어져

버렸다.[122]

그러나 이 명칭은 매우 부적절하다. 왜냐하면 이들이 신사(紳士)도 아닌 데다가 유람한 것은 더더욱 아니기 때문이다. 1986년 허동현 교수가 석사학위 논문에서 표면적으로는 동래 암행어사로 내려갔을지라도 실제로는 일본 시찰차 파견된 정부 관료라는 뜻으로 '조사시찰단(朝士視察團)'으로 정정하면서 현재 이 명칭이 자리를 잡게 되었다.

정부는 1876년 일본과의 수교 직후 이미 김기수를 수신사(修信使)로 파견했다. 수신사라는 용어 자체가 '다시 국교를 닦는다'는 뜻이 담겨 있어 초창기 조일 관계에서는 주목을 받지 못했다. 실제로 김기수 자신은 서구화된 일본의 실상을 파악하려고도 하지 않았다.[123] 그러나 1876년 병자수호조규를 비롯하여 조일 사이에서 체결되었던 각종 조약들로 말미암아 제물포 개항, 무관세 문제, 미곡 수출 금지, 상인의 한양 주재 문제 등 외교 현안이 불거지고 청의 이홍장이 서양과의 수교를 적극 권고하면서 조선 정부의 정책은 새로운 전기를 맞았다.[124] 이제 정부도 중국 중심의 중세적 사대교린 체제에서 벗어나 점차 만국공법 질서 아래에서 자국의 주권을 지키기 위한 군비와 자강에 역점을 두게 되었다.

1880년 5월 제2차 김홍집 수신사 파견은 정부의 그러한 의지를 반영했다. 이와 때를 맞추어 1880년 12월 정부는 본격적인 개화 추진기구로서 통리기무아문을 설치했다.[125] 통리기문아문은 종래의 의정부, 육조와 다른 별도의 기구로서 대외 문제를 효과적으로 처리할 뿐더러 군국기무와 관련된 대내 문제도 처리하고자 했다. 이에 정부는 개화정책에 필요한 지식 정보 수집과 인재 양성을 목적으로 이들 조사시찰단을 파견하기에 이르렀다.[126]

조사의 선발은 1월 11일 동래부 암행어사의 임명 외에도 두 차례 더 있었다. 2월 2일에 이헌영, 민종묵, 조병직, 이원회 등 4명이 동래 암행어사로 임명되어 조사시찰단에 추가 배치되었다.[127] 그 다음 2월 26일 이원회가 조사시찰단의 조사로 발탁되었다.[128] 김용원도 26일경에 이동인 대신 기선운항에 관계된 제반 사항에 관한 정보를 수집하라는 지시를 받고 동래부 암행어사의 자격은 아니지만 조사시찰단의 일원으로 합류했다.[129]

조사시찰단으로 어윤중과 동행한 이헌영은 「일사집략(日槎集略)」이라는 글을 써서 조사시찰단에 참가한 사람들에 대한 기록을 남겼는데 이 가운데 '동행록(同行錄)'이라는 글은 조사시찰단이 고종에게 부여받은 임무를 알려주고 있다. 즉 고종은 이 임무를 비밀리에 전달했는데, 조준영은 문부성(文部省)을 맡았고, 박정양은 외무성(外務省), 엄세영은 사법성(司法省), 강문형은 공부성(工部省), 이헌영, 조병직과 민종묵은 세관(稅關)을 맡았으며, 심상학은 외무성(外務省), 홍영식은 육군성(陸軍省), 어윤중은 대장성(大藏省), 이원회는 육군조련(陸軍操練)을 맡았다.[130] 다른 사무보다 세관에 인원을 다수 배치한 것은 고종이 세관 쪽에 많은 관심을 가지고 있었음을 시사한다. 어윤중과 홍영식에게는 미국과의 수교와 관련된 외교사항을 추가로 조사하는 임무가 부여되었다.

한편 어윤중은 유길준, 윤치호, 유정수(柳正秀), 김양한(金亮漢) 등 조선 최초의 국비 유학생을 유학시키는 일도 맡았으며[131] 이 가운데 유길준과 유정수를 후쿠자와 유기치가 운영하는 게이오 의숙에 입숙시켰다.[132] 당시 조정에서는 그가 학식이 있고 사리에 밝으며 임기응변과 사무처리 능력이 있다고 판단하여 조사시찰단의 본연 임무 외에도 유길준 등의 유학 문제를 위임했다.[133]

동래부 암행어사로 임명된 이들은 대체로 종실이나 벌족에 속하는 양반

명문가 출신이었다. 20대 후반에서 50대 중반이었던 이들은 종2품계 이하 정4품계 이상의 경력이 풍부한 관료 집단이었다. 주로 홍문관이나 대간 출신의 언관으로, 학식과 문장이 뛰어났고, 국왕 가까이에서 국정 전반을 잘 파악할 수 있었던 인물이었다. 조사로 선발되기 직전, 박정양, 엄세영, 강문형, 어윤중, 이헌영은 암행어사를 역임했고[134] 엄세영, 강문형, 민종묵은 청국 혹은 일본 파견 사절로 활동했다. 또한 이원회는 수군절도사 등을 역임한 무장으로 조사시찰단의 임무와 별도로 참획관으로 총포와 선박을 시찰하는 임무를 띠고 있었으며 김용원은 화원(畵員)으로서 1876년 1차 수신사를 수행하여 일본에 다녀온 인물이었다. 특히 어윤중의 경우, 전라우도 암행어사로 활약하면서 드러난 치밀한 성격과 명민한 두뇌를 인정받아 대장성을 시찰하라는 특별한 명령이 내려졌다.[135] 어윤중이 조선의 재정개혁에 필요한 인물이라고 판단하고 그에게 근대 재정에 대한 이해와 안목을 높이도록 요구한 셈이다. 시찰 기간도 구애받지 말라고 했다.

한편, 조사로 새롭게 임명된 이들은 모두 대원군이 권좌에서 물러난 뒤에 득세한 민씨 문중과 연계된 인물이었다. 박정양, 어윤중, 조준영, 홍영식, 심상학, 엄세영, 강문형 등이 대표적이다. 특히 어윤중과 홍영식은 전술한 바와 같이 조사시찰단의 파견을 후원한 민영익의 집을 드나들던 '8학사'이기도 했다.

조사들을 수행했던 수원(隨員)들도 대부분 양반 출신이며, 그 가운데 몇몇은 오위장이나 참봉 같은 하급 관리였다. 그 밖에 중인 출신이 5명, 윤치호 같은 서출의 자제도 있었다. 수원들은 조사들과 사적으로 이런저런 연줄이 닿아서 발탁된 것으로 보인다. 예를 들어 강진형, 민재후 등은 인척관계로, 이상재, 유길준은 조사들과 친분이 있어서 발탁되었으며, 윤치호는 아버지인 윤웅렬과 어윤중이 잘 알고 있었기에 수원이 되었을 것이다.[136] 그리고 향리를 지냈던 변택호, 전낙운, 고영길, 박회식은 그 전에 일본에 갔었다는 점과 실무능력을 인정받아 선발된 것으로 짐작된다.[137]

표 2 조사시찰단의 구성

<table>
<tr><th>조사</th><th>수원</th><th>통역</th><th>하인</th><th>일본인 통역</th></tr>
<tr><td>박정양</td><td>王濟膺, 李商在</td><td>金洛俊</td><td>李秀(壽)吉</td><td rowspan="12">上野敬助,
武田邦太郎</td></tr>
<tr><td>조준영</td><td>李鳳植, 徐相直</td><td></td><td>文順錫, 崔允伊</td></tr>
<tr><td>엄세영</td><td>嚴錫周, 崔成大</td><td>徐文斗</td><td>朴春鳳</td></tr>
<tr><td>강문형</td><td>姜晉馨, 邊宅浩</td><td>金順伊</td><td>劉福(卜)伊</td></tr>
<tr><td>심상학</td><td>俞鎭泰, 李鍾彬</td><td>金永得(正植)</td><td>尹相龍(商容)</td></tr>
<tr><td>홍영식</td><td>高永吉, 咸洛基, 全洛雲</td><td>白福周</td><td>鄭龍石</td></tr>
<tr><td>어윤중</td><td>柳正秀, 俞吉濬, 尹致昊,
黃天彧, 金亮漢</td><td></td><td>金永根</td></tr>
<tr><td>이헌영</td><td>李弼永, 閔建鎬</td><td>林基(箕)弘</td><td>金五文</td></tr>
<tr><td>민종묵</td><td>閔載厚, 朴會植</td><td>金福奎</td><td>李正(貞)吉</td></tr>
<tr><td>조병직</td><td>安宗洙, 俞箕煥</td><td>李章浩(金箕文)</td><td>林錫奎</td></tr>
<tr><td>이원회</td><td>宋憲斌, 沈宜永</td><td>李壽萬</td><td>金鴻逵, 李順吉</td></tr>
<tr><td>김용원</td><td>孫鵬九</td><td>金大弘</td><td></td></tr>
</table>

출전 : 허동현, 「1881年 朝鮮 朝士 日本視察團에 관한 一研究」, 『한국사연구』 52, 1986, 107쪽.
* 이헌영, 「日槎集略」, 『(국역)해행총재』 11, 민족문화추진회, 1977, 72~73쪽.
박정양, 「從宦日記: 辛未–癸未」, 『朴定陽全集』, 아세아문화사, 1984, 368~370쪽.
송헌빈, 「東京日記」, 『倭使日記 · 東京日記』, 아세아문화사, 1975, 28~29쪽.
비고 : 조사시찰단의 규모는 조사와 수행원 62명, 일본인 통역 2명을 포함하여 모두 64명이었다. 여기에 일본영사관 직원 몇 명이 더 합류했다.

조사시찰단의 파견은 일본에 유능한 실무 관료를 파견하여 개화정책을 본격화하고자 하는 고종의 의지에서 비롯되었다. 특히 여기에는 앞서 일본을 방문했던 수신사 일행의 보고를 통해 일본의 발전상을 확인했던 고종의 결단이 결정적으로 작용했다. 이런 조사시찰단의 파견은 위정척사론이 비등한 가운데 이루어졌다는 점에서 조선 정부의 개화정책에 대한 의지를 여실하게 보여준다.[138]

동래부 암행어사로 임명된 12명의 조사들은 1881년 3월 25일 동래부에 집결했다. 29일에는 고종이 조사시찰단 경비로 내려준 5만 냥을 조병하가 가져오고 이를 일본 돈으로 환전하여 김용원을 제외한 11명에게 1,366엔씩 지급했다.[139] 4월 1일에는 선박을 임대하고, 3일에는 해신제를 올렸다. 8일에는 일본영사관을 방문한 후, 그 다음날 출항했다. 그러나 기상 상태가 좋지 않아 회항, 4월 10일(양력 5월 7일)에 다시 안네이마루[安寧丸]를 타고 일본을 향해 출항했다.[140]

4월 11일 쓰시마에 도착한 조사시찰단은 나가사키, 오사카, 교토, 고베, 요코하마 등지의 산업시설을 시찰하고 28일 도쿄에 도착했다. 이들이 공식 사절은 아니었지만, 일본 측은 세관, 산업시설, 군사시설은 물론이고 각종 기술에 이르기까지 제한 없이 둘러보고 조사할 수 있도록 협조했다.

조사들은 일본에서 시찰활동을 4개월 동안 수행하고, 7월 14일에서 23일 사이에 도쿄를 떠나 조선으로 귀국했다. 그러나 어윤중과 김용원 등 관료와 유길준을 비롯한 유학생들은 일본에 남았다.[141] 이 가운데 유길준과 유정수는 게이오 의숙에 최초의 외국인 유학생으로 입학하여 서양 근대 학문을 본격적으로 공부하기 시작했고, 김양한은 요코스카 조선소에서 항해술을 배우고 가마이시 광산에서 주철 기술을 학습했으며, 손붕구는 시나가와 유리공장의 견습직공으로 들어가 유리 제조 기술을 배웠다. 또한 어윤중은 틈틈이 견문한 내용을 꼼꼼하게 기록했다. 현재 전해지고 있는 『수문록(隨聞錄)』이 그것이다. 그리고 후일 이런 메모를 정리하여 『중동기

(中東記)』를 편찬했다.

한편, 어윤중은 조선에 곧바로 들어가지 않고 미국과의 수교협상과 관련한 특별 임무를 수행하고자 했다. 따라서 그는 나가사키에서 상하이를 거쳐 10월 2일, 톈진에 도착,[142] 고종에게 "중국을 두루 돌아본 것은 기어이 한 가지를 얻어, 조금이나마 성상께서 먼 곳까지 외교를 펴시려는 그 정책에 부응하고자 한 것입니다."라는 편지를 보내어 중국에 좀 더 머물다가 조선에 귀국할 뜻을 알렸다. 이에 고종은 상당히 감탄하여 "어윤중이 먼 바다를 건너간 것은 나의 뜻이 아니라 그가 나라를 위해 몸까지 잊은 것이니 매우 가상하다."고 발언할 정도였다.[143] 여기에서 고종의 어윤중에 대한 신뢰를 확인할 수 있다. 그러나 조영하 등 대신들이 어윤중의 중국행을 정부 지시 위반으로 몰아붙였다는 점에서 주변 대신들의 어윤중에 대한 평은 고종과 엇갈렸다.

어윤중은 톈진에 도착하여 김윤식과 합류, 중국에 파견된 공학도(工學徒)를 격려하고 중국의 개화문물, 제도를 견문했다.[144] 당시 김윤식은 이러한 해후에 기뻤지만, 중차대한 임무 때문에 우울한 마음을 다음과 같이 시[145]로 읊었다.

> 여정을 손꼽아보니 이미 기일 지났는데 屈指行程已過期
> 갑자기 행차 당도했다니 기뻐 흥분이 되네. 忽聞軺到喜飛眉
> 서로 만나 다만 새로운 소식 없어 유감이니 相逢但恨無新語
> 시사가 어렵고 위태롭다니 울고 싶구나. 時事艱危淚欲垂

숨이 가쁘게 돌아가는 국제 정세의 변화 속에서 이들은 자신의 역할에 막중한 책임감을 느꼈고 불안했던 것이다.

이후 어윤중은 북양대신 이홍장 및 해관총독 주복(周馥)을 접견한 후, 다시 일본을 거쳐서 1881년 12월 1일에 귀경했다. 귀경 후 1년간의 일본, 중국시찰 내용을 복명서에 담아 제출했을 뿐만 아니라 고종을 알현하여 『일본문견사건(日本聞見事件)』과 『관찰기』 등의 자료를 올렸다.[146] 『일본문견사건』은 조사시찰단으로 일본에 파견된 12명의 조사 중 7명이 남긴 일본견문기를 묶은 자료인데, 박정양, 조준영, 강문형, 이헌영, 민종묵, 심상학, 엄세영이 참여했다. 어윤중은 이들 기록과는 형식을 달리해 근대적인 서술방식으로 『재정견문(財政見聞)』을 집필함으로써 일본 경제 문제를 본격적으로 다루었다.[147]

일본의 세제 및 금융개혁, 부국강병의 토대

『일본대장성시찰기』는 어윤중이 대장성을 시찰하고 남긴 기록이다. 크게 일본 대장성의 직제와 사무장정(사무규정)을 기록한 일본대장성직제사무장정과 『재정견문』으로 구성되어 있으며 끝에는 어윤중의 간략한 논평이 덧붙여 있다. 일본대장성직제사무장정은 대장성을 개관하고 대장성의 주된 사무관장 사항을 소개하면서 서기국, 의안국(議案局) · 조세국 · 관세국 · 국채국(國債局) · 출판국 · 조폐국 · 인쇄국 · 장평국(掌平局) · 기록국 · 조사국 · 은행국 · 회계국의 순으로 각 국의 직제와 사무장정을 수록하고 있다. 『재정견문』에는 메이지 유신 이후 근대 일본 13년 간의 재정 상황을 개론하고, 세입세출, 지폐, 국채, 은행, 조세, 정부재산, 방내(邦內)의 실적 순으로 재정 형편을 논평하고 있다.[148] 이를 통해 어윤중이 일본 정부의 세제 및 금융개혁, 그리고 지조개정이 부국강병의 토대였음을 간파하고 있었음을 알 수 있다.

그의 일본대장성직제사무장정은 1881년 11월 4일 통리기무아문의 기구를 12사에서 7사로 개편할 때 참고가 되었으며 그 밖에 각종 제도 개혁이나 개화·자강 추진 기구를 만드는 데 활용되었다. 어윤중이 소개한 일본에 대한 정보와 문물은 당시 조선 식자층이 가지고 있던 부정확한 일본관을 허물고, 1882년 이후 새롭게 전개된 제도 개혁과 개화, 자강운동을 촉발시키는 요인이 되었다.[149]

『수문록』은 일본을 시찰하면서 구상한 조선의 내정 개혁 방안과 관련한 참고자료를 채록해 놓은 메모첩이다. 어윤중은 일본에서 바로 조선으로 귀국하지 않고 청국에 들렀는데, 메이지 일본의 발전상과 낙후된 청국의 실상을 비교, 관찰하면서 조선의 개혁방안을 모색하고자 했다.

『수문록』의 구성과 특징을 살펴보면 다음과 같다. 크게 4가지이다.

첫째, "과거를 혁파하면 공명진취(功名進取)를 도모하는 자들이 모두 분주하게 다투어 외국에 나가 재예를 배우고 습득하여 돌아올 것"이라며 과거제도를 폐지하고 서양문물을 적극 수용할 것을 주장하고 있다. 나아가 관료제도의 개혁, 외국 기술자의 초빙, 군사제도의 개혁, 유학생 파견, 근대적 학교의 설립, 기선 도입·해운 보호·상업 육성, 재정관할권의 중앙집권화 및 광업 진흥 등 많은 분야에 걸친 개혁 구상을 보여주고 있다. 특히 어윤중은 재정개혁에 관심을 기울여 일본의 재정개혁을 다음과 같이 평가했다.

> 일본이 재정을 확보함은 봉건을 폐지함에 있다. 일단 각국(各國, 다이묘오의 영지)을 폐지하고 군현을 채택하니 다만 3부 37현을 설치하였다. 부현의 밑에는 군구정촌(郡區町村)이 있어 부지사, 현령에게 통치된다. 그리고 현령, 부지

사 및 군구장에게 봉급을 주는데 지방세로써 지급한다. 그리고 국내조세는 대장성으로 수송된다.[150]

이러한 평가를 보면 어윤중은 재정 면에서 근대적 중앙집권국가를 수립하기 위해 봉건제도의 폐지는 물론 지방제도의 전면 시행과 함께 국세와 지방세의 분리에 주목하고 있음을 확인[151]할 수 있다. 실제로 갑오개혁기에 재정개혁을 추진할 때 이를 적극 참조했다.

둘째, 「각교총론(各敎總論)」·「요코하마분의(橫濱紛議)」·「해군확장론(海軍擴張論)」·「내각책임(內閣責任)」·「도쿄부상법강습소약칙(東京府商法講習所略則)」·「미쓰이은행(三井銀行)」·「본년상반계조선부산항수출입표(本年上半季朝鮮釜山港輸出入表)」·「본년상반기조선부산항수출입품원가표(本年上半期朝鮮釜山港輸出入品元價表)」와 같이 조선의 제도 개혁에 참고가 될 만한 자료가 채록되어 있다.

셋째, 『수문록』에는 당시 일본에 남아 있었던 한국 문물에 대한 목록이 적혀 있다. 어윤중은 일본에 있는 한국의 서적으로 『백제본기(百濟本記)』·『백제신찬(百濟新撰)』·『태평통재(太平通載)』·『태평후기상설(太平後記詳說)』·『동문문기(東文文幾)』·『삼한귀감(三韓龜鑑)』·『동국문감기(東國文鑑紀)』·『동몽선습(童蒙先習)』·『훈몽자회(訓蒙字會)』 등을 적어두었다. 그 밖에 해동통보, 해동중보, 삼한통보, 동국중보, 및 신라국전 등 일본에서 발견된 우리나라 화폐의 형태를 그림으로 기록하기도 했다. 이와 더불어 일본과 발해 사이의 고대 무역에 대해서도 기록을 남겼다.

끝으로 일본과 청국뿐만 아니라 미국, 프랑스, 러시아, 스위스 등 서양 제국의 정세와 문물 등에 대한 기록도 빠짐없다. 이 자료는 나중에 어윤중이 『중동기』를 작성하기 위한 기초 자료로 활용되었으며 어윤중의 개혁사상을 이해하는 데 필수적인 자료다.[152] 훗날 『수문록』을 바탕으로 저술된 『중동기』는 1882년 이후 김옥균 등 급진 개화파 인사들의 일본 시찰 욕구를 자극했고, 다방면에 걸친 일본 유학생 파견을 촉발했다.[153]

조사시찰단 경험은 어윤중의 인생에서 크게 세 가지 전환점을 마련했다.

우선, 새로운 국가 체제에 대한 구상이 자리를 잡으면서 무엇보다 국가의 소극적 역할에 국한된 중세적 자급자족형 농업체제를 타파하고 국가의 적극적 역할에 근간한 근대적 부국강병형 통상체제를 전망했다.

> 옛사람은 마냥 안빈(安貧)을 현명하다고 여겼으나 진실로 옳지 않다. 사람들로 하여금 가난을 편안하게 여기게 만듦으로써 살아갈 방도를 세우는 데 힘쓰지 아니 하게 했으니 어찌 그 입과 몸을 보호할 수 있겠는가. 이것은 유학이 떨치지[振] 않기 때문이다.[154]

이어서 어윤중은 중세적 경제관을 타파하기 위해 유교 풍속을 혁파해야 한다고 주장했다.

> 우리나라에는 평소에 유도(儒道)를 숭상하고 하물며 유약하고 나약함에 빠진 것을 현명하다고 여겨 용감하게 기상을 떨치는 자가 한 명도 없다. 이것은 풍속을 먼저 변화시키고 그로 하여금 이전 관습을 통렬하게 혁파한 이후에야 이룰 수 있을 뿐이다. 일본에 능히 적극적인 행위를 하는 자가 있으니 그 사람이 평소에 무사(武事)를 숭상하고 사람마다 용감과 과감에 익숙하기 때문이다. 귀감으로 삼을 만하다. 먼저 도로를 닦고 고약한 냄새가 나고 더

러운 것을 제거해야 일국(一國)의 기상(氣象)이 새로울 수 있다.[155]

이에 따르면 어윤중은 조선도 유약한 숭문주의에서 벗어나 일본의 유신 관리들을 본받아 강건한 숭무주의로 나아갈 것을 주장하고 있다. 특히 도로 보수와 위생 관리 등 자본주의 국가 건설에 선행되어야 할 사회간접자본시설의 구축에 관심을 기울이고 있다. 이러한 주장은 어윤중이 김옥균이나 박영효에 앞서 근대 도시 건설의 필요성을 절감했음을 보여준다.[156]

나아가 어윤중은 과거제 폐지를 넘어서 신교육의 실시를 강조하면서 부국강병을 위한 인재 양성 기관으로서 신식 학교의 설립을 구상하기에 이른다.

문을 숭상하면 국세가 떨치지 못하니 마땅히 학교에는 무학 1과를 세워 매일 몇 개 분야로 나누어 기사포격(騎射砲擊, 말 타고 화살을 쏘고 포격함)의 기술을 배운다. 소학에서부터 그것을 배우니 인재가 퇴타(頹惰, 게으름)에 흐르지 않는다. 이것이 성인이 남긴 법이다. 사어(射御, 활을 쏘고 말을 몸)를 하는데 육예(六藝)를 못하겠는가. 지금 사람들이 탐구하여 행할 수 있다.[157]

이러한 학교 설립 구상은 훗날 1883년 서북경략사 시절 원산에서 덕원부사 정현석과 함께 문무와 상업을 가르치는 원산학사를 설립하는 데 중요한 밑돌이 되었다. 어윤중은 구학문의 공리공담(空理空談)을 비판하면서도 사물이 이치를 궁구한다는 의미의 '격물(格物)'과 앎을 지극히 한다는 '치지(致知)'의 원리를 확대 · 적용하고자 했다. 예컨대 기선과 기차 · 전기에 대한 학문과 광학(光學) 등이 이러한 원리가 실제상에서 구현된 것으로 이

해했다.[158]

한편, 어윤중은 자신의 주요 시찰 대상인 대장성과 재정제도를 면밀하게 파악하고 나서 다음과 같이 개혁 방향을 구체화했다. 크게 세 가지로 나누어 볼 수 있다.

첫째, 당시 조사시찰단원 가운데 개혁의 필요성을 절감하면서도 소극적이었던 이헌영, 박정양 등이 일본의 부국강병책이 재정 파탄을 가져올 것이라고 우려한 반면에 어윤중은 메이지 정부의 세입 세출 내역과 국채 상태, 지폐 발행고 상태를 면밀하게 분석한 뒤 일본의 재정 현황에 대해 낙관적인 견해를 표명했다.[159] 그로서는 메이지 정부의 재정정책이 부국강병에 부정적인 영향보다는 긍정적인 영향을 미쳤음을 확인하고 재정개혁을 통한 부국강병책의 가능성을 타진한 셈이다.

둘째, 어윤중은 일본의 재정제도와 기구를 시찰하면서 자본의 창출을 위한 재정개혁의 방향을 모색하는 가운데 대장성 중심의 중앙집권적 재정제도, 세입 세출을 예정하여 집행하는 예산제도, 그리고 봉건적 조세관행을 철폐한 조세제도 등을 채택함으로써 국가경제를 효율적으로 관리할 수 있는 경제제도 구축의 필요성을 절감했다. 훗날 어윤중이 갑오개혁기에 추진한 재정개혁의 방향은 이러한 시찰 경험에 근거를 둔 것이다.

또한 메이지 정부가 추진한 일종의 토지조사사업이라 할 지조개정(地條改正)과 은행 설립이 자본의 창출에 목표들 두고 있음을 주목하고 식산흥업의 기반으로 삼았음을 파악했다.[160] 이후 1894년 농민전쟁과 청일전쟁으로 정국의 향방이 수시로 바뀌어 토지조사사업과 은행 설립으로 나아가지 못했지만 그의 구상 속에 포함되었음은 분명하다. 예컨대 1894년 가을의 지세수취를 위해 마련된 '결호전봉납장정(結戶錢捧納章程)'에서 은행과 관련된 구절을 발견할 수 있다. 즉 각 면에서 공적으로 뽑힌 면향원이 국세인 결세와 호세를 징수하여 읍에 납부한다든지 은행에 수송하도록 규정하고 있다.[161] 물론 은행 설립에 필요한 제반 여건이 성숙되지 않아 미상회사(米商會社)와 공동회사로 대체되기는 하였지만 국고를 취급하는 금융기관으로 설정되었던 것이다.[162] 어윤중과 매우 막역한 전 내부협판 이중하는 측량사업도 추진하고자 했다.[163]

그러나 어윤중은 일본식 재정개혁의 장점에만 관심을 기울인 게 아니었다. 그는 메이지 정부의 재정개혁 과정에서 나타난 부작용을 파악하고 조선 정부의 극복 과제로 설정했다. 우선 일본의 부국강병책이 놀라운 성과를 거두고 있으나 수입보다 지출이 많고 국내외 거액의 부채를 안고 있는 점과 지폐의 남발로 물가가 오르고 인민의 생활이 곤궁에 빠져 있는 점을 들어 일본이 견지하는 부국강병책의 그늘을 지적했다.[164] 갑오개혁기에 어윤중이 일본이 지폐를 위주로 한 차관 공여를 거부한 이유를 짐작할 수 있는 대목이다.

또한 일본이 서양 각국과 조약을 체결할 때 자치의 권리를 주장하지 못했기 때문에 외국인을 자국의 법에 따라 재판하지 못하고 관세권도 외국의 간섭을 받고 있음을 언급[165]하고 외국과 조약을 체결할 때는 반드시 자주권을 가져야 한다고 강조했다. 당시 일본과 서양 각국의 통상조약이 편무적 협정관세제도와 편무적 최혜국조관을 규정한 불평등조약이었음을 파악하고 조선 역시 앞으로 해결해야 할 과제로 설정했다. 이러한 인식을 토대로 어윤중은 자주권에 입각한 외국과의 통상관계를 수립할 것을 주장했다.[166]

이어서 그는 일본의 세관제도를 면밀하게 살펴보고 요코하마 세관의 관행을 연구했다. 이러한 그의 관심은 중국 톈진 해관(세관의 중국식 표현) 견문으로 이어졌다. 그리고 해관 운영을 위한 구체적인 준비에 들어갔다. 예컨대 해관에 감정과를 설치함은 물론이고 모든 물품에 인지를 첨부하고 물품의 가격을 명시할 것을 주장했다.[167] 심지어 영국을 제외한 여러 나라에서는 자국 내 외국 선박이나 외국인이 상품을 싣고 통항하여 상리를 취하는 것을 금지한다면서 외국인과 외국 선박의 국내 통항에 반대하는 의지를 표명했다. 이러한 경험과 견해는 후일 조미수호통상조약을 비롯한 서구 국가와의 조약 체결과 청국과의 통상 문제 논의에 참조가 되었다.[168] 특히 1883년 임오군란 직후 청국의 간섭 속에서도 어윤중은 중국과의 통상 교섭에서 자신의 통상에 대한 견해를 다음과 같이 표명하고 있다.

> 지금 각국은 우리나라와 체결하여 항구 해안이 이미 개방되었으나 유독 중국만은 아직도 옛날 해금 정책[舊禁]을 고수하니 필시 타인으로 하여금 우리 양국의 상리[商利]를 농단케 할 것이다. 우선 해금을 연 후에 변리(邊里) 호시(互市)를 행하는 한편 실지로 변경에서 백성을 부유하게 하는 것은 통상만한 게 없기 때문이다.[169]

어윤중은 일본 시찰을 통해 만국공법이 관세에 적용되는 방식을 알고 이를 중국과의 관계에도 적용하고자 했다. 여기에는 만국공법을 통해 중국 중심의 사대 조공 질서를 동요시키려는 목적도 다분히 있었다. 이러한 시도가 청국의 거부로 실패했지만 어윤중이 자신의 일본 경험과 만국공법 인식을 통해 자주권을 확보하려는 노력을 시도했음을 확인할 수 있다.

나아가 어윤중은 통상을 통한 상리의 축적을 위해서 영국과 마찬가지로 해군의 육성을 주장했다.[170] 그는 해군을 양성해야 서양 여러 나라와 길항할 수 있다고 했다. 특히 그가 해군 육성에 깊은 관심을 기울인 것은 일본을 견제할 필요성을 절감했기 때문이다.[171] 또한 어윤중은 육군 양성에도 관심을 기울여 국민개병제와 같이 상시적인 병력 확보 방식을 고민했다. 즉 국민들에게 부담을 주지 않는 민병 양성을 구상했던 셈이다.[172] 이를 위해 그는 "소국이면서도 자주를 지키는" 스위스와 같은 군제개혁 방안을 모색했다.[173] 나아가 영국이나 프랑스 같은 대국을 모방하게 되면 국민을 수고롭게 하고 재물을 상하게 할 우려가 있다는 판단에 벨기에나 스위스의 여러 제도에서 배울 것이 많다고 생각했다. 그로서는 스위스 같이 약소국이면서도 스스로 개혁하면서 자기를 강화하는[自修自强] 국가를 조선의 모델로 삼았던 것이다. 즉 조선을 아시아의 프랑스로 만들고자 했던 김옥균의 대국주의와 달리[174] 어윤중은 메이지 유신을 높이 평가하면서도 소국주의적 발상을 명확하게 밝혔다.[175]

어윤중은 이처럼 지방관과 암행어사 활동을 거치면서 조선 사회가 당면한 제반 문제를 인식하고 해결하려고 했을 뿐더러 실학자들이 주장했던 정전제의 현실적 적용을 모색하는 가운데 일본 시찰을 통해 제도개혁의 가능성을 타진할 수 있었다. 이른바 동도서기의 방향이었다. 아울러 그는 민생의 안정을 도모하면서 부국강병을 시도하는 민생 위주의 소강국(小强國)을 지향했다. 이러한 구상과 지향은 이후 감생청 운영과 서북경략사 시절 개혁 활동을 통해 구현되기 시작했으며 갑오개혁기에 전면적으로 시행되었다. 즉 어윤중은 1876년 국교 확대를 전후하여 내재적인 모순을 전통적인 방식으로 해소하고자 하는 한편, 일본과 서구 문물 시찰을 통해 종전부터 있어온 개혁의 과제를 근대국가의 수립이라는 각도에서 조정하고 수행할 수 있는 기반을 닦기에 이른 것이다.

청나라의 개혁가 정관응을 만나다

어윤중은 약 4개월의 조사시찰단 활동이 끝날 즈음인 7월 2일 조사시찰단 일행과 헤어진 뒤 수행원인 유길준과 윤치호를 일본에 유학시키고 요코하마를 출발하여 나가사키를 거쳐 9월 12일에 중국 상하이에 도착했다. 어윤중은 이곳에 머무르면서 소송태병비도(蘇松太兵備道, 오늘날 상하이 시의 일부에 해당하는 지역을 통치하는 관리) 유서분(劉瑞芬)과 정관응(鄭觀應) 등을 만났다.[176] 특히 여기서 주목할 점은 어윤중과 청나라의 개혁가 정관응의 만남이다. 정관응(1842~1921)은 일본의 후쿠자와 유기치에 비견될 정도로 서구 문물에 밝은 인물임은 물론이고 외국 상인과 중국 상인을 연결해 주는 매판(買辦)으로서의 경험이 풍부하여 근대 부국강병 이론과 상업실무에도 능했다.[177]

어윤중은 왜 정관응을 만나고자 했을까. 무엇보다 어윤중 자신이 정관응을 직접 만난 적은 없지만 정관응의 주요 저서라 할 『이언(易言)』이 조선 국내에 이미 유입되어 그의 경세론을 익히 알고 있었다. 1880년에 저술한 이 책은 김홍집이 제2차 수신사로 『조선책략』과 함께 가지고 들어와 고종에게 건네졌고 1883년 국내에서 한문본과 함께 언해본으로 인

그림 14 홍콩 마카오의 예술정원에 세워진 청나라의 개혁가 정관응의 동상

쇄되어 책으로 발간된 터였다.[178] 아울러 임오군란 이후 이 책은 『조선책략』, 『해국도지』, 『영환지략』과 함께 관료들과 식자층이 많이 읽었던 책이다. 여기에는 국제법에 대한 소개를 비롯하여 세무, 상무, 화기, 차관, 전보 등 부국강병을 위한 제반 대책이 소개되어 있다. 특히 『이언』의 만국공법적 세계관은 전통적 조공체제에서의 화이론적 세계관을 극복하고 있을 뿐더러 부국강병을 위한 방도는 당시 기존의 내수양이론에서 탈피하여 내수자강론으로 나아갈 수 있는 근거를 제시했다. 임오군란 이후 식자층의 개화 상소 대부분이 『이언』의 내용을 반영한 것은 이런 이유 때문이었다. 따라서 어윤중이 정관응을 만나고자 한 것은 당연한 일이었다.[179] 특히 정관응이 당시 상하이에서 상하이 기기(機器) 직포국의 개설과 상하이 전보분국의 개설에 협조하고 있어서 어윤중은 그로부터 부국강병 방책을 묻고자 했을 것이다.

어윤중은 10월 2일에 톈진에 도착했다. 조선과 청국 사이의 현안이었던 해금 개방[開海禁]과 통상 문제, 회령개시(會寧開市)의 혁파, 개시에 따른 청나라 사진의 공궤(供饋, 음식과 물자의 제공) 폐지, 사절의 북경상주와 사대상행(事大使行)의 파견금지 등을 논의하기 위해서였다. 이를 위해 어윤중은 톈진 초상국(招商局)에 머물렀다.[180] 그리고 10월 6일과 8일에 각각 천진해관도(天津海關道) 주복(周馥)과 당정추(唐廷樞)를 만났으며 이어서 10일에는 드디어 이홍장(李鴻章)을 만나[181] 청국 고위 관료들과 이러한 사안을 두고 회담을 벌였다. 그러나 이러한 안건은 구체적으로 논의되지는 않았고 이홍장은 이 제안에 대해 동의하면서도 이듬해 봄에 다시 상의하기로 약속했다.[182] 그럼에도 이때 청국과 미국 사이에 조미수호통상조약을 둘러싼 논의가 이미 이루어져 있었고 이홍장은 사전 정지 작업으로 어윤중에게 "조선은 청의 속방이다."라는 구절을 조미수호통상조약에 넣는 것에 대해 동의를 구했다.[183] 어윤중으로서는 일본을 비롯한 여러 나라의 침략을 우려하여 청국의 우산이 필요했으므로 이에 동의했다.

어윤중은 당시 청국의 힘에 밀려 자신의 의지를 관철시키지 못했지만 속내는 복잡했다. 우선 텐진에서 만난 당정추(唐廷樞)에게 중국 방문 이유를 다음과 같이 피력했다.

> 우리나라는 곧 스스로 보전하던 나라입니다[本邦 卽一自守之國也]. 오늘날에 부득이 상로(商路)와 광무(鑛務)를 열지 않을 수 없게 되었으니, 병기를 만들어 이후 국가가 백성을 보호할 수 있고 편안하게 할 수 있는 것을 대국의 선각자들에게 일일이 여쭈어 보기를 원하여 이렇게 찾아뵙게 되었습니다.[184]

어윤중은 조선이 타국에 의존하지 않고 스스로 보전하던 나라임을 전제한 가운데 시세의 변동에 따라 상업 활동과 광산 개발에 힘써야 하며 군사력을 키워야만 국가와 백성을 보호하고 편안하게 할 방법을 찾을 수 있다는 판단으로 일본과 중국을 시찰했던 것이다. 따라서 그가 회견을 나누었던 인사들은 중국과 일본에서 각각 양무운동과 메이지 유신의 담당 관료들이나 거기에 영향을 받은 인사들이었다. 그리고 후일 다녀와서 회견 내용을 『담초』로 남겨 다른 이들에게 도움이 되고자 했다.[185] 이 글에서 그는 이들 인사의 조언을 마음 깊이 새긴다는 뜻으로 "진실로 밝은 가르침 같아서 감히 어떻게 마음에 새기지 않으리오."라고 썼다.[186] 이때 어윤중은 양무관료나 상인들을 만나 윤선(輪船), 병사(兵事), 인재양성, 통상 등을 자세히 물어보았다. 이후 일본 나가사키를 거쳐서 조선으로 귀국했다.

어윤중은 이처럼 조사시찰단으로서의 임무에 이어 청국 방문을 마치고 다른 일행보다 늦게 귀국하여 1881년 12월 14일 고종에게 보고했다.[187] 우선 고종과 어윤중이 나눈 중국 동향에 관한 대화 내용을 들어보자.

고종 : 중원의 일과 각국의 허실을 자세히 알아보았는가?

어윤중 : 어찌 감히 자세히 알아보았다고 할 수 있겠습니까? 대개 들은 바가 있을 따름입니다.

고종 : 중원인이 많이 와서 머무르고 있다던데 중국의 일 또한 자세히 탐지한 것이 있는가?

어윤중 : 중국은 일찍이 외부 사정에 어둡지 않았으나 곡절이 많았기 때문에 근래에는 군사에 심력을 기울여 도적들을 평정하였습니다. 이는 곧 증국번, 좌종당, 이홍장 등 여러 사람에게 의뢰하고 있습니다. 빌려서 힘을 얻는 것이 비록 팔기군(八旗軍), 녹영병(綠營兵)일지라도 오히려 회군(淮軍)과 상군(湘君)에 의뢰하고 있습니다.

(중략)

고종 : 근래 중원은 과연 어떤 일에 힘을 쓰는가?

어윤중 : 처음에는 군무에 마음을 오로지 하고 힘을 썼으나 근래에는 다시 초상국(招商局)을 열어 윤선을 사용하고 상업을 적극 권장하고 있습니다. 외국인이 오는 것인즉 바로 통상이니 우리 또한 상무(商務)로써 응할 수 있을 따름입니다.[188]

고종은 태평천국의 난 이후 중국의 상황을 물었고 어윤중은 청 정부가 이홍장과 증국번이 각각 이끄는 회군과 상군에 의존하여 수습했을 뿐더러 양무운동을 통해 군사력과 상업을 발전시키고 있음을 보고했다. 나아가 초상국을 설치하여 상업으로 나라를 부강시키려 함을 강조했다. 한편, 고종과 어윤중은 일본의 움직임에 대한 전망을 두고 대화를 나누었고 어윤중은 자신의 의견을 다음과 같이 피력했다.

고종 : 그 나라(일본)의 정세는 대개 어떠한가?

어윤중 : 돌아보면 지금의 국세(局勢)는 부강하지 못해 보국(保國)할 수 없으므로 상하가 한 뜻으로 경영하는 것이 바로 부강뿐입니다.

(중략)

고종 : 일본은 겉으로는 혹 부강하다고 하지만 내실은 그렇지 않다고 하는데 그러한가?

어윤중 : 온 나라 전체가 부강에 힘쓰고 있습니다. 유신 초에는 재력을 낭비하여 국채가 3억 5천 만에 이르러 세입의 반을 나누어 빚을 갚는데 돌렸으니 그 나라 사람들이 근심한 것입니다.

(중략)

고종 : 일본이 우리나라에 대해 잠시 다른[침략할] 뜻이 없느냐?

어윤중 : 그 나라는 일찍이 우리를 적국으로 보았으나 서양인들과 통상한 이래 우리나라를 이웃나라로 여기고 있으며 다른 뜻이 있느냐 없느냐 하는 것은 우리에게 있지 저들에게 있지 않습니다. 우리가 부강의 방법을 얻어 행한다면 그들은 감히 다른 뜻이 없습니다. 그렇지 않고 그 나라가 강하고 우리가 약하면 우리를 보호할 방법이 없습니다. 이웃의 강함은 우리의 복이 아닙니다.

고종 : 근일 각국의 상호 경쟁이 오로지 부강만을 도모하니 마치 전국시

대 일과 동일하더냐?

어윤중 : 진실로 그러합니다. 춘추전국은 바로 소전국(小戰國)이며 오늘날은 대전국(大戰國)이라 모든 나라가 다만 지력(智力)으로 경쟁할 뿐입니다.

고종 : 그 나라도 농사에 힘을 쓰더냐?

어윤중 : 심히 농상(農商)에 힘을 다하고 있습니다.[189]

고종이 메이지 초기 일본의 정세를 하문하자 어윤중은 일본의 집권층과 국민들이 힘을 합해 부국강병에 진력하고 있음을 보고하고 있다. 특히 일본 정부가 농업뿐만 아니라 상업에도 진력하고 있음을 강조한다. 또한 일본의 재정 위기를 두고는 사실대로 보고하면서도 초기에 일어난 재정 위기를 과도기 현상으로 치부하고 현재는 조세 증수책을 통해 해결하고 있음을 덧붙였다. 아울러 고종이 일본의 침략 의도를 묻자 어윤중은 이를 부인하면서도 내수자강하지 않으면 언제든지 일본의 침략을 받을 수 있음을 경고하고 있다. 결국 조선이 부국강병의 길을 가지 않으면 언제든지 외세의 침략을 받을 수 있음을 상기시킨 것이다. 그것은 어윤중 자신이 당시 국제 정세를 바라보면서 국가 간 경쟁이 춘추전국시대보다 훨씬 치열한 '대전국'이라는 그의 국제정세관에서 비롯되었다.

어윤중은 이처럼 일본의 침략을 우려하여 수교를 거부하는 위정척사파와 달리 일본과 적극 통상할 것을 주장했을 뿐더러 급진 개화파 김옥균 일파와 마찬가지로 부국강병을 역설했다. 그러나 어윤중은 부국강병의 목표를 일본의 침략으로부터 조선의 안위를 지키는 데 중점을 두고 있다. 어윤중이 훗날 대일관을 둘러싸고 김옥균 등의 급진 개화파와 갈라지는 이유를 여기서 엿볼 수 있다.

문의관으로 청을 방문하다

어윤중은 귀국한 지 두 달 만인 1882년 2월에 이조연과 함께 문의관으로 임명되어 다시 텐진으로 출발했다. 텐진에 머무르는 학도들과 장공인들을 점검하고 미국과 통상조약 체결을 준비해야 했기 때문이다.[190]

당시 청의 이홍장은 조선에 대한 영향력을 강화하고 일본을 견제하고자 조선 정부에게 미국과의 수호통상조약 체결을 강력히 권고하고 있었다. 우선 1879년 7월 영중추부사 이유원에게 편지를 보내 영국, 독일, 프랑스, 미국과 통상하여 일본, 러시아를 견제할 것을 권했다.[191] 이어서 1881년에 미국의 해군대장 슈펠트를 텐진에 오게 하여 회담을 가졌다. 이홍장은 조선에도 본국 전권대원을 텐진으로 파견하게 하여 슈펠트와 조약 체결을 권했는데, 이는 1881년 10월 어윤중이 조사시찰 후 텐진에 건너갔을 때 이미 그로부터 직접 들은 내용이다.[192] 이홍장은 어윤중에게 미국과 조약 체

그림 15 조사시찰단 당시 어윤중(왼쪽)과 홍영식

결의 긴요함을 역설하고 이를 국왕에게 아뢰도록 요청했던 것이다. 이에 고종은 1881년 겨울 영선사 김윤식을 통해 이홍장에게 미국과 체결할 뜻을 가지고 있으나 "조선 사람들이 가장 싫어하는 자가 서양인이므로, 우리 임금께서는 거듭 민정(民情)을 거스를 수 없어 잠시 서양과 통상하자는 말을 드러내놓고 하시지 못하고 있습니다."라고 자신의 우려를 전했다.[193] 그러자 이홍장은 조선이 미국과 조약을 체결한다면, 일본과 맺은 통상장정을 개정할 수 있을 것이라 하였다. 이러한 의견이 오가면서 조선 정부도 이홍장의 주선에 따라 미국과의 조약 체결을 결정했다.

한편, 고종은 통리기무아문의 건의를 받아들여 어윤중을 통리기무아문 주사로 임명했다가 다시 통상사무처리를 위한 문의관(問議官)으로 발령을 냈다.[194] 문의관은 조선 역사상 처음 등장하는 용어로 이 시기 고종 정부가 청국에 자문을 구하기 위해 특별히 설치한 관직으로 보인다.[195] 통리기무아문은 1880년 12월 21일에 변화하는 국내외 정세에 대응하기 위해 국내외의 군국기무(軍國機務)를 총괄하는 업무를 관장하던 정1품아문(正一品衙門) 관청으로 중국과 전통적 관계를 유지하면서도 일본, 서구 열강과 대등한 외교를 수행하고자 설치되었다.[196] 따라서 고종은 어윤중을 텐진으로 파견하여 영선사 김윤식과 함께 조미수호통상조약의 내용에 대해 상세히 문의하고, 조선에 유익한 방향으로 조약 체결이 이루어지도록 위임한 것이다.[197] 이에 어윤중이 청으로 떠나기에 앞서 고종은 다음과 같이 전교했다.

> 사대는 정성껏 해야 하지만 문식에 구애되어 백성과 나라에 폐단을 끼치는 것에 대해서는 옛 관례대로 안이하게 처리하는 데 그쳐서는 안 될 것이다. 사신 문제와 북도(北道)의 호시(互市, 두 나라 사이의 교역)문제는 일일이 총리각

국사무아문(總理各國事務衙門)과 통상대신(通商大臣)에게 나아가 의논하여 편리하게 하도록 힘써라."[198]

일본과는 이미 개항(開港)하고 통상할 것을 허락하였는데 중국에 대해서는 아직도 해금(海禁)을 고수하고 있으니 중국을 가까이 하는 뜻에 어긋난다. 중국은 우리나라에 이미 여러 항구를 개방하여 서로 무역을 하면서 지장 없이 왕래하므로 힘써 약속을 준수할 것에 대한 문제도 총리각국사무아문(總理各國事務衙門)과 통상대신(通商大臣)과 의논하라.[199]

근래에 외국이 우리나라를 엿보려는 뜻이 있다고 하는데 사전에 치밀한 대책을 세우지 않을 수 없으니, 통상대신과 천진에 머무르고 있는 사신에게 가서 의논하여 국가에 유익한 모든 것에 대해서 각별히 강구하여 확정하라.[200]

고종은 어윤중에게 옛 규례대로 시행하지 말고 조선의 이익에 충실하라고 원칙을 제시한 뒤 일본에 항구를 개방하였으니 청에게도 개방해야 한다고 지시함으로써 만국공법에 입각하여 일본과 맺은 조약을 모델로 청국과의 관계에도 이러한 만국공법의 원칙을 적용하려는 조선 정부의 의지를 보여주었다. 또한 경비가 많이 지출되는 사신의 파견과 호시의 폐지에 관한 주장은 국가재정의 불필요한 지출을 막아 국가재정의 건전성을 확보하고 무역을 통해 상업을 진흥하려고 했음을 보여준다. 요컨대 기존의 조공책봉질서에서 벗어나 만국공법질서에 편입될 뿐더러 국가 간 민간 무역을 증대시키려는 고종 정부의 의지가 통리기무아문 설치와 어윤중 파견에 담겨 있던 것이다.

어윤중은 3월 28일 톈진에 도착하여 영선사 김윤식을 만났다. 4월 1일에는 이홍장, 주복 등과 조미수호통상조약에 대한 설명을 들었다.[201] 그러나 당시 미국 사절 슈펠트가 3월 24일에 조선으로 이미 떠난 뒤였으므로 조미수교를 의논할 필요가 없어졌다.[202] 청국과 미국이 각자의 이익을 위해 서둘러 협상함으로써 조선 정부가 발언할 여지가 줄어들었던 셈이다. 당시 청국의 입장에서는 미국이 조미수호통상조약 내에 조선이 중국의 속방임을 명문화하자는 자신들의 요구를 거절했지만 청국의 의도대로 조선 정부와 미국이 조약을 체결함으로써 러시아와 일본을 견제할 수 있는 근거를 마련했다. 미국의 입장에서는 조약 체결 과정에서 청국의 중재를 받아들이기는 하였지만 영국, 프랑스, 러시아 등에 앞서 조선과 수교함으로써 조선에 대한 영향력을 선점할 수 있게 된 것이다.

따라서 어윤중은 조미수교조약 논의를 더 이상 진행하지 못하고 한중 간에 중요한 사안이었던 해금(海禁)의 해제, 통상장정의 체결, 북도개시 혁파 및 그에 따른 상민공궤(商供民饋, 사신단에게 물자와 시설을 제공함)의 폐지, 파사주경(派使駐京, 사신을 파견하여 각자 수도에 주재)의 시행, 연공(年貢), 하사(賀謝), 진주(陳奏) 등 사대사행의 폐지를 집중 자문받고자 했다.[203] 자문의 초록은 다음과 같다.

> 조선국왕이 통상(通商), 주사(駐使) 등의 일로 질의한다. … 현재 천하에는 일이 많으므로 시국은 날로 변하고 서양의 배가 번갈아 변경을 엿보며 일본인이 근래 통상을 열었다. 또한 북으로는 아라사와 경계하고 있어 늘 남모르는 걱정이 된다. 나라가 작고 힘이 약하여 스스로 떨쳐 이기지 못할까 두려

워 나 자신과 온 나라 신하 및 백성들이 밤낮으로 근심하며 분발하고 다스리기를 도모하여 상국의 동쪽[조선]을 돌아보시는 걱정을 조금이나마 누그러뜨릴 방법을 생각한다. 이로써 옛 제도와 문물에 구애받지 않고 우매함을 무릅쓰고 번거롭게 진언한다. 지금을 보건대 외국인이 홀로 상리(商利)를 제 마음대로 차지하고 선박이 바다를 달리는데 오직 상국과 우리나라는 서로 해금(海禁)을 지키니 이것은 유달리 내복(內服, 중국 본토)과 같이 대우하는 뜻이 아니다. 속히 상국과 우리나라 인민으로 하여금 이미 개항된 구안(口岸)에서 서로 교역하도록 함이 마땅하다. 또한 파견된 사신[派使]이 상대방의 수도에 들어가 주재케 함[入駐京師]을 허락하여 정다운 마음을 통함으로써 명성과 위세에 도움이 되면 외국의 침략과 억압을 막을 수 있고 민지(民志)를 단단히 할 수 있다. (…)

일. 이미 통상 주사(通商 駐使)가 행해지고 있은즉 장정을 타결하고자 하나 상국의 재정(裁定)을 앙망(仰望)할 뿐이다.

일. 조선의 함경도에 오라(烏喇) · 영고탑(寧古塔) 민인이 와서 교역하는 일은 일찍이 말한 바 있는데 지금 아라사가 국경을 연해 있으면서 육로통상을 방해하려 하여 걱정이 되니 이 개시를 폐지하여 점증하는 아라사의 대두를 막자. 또한 상민(商民)을 공궤(供饋)하는 법규를 혁파하여 통상장정을 새로 정할 때에 따로 1관(款)으로 의정할 것을 주명(奏明)한다.

일. 이미 주사(駐使)가 시행되고 있는즉 하사(賀謝) · 진사(陳謝) 등의 사절은 따로 파견할 필요가 없다. 만일 칙명이 있을 경우에는 돌아오는 인편에 부치는 것이 가하다.

일. 사신은 스스로 비용과 식량을 준비한다. 종래에는 상국이 반사(頒賜)하거나 연로에서 유관(留館)할 때 지급하는 것을 영원히 혁파함이 가하다.[204]

어윤중은 이러한 자문에 덧붙여 통상 주사의 이유를 다음과 같이 구체적으로 설명했다.

> 천하가 무사하다면 조선이 비록 불편함이 있다고 하나 어찌 감히 가벼이 경장을 의논하겠는가. 조선의 일로 대강을 개진하자면 조선은 지금 러시아와 일본에 끼여 있는 가까운 땅이며, 외국 또한 번갈아 통호(通好)하러 오니 내수자강(內修自强)을 기약하여야 만국과 대립할 수 있고, 상국에 근심을 끼치지 않게 된다. 조선 8도는 중국의 일개 작은 성에 지나지 않다. 1년 세입의 경우, 은 30만 냥이며, 함경도 세입의 반이 오라 · 회령 호시에 충당되고, 평안 · 황해도의 세입은 사행의 왕래에 충당되어 호조에서 받을 수 없으니 어찌 상국을 지키는 번병(藩屛)의 책임을 다할 수 있겠는가. 그러나 경장의 일로 자문하여 청하는 것은 아니니, 오직 상국의 재정만 기다릴 뿐이다. 금일의 계책으로 단지 옛 제도와 문물만을 지킴은 자강하여 두 손을 맞잡고 상국을 지킴만 못하다.[205]

그러나 조선 측의 이러한 자문 내용 가운데 상민공궤와 경원개시의 폐지만 합의되었다. 나머지 중요한 사안이라 할 사신의 베이징주재와 사대사행의 폐지 문제는 청국에게는 기존의 조공책봉 관계를 바꾸려는 의도로 비쳐 거부되었다. 조선 사신의 베이징주재를 수락할 경우, 조선 사신이 통상문제, 사대전례(事大典禮)를 맡게 되어 열국 공사처럼 총리대신과 상대하게 됨으로써 청국이 유지하려는 조공책봉 관계가 동요될 것이라 우려했기 때문이다. 특히 북양아문에서 조선의 자문을 접수하고도 별도로 예부에게 제출하라고 한 까닭은 예부가 원래 번속국의 조공과 사대를 다루던 관청이기 때문이었다. 4월 29일 청의 재가를 받은 의결 사항은 첫째, 조선의 무역사무는 총리각국사무아문에서 처리한다, 둘째, 조공과 진주 등은 원래대로 예부에서 처리하고 파사주경에 대해서는 인정하지 않는다는 것이다. 청국은 총리아문에서 통상업무를 처리하는 대신 조선 국왕이 총리대신과 동등한 지위라는 것을 강조했다.[206] 정경 분리 원칙 아래 정치적 성격이 강한 조공관계는 계속 고수하되 경제적 교역은 이와 별개로 촉진하겠다는 셈이다.

그런 가운데 어윤중은 4월 20일 영국 대표와 만나 조영수호조규 문제를 협의했다.[207] 당시 영국은 조미조약 체결 상황을 관망하다가 이 조약이 실제로 체결될 예정이라는 소식이 들어오자 이홍장을 통해 조선과 접촉하고자 했다.[208] 이후 4월 21일(양력 6월 6일)에 조영수호통상조약이 체결되었다. 그런 점에서 어윤중과 영국 관리의 접촉은 이러한 조약 체결의 시발점이 되었다고 하겠다.

이어서 어윤중은 원래의 구상대로 주복과의 만남에서 조미수호통상조약 체결에 따른 세관 설립에 대비하여 세규(稅規)를 잘 아는 외국인을 고용할 것을 언급했다.[209] 이러한 언급은 청국의 종용도 있었거니와 조선 정부 스스로 관세 행정을 원활하게 하기 위해서는 외국어를 잘 알면서도 세관 행정을 운영할 외국인이 필요했기 때문이다.

6월 2일 어윤중은 톈진에서 조선 정부와 독일 정부가 수호통상조약을 논의하고 있음을 전해 들었다.[210] 당시 독일은 이미 같은 해 3월 7일(양력 4월 24일)에 수호통상조약 체결을 희망하는 친서를 조선 국왕에 보낸 터였다.[211] 이후 이홍장이 주선하여 1882년 6월 30일 조독수호통상조약은 체결되었다.[212] 이 과정에서 어윤중은 1882년 4월 18일 주복과의 대담에서 독일이 여타 유럽 열강과 달리 동아시아에서 식민지를 구한다는 기사를 보았음을 상기시키면서 청이 독일의 조약 변경 시도를 막아줄 것을 요청했다.[213] 이 역시 서구 열강이 불평등 조약을 강요할 것을 우려하여 청국의 힘을 빌리려고 했던 것이다. 그러나 주복은 어윤중의 이런 우려에 대해 기우임을 강조하면서 조선과 독일의 경우는 베트남과 프랑스의 경우와 다를 것이라 낙관했다. 어윤중은 이에 재차 자신의 우려를 표명하면서 다음과 같이 조선이 나아가야 할 방향과 목표를 제시했다.

> 힘을 모아 나라를 다스려 점차 부강을 이룩하는 일은 실로 조선의 상하 모두가 바라는 바입니다. 하지만 천하의 일은 말하는 것보다 실천하는 것이 어려우며, 게다가 조선은 500년 동안 대대로 문술(文術)만을 닦아, 풍속이 모두 구습을 그대로 따르는 것을 중시합니다. 만약 대대적으로 경장하지 못한다면, 반드시 앉아서 일어서지 못할 것입니다. 그래서 재작년에 와서 이중당대인(中堂大人, 이홍장)을 뵈었을 때 몇 가지 사안에 대해 아뢰었습니다. 지금 몇 가지 일에 관하여 자문으로 청한 것 또한 정치 경장을 위한 것입니다.[214]

어윤중은 조독 관계에 대한 청국 측의 낙관적인 견해를 반박하면서 부강을 실현하기 위해서는 조선 내부의 경장이 매우 절실하다고 하며 청국의 협조를 요청하고 있다.

어윤중은 이처럼 문의관으로서 임무를 띠고 청국을 방문하였지만 청국의 완강한 거부로 사행 조공의 폐지와 통상 문제를 해결하지 못했다. 그것은 중세적 조공책봉 질서의 높은 장벽을 실감하는 동시에 구미열강과의 수교 필요성을 느끼는 계기가 되었다. 특히 어윤중에게 있어서 청국과의 회견은 이후 국경 문제를 비롯한 여러 문제를 해결하는 데 의미 있는 경험이 되었다.

3 임오군란의 수습과 서북경략사 활약

개화정책에 대한 불만과 군중의 봉기

임오년 정월, 하늘을 스쳐 간 흰 빛깔의 기운

임오군란의 수습

어윤중이 청나라에 문의관으로 파견되어 사신주재 문제와 통상 문제를 논의하고 있는 동안 조선의 상황은 폭풍이 몰아칠 기세였다. 이미 예견된 폭풍의 여파는 조선의 운명을 소용돌이 속으로 몰아넣었으니, 바로 임오군란이다. 임오군란으로 인한 대원군의 재집권 · 실각과 정국 주도권의 변화, 청과 일본의 간섭과 침략이 확대된 점은 근대국가로 발돋움하려는 조선의 발걸음을 더욱 무겁게 했다.

보수 유생은 물론 구식 군인과 한양 하층민 등 정부의 개화정책에 대한 불만은 날이 갈수록 높아갔다. 쌀, 콩 등 주요 곡물의 일부가 한양으로 올라오지 않고 일본에 유출되어 곡물값이 올랐고, 신식 군대인 별기군만 우대하여 구식 군인들에게는 월급을 제대로 지급하지 않았기 때문이다. 게다가 이들 직업 군인과 왕십리 등지에 다수 거주하고 있는 도시 빈민들은 일본 상인의 경제 침투로 물가가 앙등하자 고통이 더욱 커져갔다. 나아가 이들 군인의 일부가 군제 개편으로 실직하게 되자 하급 군인들의 위기감은 고조되었다. 사정이 이런 지경으로 치닫자 군인들은 봉기에 나섰고, 이 과정에서 한양의 빈민들도 합세하여 정부의 개화정책에 대항했다.[1] 당시 박은식은 이 상황을 『한국통사』에서 다음과 같이 서술하고 있다.

> 임오년 정월에 흰 빛깔의 기운이 하늘을 지나갔다. … 조세 수입으로는 일상적인 비용을 감당하기에 부족하였고, 공물을 상납하는 구실아치들은 모두 파산하여 도주해버렸다. 백관들에게 녹봉을 지급하지 못한 것이 5, 6년에 이르렀고, 삼군은 군량을 받지 못한 지가 13개월이 넘었다. … 이로 말미암아 백성들의 원성이 시류배에게 쏠렸으며 모두 대원군을 생각하게 되었다. … 군사들이 함께 모여서 말하길 "일이 이미 이 지경에 이르렀으니 반드시 살육을 면치 못하리라. 차라리 죽음을 결심하고 거사하여 국가를 위해 희생하자" 하였고, 군중들도 즉시 좋다고 응하였다.[2]

이들 군인은 이최응, 민겸호를 비롯한 정부 고관과 일본인 교관을 죽이고 일본 공사관을 습격했다. 궁궐이 짓밟히고 왕비가 도피하는 상황에 이르자 고종은 흥선 대원군에게 정권을 맡겼다. 다시 집권한 흥선 대원군은 군란을 수습하는 한편, 정부의 개화정책을 중단시켰다. 무위영과 장어영을 없애는 대신 5군영을 부활시켰으며, 개혁 추진 기구인 통리기무아문을 폐지했다.

한편, 조선 군인들의 공격을 받은 일본 공사관은 본국에 조선의 정황을 알렸고 일본 정부는 주일 청국 공사관에게 군란 소식을 전했다. 당시 청국에 이미 파견되었던 영선사 김윤식과 문의관 어윤중은 청국으로부터 본국의 정황을 전해 들었다. 김윤식은 6월 19일(양력 8월 2일) 주복과 2차 회담

그림 16 임오군란 당시 구식 군인들과 일본 공사관의 움직임

을 할 때 톈진에 함께 체재 중인 문의관 어윤중을 대동했다. 이때 어윤중이 청국에게 육군을 인천에 급파할 것을 역설하며 자신도 청군과 동행해 조선으로 돌아가 군란 조사 공작에 가담하겠다는 의견을 피력했다.[3] 이에 주복이 사태 파악을 위해 어윤중과 함께 의주로 가는 북양순함병함에 승선하여 정세를 탐문하자고 제안했다. 그런데 어윤중은 의주가 조선의 변방 지역으로 상세히 탐문하기 어렵다는 점을 들어 인천으로 직행하자고 역으로 제안했다.[4]

이때 일본의 군함 파견 소식이 들려오자 청 정부는 정세의 심각성을 인정하고 군함을 신속히 파견하도록 촉구했다. 당시 청국으로서는 일본이 과거에 유구[오키나와]를 점령했듯이 조선을 무력으로 점령하지 않을까 우려하고 있었기 때문이다. 이에 북양함대 제독 정여창(鄭汝昌)과 도원(道

員) 마건충(馬建忠)은 군함 초용(超勇)·위원(威遠)·양함(揚威)의 3척을 인천 월미도로 파견했다. 어윤중 역시 향도관으로 임명되어 청군과 함께 인천으로 들어왔다.[5]

청국의 함대가 6월 27일 밤 인천 월미도 부근에 정박했을 때 이미 일본의 군함 곤고우(金剛)호가 먼저 도착해 있었다. 마건충은 청국 군함 초용호(超勇號)에 편승하고 있던 어윤중에게 조선 정계의 이변을 신속히 탐문, 파악하도록 요청했다.[6] 이에 어윤중은 화도진 별장 김홍신 등을 찾아가 군란에 관한 진상을 탐문하고 다음날 28일 오전 2시 경에 귀함했다.

어윤중은 임오군란의 발발 원인으로 흥선대원군의 정권 장악 야욕과 군량미가 제대로 지급되지 못한 당시 정부의 무능한 행정처리를 꼽았다.[7] 또한 군란의 발발 경위 및 당시 국정 상황도 상세히 파악하고 있었는데, 정세를 정확하게 꿰고 있는 능력은 입성을 망설이고 있는 마건충을 설득시키기에 충분했다.[8] 어윤중의 설득은 군란이 더 이상 확산되지 않을 것이며 대원군이 고립되어 있음을 알림으로써 군란의 파동이 청군에게 미칠 것을 우려하고 있던 마건충을 안심시키는 동시에 대원군의 고립 상황을 조선 내 청의 지위 회복의 계기로 활용할 수 있다는 확신을 심어주었다. 여기에 일본 측의 동향을 파악하여 마건충에게 알려준 것은 청군의 개입을 촉진시키는 자극이 되었을 것이다.[9] 당시 일본 공사 하나부사는 인천에 주둔하고 있는 병력을 한양으로 끌고 와 주모자 처벌, 피해보상, 개항 및 통상 확대, 병력 주둔을 비롯한 8개 조항을 요구함으로써 대원군을 압박하고자 했기 때문이다. 이에 어윤중은 마건충과 수차에 걸친 회담을 통해 조선의 상황을 보고하는 동시에 청군이 입경하여 일본군에 앞서서 사태를 진정시킬 것을 종용했다.

어윤중 및 조영하 등으로부터 조선의 상황을 보고 받은 마건충은 사건

조사서를 작성해 정여창으로 하여금 서리북양대신 겸 직예총독 장수성(張壽成)에게 보고토록 했다. 당시 장수성은 모친상을 당해 자리를 비운 이홍장을 대신하여 직책을 수행하고 있었다. 그는 보고 내용을 토대로 정여창에게 육군의 조선 출동을 명했고, 정여창은 오장경과 함께 약 2천여 명의 장병을 이끌고 인천이 아닌 남양만 마산포로 출항했다. 이들의 도착소식을 들은 마건충은 두 제독을 방문하여 조선에 관한 정세를 상세히 보고한 후 군대의 상륙을 촉구했고, 그 결과 7월 10일 한양에 입성해 대원군과 대면했다.[10] 한양에 들어온 청군은 대원군 정권과 일본 측과의 중재를 위해 노력하는 듯한 태도를 취하면서 7월 13일 진압의 1단계 조치를 취했다. 정권의 핵심이라 할 대원군을 납치함으로써 임오군란의 거점을 제거하는 것이었다. 이러한 계획은 이홍장이 원나라 간섭기 때 원나라가 충혜왕을 유배한 고사에 따라 대원군을 청나라에 구금, 안치하자는 제안에서 나왔다.[11] 마건충은 이홍장의 이런 지시에 따라 대원군을 납치했고 이어서 청군은 우세한 화력을 내세워 조선 군병들의 저항을 진압했다. 이는 임오군란의 종말이자 대원군 정권의 붕괴를 의미했다. 또한 조선은 일본과 제물포 조약을 맺어 배상금을 물고 일본공사관의 경비병 주둔을 인정했다.[12]

내수자강책의 좌절과 조청상민수륙무역장정의 체결

임오군란은 조선 정부에 커다란 변화를 초래했다. 무엇보다 청국의 이른바 속방화 정책이 본격화되었다. 청국은 임오군란 진압을 계기로 조선 내정에 간섭했으니 그 우두머리는 오경장에 이어 등장한 원세개였다. 그러나 정부는 임오군란의 여파에도 불구하고 개혁의 필요성을 절감하면서 내수자강책을 추진하고자 했다.

우선 7월 18일에는 대소 신료와 군민에게 안심하고 생업에 종사하도록 타일렀다.[13] 이어서 7월 20일에는 8도(道) 4도(都, 유수부)에 토목공사로 인한 민폐와 거듭된 화폐 개주(改鑄)로 인한 폐단, 그리고 공가 미지급으로 인한 시정(市井) 폐업, 인재기용의 잘못 등을 사과하고 유신의 뜻을 포고했다.[14] 7월 22일에는 서북, 송도, 서얼, 의(醫), 역(譯), 서리, 군오(軍伍) 일체를 통용하여 재주 있는 자를 현직(顯職, 높고 중요한 벼슬)에 기용하겠다는 교서를 내렸다.[15] 그리고 8월 5일 그러한 정책 결정 중의 절정이라 할 이른바 개화 윤음(임금이 신하나 백성에게 내리는 말)을 발표했다. 이는 어윤중의 절친 김윤식이 작성한 개화 윤음에 잘 드러난다.[16]

> 우리 동방(東方)은 바다의 한 쪽 구석에 치우쳐 있어서 일찍이 외국과 교섭한 적이 없으므로 견문이 넓지 못한 채 삼가고 스스로 단속하여 지키면서 500년을 내려왔다.
>
> 근년 이래로 천하의 대세는 옛날과 판이하게 되었다. 영국 · 프랑스 · 미국 · 러시아 같은 구미(歐美) 여러 나라에서는 정교하고 이로운 기계를 새로 만들고 나라를 부강하게 만드는 사업에 최선을 다하고 있다. 그들은 배나 수레를 타고 지구를 두루 돌아다니며 만국(萬國)과 조약을 체결하여, 병력(兵力)으로 서로 견제하고 공법(公法)으로 서로 대치하는 것이 마치 춘추 열국(春秋列國)의 시대를 방불케 한다. 그러므로 천하에서 홀로 존귀하다는 중화(中華)도 오히려 평등한 입장에서 조약을 맺고, 척양(斥洋)에 엄격하던 일본(日本)도 결국 수호(修好)를 맺고 통상을 하고 있으니 어찌 까닭 없이 그렇게 하는 것이겠는가? 참으로 형편상 부득이하기 때문이다.
>
> … 의론하는 자들은 또 서양 나라들과 수호를 맺는 것을 가지고 점점 사교

(邪教)에 물들 것이라고 말하고 있다. 이는 진실로 사문(斯文)을 위해서나 세교(世敎)를 위해서나 깊이 우려되는 문제이다. 그러나 수호를 맺는 것은 수호를 맺는 것이고 사교를 금하는 것은 사교를 금하는 것이다. 조약을 맺고 통상하는 것은 다만 공법에 의거할 뿐이고, 애초에 내지(內地)에 전교(傳敎)를 허락하지 않고 있으니, 너희들은 평소 공맹(孔孟)의 가르침을 익혀 왔고 오랫동안 예의(禮義)의 풍속에 젖어 왔는데 어찌 하루아침에 정도(正道)를 버리고 사도(邪道)를 따를 수 있겠는가? 설사 어리석은 백성들이 몰래 서로 전습(傳習)한다 하더라도 나라에 떳떳한 법이 있는 이상 처단하고서 용서하지 않을 것이니, 어찌 숭상하고 물리치는 데에 그 방도가 없다고 근심하겠는가? … 그들의 종교는 배척하고, 기계를 본받는 것은 진실로 병행하여도 사리에 어그러지지 않는다. 더구나 강약(强弱)의 형세가 이미 현저한데 만일 저들의 기계를 본받지 않는다면 무슨 수로 저들의 침략을 막고 저들이 넘보는 것을 막을 수 있겠는가? 참으로 안으로 정교(政敎)를 닦고 밖으로 이웃과 수호를 맺어 우리나라의 예의를 지키면서 부강한 각 나라들과 대등하게 하여 너희 사민들과 함께 태평 성세를 누릴 수 있다면 어찌 아름답지 않겠는가? …[17]

정부는 이러한 개화 윤음을 통해 임오군란에도 불구하고 부국강병을 위해 외국과 국교를 맺고 통상을 하되 서양의 종교에 대해서는 금할 것을 밝히고 있다. 당시 기독교 전파에 대한 우려를 불식시키면서 개화에 대한 저항에 굴하지 않겠다는 의지를 보여준다. 정부는 단호한 개화 의지를 보여주기 위해 주요 교통로에 세운 척화비를 제거할 것을 하달했다.

한편, 정부는 1882년 7월 25일 수교통상을 통한 부국강병을 실현하기 위해 통리기무아문의 기능을 인수한 기무처(機務處)를 합문(閤門, 편전의 앞문) 내에 설치했다.[18] 이날 『종정연표』에 따르면 고종은 명성왕후에게 충주에서 한양으로 올라오라는 하명을 내리고 조영하, 김병시, 김홍집, 김윤식, 홍영식, 어윤중, 신기선에게 날마다 기무처에 모여서 사안에 따라 영의정에게 가서 논의하여 품결하게 하라는 전교를 내렸다.[19] 이어서 기무처절목이 마련되었다.[20] 주요 내용만 간추리면 다음과 같다.

일. 기무처는 중국의 군기처에 따라 설치함.
일. 공사의 출납은 모두 기무처에 품지하여 시행함.
일. 출납하는 정령 가운데 불편한 것이 있으면 기무처에서 의논하여 타당하게 만들 수 있음.
일. 모든 기무와 관련된 사안은 기무처에서 미리 상의해서, 반드시 여러 의론들이 일치된 후에 대신에게 가서 상의하고 주상께 상주하여 재결을 받음.
일. 공사와 관련된 사안은 기무처에서 경외(京外) 각처에 지시할 수 있음.

이 절목에 따르면 기무처는 기존의 승정원을 대신하여 왕명 출납을 비롯해 정령을 입안, 심의하고 지방에 직접 명령을 내릴 수 있는 권한을 가지고 있는 사실상 최고 권력기구임을 알 수 있다. 이 점에서 심의, 의결, 집행 기능이 없었던 이전의 통리기무아문과 달랐다. 따라서 기무처는 정치, 경제, 군사 등 모든 부문에서 정책적으로 제기되는 중요 사안들을 집중 협의하여 그에 대한 대안을 마련하기에 이르렀다. 특히 기무처 장소는 국왕이 거처하는 편전 내에 설치하고 기무처 당상을 매일 이곳에 출근하게 했다는 점에서 국왕의 통제 하에 기무처의 신속한 결정을 이끌어내고자 하는 의도가 드러난다. 이는 청국 옹정제가 군사에 관한 결정을 신속하게 내리기 위해 설치했던 군기방(軍機房)을 모방했다는 점에서 더욱 그러하다.[21] 기무처 구성원으로 상호군 김병시, 조영하, 호군 김홍집, 김윤식, 부호군 홍영식, 부사과 어윤중, 교리 신기선 등이 임명되었다.[22]

그런데 이러한 군기처 설치가 김윤식의 일기인 『음청사』 7월 15일 전교 이전인 7월 10일에 이미 기록되어 있다는 점에서 김윤식은 물론 어윤중과 사전에 논의했을 수 있다.[23] 무엇보다 호군 김윤식과 부사과 어윤중이 기무처 구성원에서 중요한 위치를 차지하고 있었기 때문이다.

그러나 기무처의 내정 개혁은 소기의 성과를 거두지 못했다. 무엇보다 기무처 당상들이 다른 일이 많아서 기무처 고유의 업무를 수행할 수 없었기 때문이다.[24] 특히 주요 인물이라 할 조영하, 김홍집, 어윤중, 김윤식 등이 극심한 재정난을 해소하고 임오군란 이후 배상금을 마련하기 위해 청국에 자주 파견되었기 때문이다.

어윤중의 경우, 청국과 조청상민수륙무역장정 체결 문제가 기다리고 있었다. 어윤중은 8월 12일 재차 문의관으로 임명되었고 13일 남양부 마산포를 떠나 청국을 향했다. 그러나 임오군란 이후 어윤중이 맞닥뜨린 청국의 장벽은 매우 높았다. 제1차 문의관 시절에도 만만치 않았지만 임오군란으로 청군이 조선에 주둔하고 있는 상황에서 그 벽은 더욱 높아졌던 것이다. 톈진으로 귀임한 이홍장은 어윤중을 만나기도 전에 8월 6일 이미 마건충 등을 시켜 조중 양국 간의 수륙통상장정 초안을 마련해 두었다고 통보했다.[25] 그리하여 청 측은 조미수호조규에서 관철시키지 못한 '조선은 청의 속방' 이라는 명분을 이번 기회를 통해 명문화하려 했다. 아울러 속방이기 때문에 다른 나라와 함께 균점될 수 없으며, 최혜국 대우도 적용될 수 없음을 강조했다. 청의 이러한 요구는 근대적 만국공법 질서에 대응해 전통적 조공책봉질서일본대장성직제사무장정를 재정립하고자 한 것으로 볼 수 있다.[26] 그 후 8월 17일에 도착한 어윤중은 결과적으로 마건충과 주복이 작성한 통상 장정 초안에 대해 약간의 의견을 개진하는 데 그쳤다.[27]

우선 1883년 8월 23일에 체결된 조청상민수륙무역장정의 전문은 다음과 같다.[28]

> 조선은 오랜 동안의 제후국으로서 전례(典禮)에 관한 것에 정해진 제도가 있다는 것은 다시 의논할 여지가 없다. 다만 현재 각국(各國)이 수로(水路)를 통하여 통상하고 있어 해금(海禁)을 속히 열어, 양국 상인이 일체 상호 무역하여 함께 이익을 보게 해야 한다. 변계(邊界)에서 호시(互市)하는 규례도 시의(時宜)에 맞게 변통해야 한다. 이번에 제정한 수륙무역장정은 중국이 속방(屬邦)을 우대하는 뜻이며, 각국과 일체 같은 이득을 보도록 하는 데 있지 않다. 이에 각 조항을 아래와 같이 정한다.

조미수호통상조약에서 조선이 청의 속국임을 조약에 명시하고자 했으나, 그 뜻을 관철시키지 못했던 청이 무역장정의 전문에서 조선을 청의 전통적인 속방임을 명문화한 것이다. 속방관계에 따라 다른 국가는 조청 간에 체결된 무역장정의 내용을 균점할 수 없는 특수성을 갖는다고 규정했다. 다른 나라가 조미수호통상조약에 들어 있는 최혜국 조항에 근거하여 조청상민무역장정의 조항을 자국에 유리하게 적용하는 것을 막고자 한 것이다. 물론 체결 과정에서 어윤중은 이번 통상장정이 사대전례와는 다른 것으로 각국이 채용할까 우려된다고 표명했다. 어윤중으로서는 속방 조항을 피하기 위해 최혜국 조항의 적용 문제를 제기했다. 그러나 청국은 이번 사안이 만국공법에 기초한 조약이 아니라 속국과 정하는 장정(章程)이라고 못을 박았다.[29] 제1관의 조문과 쟁점 사항은 〈표 3〉과 같다.

표 3 조청상민수륙무역장정 제1관 조문과 쟁점 사항

제1관	쟁점 사항
앞으로 북양대신(北洋大臣)의 신임장을 가지고 파견된 상무위원(商務委員)은 개항한 조선의 항구에 주재하면서 전적으로 본국의 상인을 돌본다. 해원(該員)과 조선 관원이 내왕할 때에는 다같이 평등한 예로 우대한다. 중대한 사건을 맞아 조선 관원과 마음대로 결정하기가 편치 않을 경우 북양대신에게 상세히 청하여 조선 국왕에게 자문(咨文)을 보내 그 정부에서 처리하게 한다. 조선 국왕도 대원(大員)을 파견하여 톈진(天津)에 주재시키고 아울러 다른 관원을 개방한 중국의 항구에 나누어 파견하여 상무 위원으로 충당한다. 해원이 도(道)·부(府)·주(州)·현(縣) 등 지방관과 왕래할 때에도 평등한 예로 상대한다. 해결하기 어려운 사건을 만나면 톈진에 주재하는 대원(북양대신과 남양대신(南洋大臣))에게 상세히 청하여 정탈(定奪)한다. 양국 상무위원이 쓸 경비는 자비(自備)에 속하며 사사로이 공급을 요구할 수 없다. 이들 관원이 멋대로 고집을 부려 일처리가 부당할 때에는 북양대신과 조선 국왕은 피차 통지하고 즉시 소환한다.	
최덕수 외, 『조약으로 본 한국근대사』, 열린책들, 2010, 112~116쪽.	

제1관은 조청 양국이 상대국에 상주 외교 사절단을 파견하도록 규정하고 있다. 이 점에서 조선 정부가 일찍부터 어윤중을 통해 요구했던 상주 외교 사절단 파견이 실현된 것처럼 보인다. 따라서 청국 측과 커다란 쟁점

이 나오지 않았다. 특히 임오군란 이후 청군이 한양에 파견된 상황이어서 속방 관계를 원천적으로 부정하지 않는 한 조선 측이 제1관을 거부하기 어려웠던 것으로 보인다.

그 결과 청측에서 파견한 상무위원은 명목상 조선에서 청국의 무역 및 영사 업무를 관장하되 실제로는 청의 속방화 정책의 실무를 맡고 조선의 내정에 관여했다는 점에서 여타 국가의 공사와는 달랐다. 따라서 형식상 기존의 조공책봉 질서를 벗어난 듯 보이지만 실제상으로는 청국의 내정 간섭이 심화될 수 있음을 보여준다. 그리고 이후 조선 정부가 우려했던 방향으로 청의 속방화 정책은 강화되었다.

그러나 조선 정부는 이 조관에 근거하여 1884년 3월 남정철을 주진대원으로 임명해 톈진으로 파견했다.[30] 비록 주진대원이 이 조목(조관)에 따라 영사 업무에 한정된 역할을 수행했지만 사안에 따라 실질적 조선 공사의 임무도 맡아서 처리했다. 기존의 한중관계가 어윤중이 구상했던 주권국가 사이의 외교관계로 바뀔 수 있는 기회가 서서히 오고 있었던 것이다.

제2관의 조문과 쟁점 사항은 〈표 4〉와 같다.

제2관은 조선에 있는 청국인들에게는 청국의 법적용을 받는 치외법권이 적용되지만, 청국에 거주하는 조선인에게는 치외법권이 적용되지 않음을 보여준다. 이에 어윤중은 국제공법 규정에 따라 상호 치외법권을 인정해 줄 것을 요구했다. 그러나 주복은 조선의 법률이 청나라보다 엄하다는 것을 들어 단호하게 거절했다. 심지어 조선 국내에서 조선인이 피고이고 청국인이 원고일 경우, 조선 관청은 조선인 범죄자를 청국 상무위원에게 인도한 후, 조선 관청과 청국 상무위원이 합동으로 사건을 조사·심판할 수 있도록 규정하고 있다. 즉 이러한 규정은 치외법권의 피고주의를 넘어 확대 적용됨으로써 조선 측의 재판권을 무시했다.[31] 이 장정의 불평등성을 잘 보여주는 대목이다.

표 4 조청상민수륙무역 장정 제2관 조문과 쟁점 사항

제2관	쟁점 사항
중국 상인이 조선 항구에서 만일 개별적으로 고소를 제기할 일이 있을 경우 중국 상무위원에게 넘겨 심의 판결한다. 이밖에 재산 문제에 관한 범죄 사건에 조선 인민이 원고가 되고 중국 인민이 피고일 때에는 중국 상무위원이 체포하여 심의 판결하고, 중국 인민이 원고가 되고 조선 인민이 피고일 때에는 조선 관원이 피고인의 범죄 행위를 중국 상무위원과 협의하고 법률에 따라 심의하여 판결한다. 조선 상인이 개항한 중국의 항구에서 범한 일체의 재산에 관한 범죄 등 사건에 있어서는 피고와 원고가 어느 나라 인민(人民)이든 모두 중국의 지방관이 법률에 따라 심의하여 판결하고, 아울러 조선 상무위원에게 통지하여 등록하도록 한다. 판결한 사건에 대하여 조선 인민이 승복하지 않을 때에는 해국(該國)의 상무위원이 대헌(大憲)에게 청원하여 다시 조사하여 공정성을 밝힌다. 조선 인민이 본국에서 중국 상무위원에게, 혹은 중국의 각 지방관에게 중국 인민이나 각읍(各邑)의 아역인(衙役人) 등을 고소할 때에는 사적으로 한 푼의 수수료도 요구하지 못한다. 위반한 자는 조사하여 해관(該管)의 관원을 엄중하게 처벌한다. 양국 인민이 본국에서 또는 피차의 통상 항구에서 본국의 법률을 범하고 사사로이 피차의 지계(地界)로 도피한 경우에는 각 지방관은 피차의 상무위원에게 통지하고 곧 대책을 세워 체포하여 가까운 곳의 상무위원에게 넘겨 본국에 압송해서 처벌한다. 다만 도중에서 구금을 풀 수 있고 학대하지 못한다.	어윤중 이번 통상장정은 이미 공법(公法)의 각 절을 참작하여 모두 피차 상동(相同)한 항목이다. … 그러나 내중(內中)에 대략 각국과 다른 곳이 있다. 비록 체제(體制)는 그렇게 해야 한다 말하지만 이는 사대전례(事大典禮)와는 당연히 다른 관점이다. 절념(竊念)하길, 각국의 예를 인용하였다. 그러므로 간략히 우견(愚見)을 고한다. 제2관, 죄범(罪犯)의 심단(審斷) 법은 경중이 있고, 각국 사람에게 거북해 비웃음을 당하는 것이 있으니 상무관원(商務官員)과 지방관은 심단의 법을 좌우가 서로 같은 예를 따라 고치고 뚜렷이 공평 합당해야 다행이다.
	주복 범죄를 판단하는 법의 높고 낮음은 회전(會典, 청나라의 기본법규를 담은 『대청회전』을 가리킴)에 의한 것으로 고치기 어려우며 조선의 상무위원이 어찌 중국의 통상구에서 심판의 권리를 가질 수 있겠는가. 더구나 두 나라의 법률을 비교하여 가벼운 것을 취하는데 조선의 형은 청국보다 무겁다.
최덕수 외, 『조약으로 본 한국근대사』, 열린책들, 2010, 112~116쪽.	근대한국외교문서 편찬위원회 편, 「장정초안 작성 경위 보고」(광서 8년 8월 29일), 『근대한국외교문서』 6, 서울대학교출판문화원, 2013, 587~589쪽.

제3관의 조문과 쟁점 사항은 〈표 5〉와 같다.

제3관은 상선과 어선의 상대국 왕래 조항을 규정하고 있다. 조문상 상호 평등한 조약으로 보이나 실제로는 청국의 어채권(魚採權)을 일방적으로

표 5 조청상민수륙무역 장정 제3관 조문과 쟁점 사항

제3관	쟁점 사항
양국 상선은 피차 통상 항구에 들어가 교역을 할 수 있다. 싣고 부리는 모든 화물과 일체의 해관(海關)에 바치는 세금은 모두 양국에서 정한 장정에 따라 처리한다. 피차 바닷가에서 풍랑을 만났거나 얕은 물에 걸렸을 때에는 곳에 따라 정박하고 음식물을 사며 선척을 수리할 수 있다. 일체의 경비는 선주의 자비로 하고 지방관은 타당한 요금에 따른다. 선척이 파괴되었을 때 지방관은 대책을 강구하여 구호해야 하고, 배에 탄 여객과 상인과 선원들은 가까운 항구의 피차 상무위원에게 넘겨 귀국시켜 앞서 서로 호송하던 비용을 절약할 수 있다. 양국 상선이 풍랑을 만나 손상을 입어 수리해야 할 경우를 제외하고 개방하지 않은 항구에 몰래 들어가 무역을 하는 자는 조사하여 체포하고 배와 화물은 관에서 몰수한다. 조선의 평안도(平安道)·황해도(黃海道)와 중국의 산동(山東)·봉천(奉天) 등 성(省)의 연해지방에서는 양국의 어선들이 내왕하면서 고기를 잡을 수 있고, 아울러 해안에 올라가 음식물과 식수를 살 수 있으나, 사적으로 화물을 무역할 수 없다. 위반하는 자는 배와 화물을 관에서 몰수한다. 소재 지방에서 법을 범하는 등의 일이 있을 경우에는 곧 해당 지방관이 체포하여 가까운 곳의 상무위원에게 넘겨 제2조에 준하여 처벌한다. 피차의 어선에서 징수하는 어세(漁稅)는 조약을 준행한 지 2년 뒤에 다시 모여 토의하여 작정(酌定)한다.	어윤중 황해도와 등래해(登萊海) 가까이 어선이 왕래하지만 과감히 금하는 일을 수행할 수 없다. 법으로 금지해 요란(擾亂)이 일어나는 것은 금지를 풀어 이(利)를 얻는 것만 못하다. 그러나 일인(日人)의 구실을 두려워해 법으로 처리하는 것은 극히 어렵다. 일인(日人)은 동해 포경(捕鯨)에 다년(多年)을 요구했고, 이번 여름에 의세(議稅)할 때 어선(漁船) 왕래의 항목이 있으나 이것이 없는 것을 허락하였다. 또한 징세 부과도 많지 않았다. 그러나 잠상(潛商)의 문을 여는 것은 아마도 처음 입관을 분명히 말하지 않는 것만 못하다.
최덕수 외, 『조약으로 본 한국근대사』, 열린책들, 2010, 112~116쪽.	근대한국외교문서 편찬위원회 편, 「장정초안 작성 경위 보고」(광서 8년 8월 29일), 『근대한국외교문서』 6, 서울대학교출판문화원, 2013, 587~589쪽.

인정하고 있다. 즉 조선 측의 어선도 청국 어선과 마찬가지로 청국의 연해에서 활동할 수 있도록 규정했기에 상호 평등한 조치로 인식될 수 있지만 중국 연해에서 조선 어선의 어업 활동보다 조선 연해에서 활동하는 중국 어선의 수가 훨씬 많았기 때문에 결국 이 조치는 사실상 청국인 어부에게 주어진 특권이라 할 수 있다.[32] 특히 이 조항에서 어업 관련 규정은 당시 어업 사정과 밀접하게 관련되어 있음에 주목할 필요가 있다. 당시 청국 연해에서 청어가 남획으로 사라지자 조선 연해 청어 어로권을 장악하겠다는 청국의 의지가 관철된 결과이다. 1850년대 이래 조선 수군이 청국 어선의 불법 어로 행위를 단속하자 청국 어선이 폭력으로 저항하던 터에 청국은 이러한 행위를 합법화하려 했기 때문이다.[33]

제4관과 쟁점 사항은 〈표 6〉과 같다.

제4관은 조선이 기존의 개항장인 제물포, 부산, 원산 이외에 조선의 수도인 한양과 이에 인접한 양화진을 청국 상인에게 개방함을 규정한 조관이다. 물론 조선 상인 역시 베이징에서 무역 활동이 허가되었다. 그런데 한양 및 양화진 개시는 조선이 일본 · 미국 · 영국 · 독일과 조약을 체결한 조약에 명문화되지 않은 내용이었지만 조미수호통상조약에 들어 있는 최혜국 대우 조항에 따라 여타 국가에도 적용될 수 있었다. 이에 어윤중은 내지 통상 금지, 한양에서 청국 상인의 상점 개점 불허 등을 요청했다. 그러나 주복은 여타 국가가 베이징의 무역 활동을 원용하지 않을 것을 강조하면서 조선 정부의 한성 개잔 우려를 일소에 부쳤다.

또한 청국 상인들에게 내지에서 토산품을 구입하는 권리 및 개항장 간 무역 권리를 부여했다. 이 역시 조선과 조약을 체결한 다른 국가들에 부여되지 않은 권리들이었다. 이를 통해 청은 조선에서 다른 국가들보다 상업

상 우월한 특권을 획득할 수 있었다.

그러나 어윤중의 우려대로 청국 상인은 물론 일본 상인들도 양화진에서

표 6 조청상민수륙무역 장정 제4관 조문과 쟁점 사항

제4관	쟁점 사항
양국 상인이 피차 개항한 항구에서 무역을 할 때에 법을 제대로 준수한다면 땅을 세내고 방을 세내어 집을 지을 수 있게 허가한다. 토산물과 금지하지 않는 물건은 모두 교역을 허가한다. 입항하고 출항하는 화물에 대해 납부해야 할 화물세와 선세를 모두 피차의 해관 통행 장정에 따라 완납하는 것을 제외하고 토산물을 이 항구에서 저 항구로 실어가려고 하는 경우에는 이미 납부한 출항세(出港稅) 외에 이어 입항할 때에는 완납한 사실을 확인하고 출항세의 절반을 납부한다. 조선 상인이 베이징(北京)에서 규정에 따라 교역하고, 중국 상인이 조선의 양화진(楊花鎭)과 한양에 들어가 영업소를 개설한 경우를 제외하고 각종 화물을 내지로 운반하여 상점을 차리고 파는 것을 허가하지 않는다. 양국 상인이 내지로 들어가 토산물을 구입하려고 할 때에는 피차의 상무위원에게 품청하여, 지방관과 연서(連署)하여 허가증을 발급하되 구입할 처소를 명시하고, 거마(車馬)와 선척을 해당 상인이 고용하도록 하고, 연도(沿途)의 세금은 규정대로 완납해야 한다. 피차 내지로 들어가 유력(遊歷)하려는 자는 상무위원에게 품청하여, 지방관이 연서하여 허가증을 발급해야만 들어 갈 수 있다. 연도 지방에서 범법 등 일이 있을 때에는 모두 지방관이 가까운 통상 항구로 압송하여 제2조에 의하여 처벌한다. 도중에서 구금을 풀 수 있고 학대하지 못한다.	어윤중 한성의 개잔(開棧). 본방(本邦)의 민(民)은 가난하고, 도문(都門) 시전(市廛)은 필히 이(利)를 잃어 원망이 돌아올 것이다. 양화진(楊花津)으로 보면, 이미 시장을 열어 스스로 개잔의 일례가 되었다. 하필 내지의 구매조달을 명확히 지적해 양국 상민의 상호 왕래를 허락하니 매우 감사해 안으로는 이를 따르는 것처럼 보이지만 밖으로는 나라가 가히 이를 지키는데 반드시 도울 수 없다. 일인(日人)의 대구(大邱)·함흥(咸興) 왕래의 일을 요협(要挾)한 지 오래되었으니 진실로 관심을 가져야 한다. … 주복 만약 나중에 한성개잔을 취소한다면 조선은 베이징에서의 교역을 취소할 수 있겠는가? 우리나라에서는 귀국에게 베이징에서의 교역을 허용했어도 다른 나라에서 원용할 것을 두려워 하지 않는데 귀국에서는 무슨 걱정할 것이 있는가. 만일 빈민에게 폐해가 된다면 앞으로 변통할 수 있다. 의주, 회령, 경원에서 변민들이 왕래하고 교역을 하게 하는데, 개시를 혁파하기 위하여 다른 나라들에 구실을 주는 것이 두렵지 않고 내지채판은 귀국에 이익이 없으므로 두려운 것인가. 그리고 청국에서는 일본에게 내지채판을 허용하지 않고 조선에 내지채판을 허가하고 있으며 또한 청국상인들의 내지채판을 허용하면 조선의 국내 재화가 유통되어 유리한 점이 적지 않을 것이다.
최덕수 외, 『조약으로 본 한국근대사』, 열린책들, 2010, 112~116쪽.	근대한국외교문서 편찬위원회 편, 「장정초안 작성 경위 보고」(광서 8년 8월 29일), 『근대한국외교문서』 6, 서울대학교출판문화원, 2013, 587~589쪽.

한양까지 진출했다. 영국, 일본을 비롯한 국가들은 최혜국 대우 규정을 근거로 청이 조선에 관철시킨 통상분야의 특권을 균점했다.

제5관의 조문과 쟁점 사항은 〈표 7〉과 같다.

표 7 조청상민수륙무역장정 제5관 조문과 쟁점 사항

제5관	쟁점 사항
과거 양국 변계의 의주, 회령, 경원 등지에서 호시가 있었는데 모두 관원이 주관하여 매번 장애가 많았다. 이에 압록강 건너편의 책문과 의주 두 곳을 그리고 두만강 건너편의 훈춘과 회령 두 곳을 정하여 변경 백성들이 수시로 왕래하며 교역하도록 한다. 양국은 다만 피차 개시(開市)하는 곳에 해관과 초소를 설치하고 비류(匪類)를 살피고 세금을 징수한다. 징수하는 세금은 나가는 물건이나 들어오는 물건을 막론하고 홍삼을 제외하고는 모두 100분의 5를 징수하고, 종전의 객사와 식량, 꼴, 영송 등의 비용을 모두 없앤다. 변경 백성의 전재(錢財)의 범죄 등 사건에 대해서는 피차 지방관들이 규정된 법률에 의하여 처리하는데, 일체의 상세한 장정은 북양대신과 조선 국왕이 파견한 관원이 해처(該處)에 가서 조사하여 협의하고 품청하여 결정한다.	어윤중 내년 봄 압록강과 도문강 일대에 가서 상황을 살펴보고, 해당 지방관과 함께 공동감계를 하여 상의하고, 처리한 다음 다시 텐진으로 돌아와서 보고를 올려 결론을 내겠다.
최덕수 외, 『조약으로 본 한국근대사』, 열린책들, 2010, 112~116쪽.	김형종 외 역, 『국역계청중일한관계사료』 2, 2012, 27쪽.

제5관은 국경 무역을 위한 시장을 책문과 의주, 그리고 훈춘과 회령으로 지정하는 한편 조청 양국은 시장을 여는 자기 측 지방에 해관과 초소를 설치하고 도적을 감시해 세금을 징수하도록 규정했다. 이러한 규정은 어윤중이 조공책봉과 별개로 통상의 편의를 강조했고 청 측도 이를 수용하여 해관을 설치하기에 이른 것이다. 다만 관세율이 5%에 지나지 않아

1882년에 미국, 영국, 독일과 체결한 조약에서 규정한 수입 관세율의 상한선 10%, 30%보다 낮은 비율이었다. 아울러 조선이 일본과 통상장정 협상 과정에서 제시한 평균 10%의 수입 관세율보다도 낮았다. 그러한 이유로 미국 · 영국 · 독일 · 일본은 조청장정에서 청 상인에게 부여된 5%의 수입관세율을 특권으로 규정하고 이를 균점하려 했다. 하지만 김홍집 등은 청 상인에게 부여된 5%의 수입 관세율은 국경 무역에만 한정된 규정이라고 주장해 논란의 여지가 되었다.

그러나 이러한 조관은 이전과의 교역 관계에 비교한다면 성과라고 할 만하다. 주지하다시피 청과의 육로통상은, 청태종(淸太宗) 숭덕(崇德) 년간(1636~1643)에 조선의 의주 · 회령 · 경원 등 세 곳에 개시(開市)를 열고 청의 봉황성(鳳凰城) · 영고탑(寧古塔) · 고이객(庫爾喀) 지방의 상인들이 그곳에 와서 물품을 교역함으로써 시작된 것이었다.[34] 개시는 국가의 수요에 맞춘 물품교역으로 양국 관원들이 엄격하게 감시했기 때문에 상인들은 여러 방법을 동원하여 밀무역을 자행하고 있었다. 이러한 사정은 청나라 말까지 지속되었는데, 서양 각국에 의한 근대적 통상 방식이 영향을 미치면서 조청 양국 간에도 통상관계를 개선할 필요가 있었다. 그리하여 제5관에서는 회령개시는 그대로 두고 경원개시는 폐지하는 성과를 올렸다. 흔히 북도개시라고 칭해오던 회령과 경원의 개시는 청국인의 주된 일상용품 공급처여서 청 측은 처음부터 북도개시 혁파에 동의할 의사가 없었다. 따라서 협상 끝에 '경원개시만 철폐한다'는 조문의 설정은 청 측의 양보를 얻어낸 어윤중 외교의 공적이라 할 수 있다. 아울러 어윤중은 국경의 호시와 국경선 조정에 대한 1883년 공동 감계를 기약하여 후속 협상의 여지를 남겼다. 1883년 어윤중이 서북경략사로 평안도와 함경도 국경지대를 시찰했던 이유가 여기에 있다.

제6관의 조문과 쟁점 사항은 <표 8>과 같다.

표 8 조청상민수륙무역장정 제6관 조문과 쟁점 사항

제6관	쟁점 사항
두 나라 상인들에게는 어느 항구나 국경 지방을 막론하고 수입 아편과 토종 아편, 그리고 제작된 무기의 판매를 승인하지 않는다. 위반하는 자에 대해서는 조사해 정도에 따라 엄격하게 처리한다. 홍삼은 조선 상인이 전례대로 중국 지역으로 가지고 들어갈 수 있도록 허락하며, 세금은 가격에 따라서 100분의 15를 받는다. 중국 상인 가운데서 정부의 특별 허가를 받지 않고 조선 국경 밖으로 내가는 자가 있을 때에는 조사하고 물건은 관청에서 몰수한다.	어윤중 홍삼의 세칙에 관해 청상의 홍삼 수출을 금지하는 것은 진실로 보살펴준 것이지만 조선 상인들에 대한 30%의 세금은 너무 과중하며 조선의 국과(國課)로서 관계가 많으며 상인들이 인삼을 휴대하는 데에도 정액이 있는데 만약 세금이 무거우면 밀무역이 심해지고 나라 세금이 점점 줄어들게 된다. 주복 홍삼의 세칙은 청국의 수입세칙에 의한 것으로 조선의 국과와 관계가 없으며 더구나 30%의 세금은 조약에서 말하는 사치품에 대한 세칙 규정에 부합된다.
최덕수 외, 『조약으로 본 한국근대사』, 열린책들, 2010, 112~116쪽.	근대한국외교문서 편찬위원회 편, 「장정초안 작성 경위 보고」(광서 8년 8월 29일), 『근대한국외교문서』 6, 서울대학교출판문화원, 2013, 587~589쪽.

제6관은 제5관과 관련하여 홍삼과 수입 금지품을 특별히 규정하고 있다. 원래 청은 조선 홍삼의 경쟁력을 떨어뜨리기 위해 30%의 관세율을 적용하려 했으나 어윤중이 관세 수입의 현실성을 고려하여 관세율을 낮출 것을 요구하자 이를 수용했다. 홍삼수칙은 원안에는 30%였지만 어윤중은 30% 세를 더하게 되면 훔치는 행위나 잠매하는 것이 늘어나고 과세는 줄어들 것이므로 30% 관세를 낮춰 달라고 요구했고 결국 15%로 결정되었다. 홍삼은 중국인이 애호하는 물품인데다가, 아편과 달리 건강에 유익하다는 점 때문에

표 9 조청상민수륙무역 장정 제7관 조문과 쟁점 사항

제7관	쟁점 사항
양국의 역참도로는 책문으로 통한다. 육로로 오가는데 공급이 매우 번거롭고 비용이 많이 든다. 현재 해금이 열렸으니 각자 편의에 따라 바닷길로 왕래하는 것을 승인한다. 다만 조선에는 현재 군사용 기계배나 상업용 기계배가 없다. 조선 국왕은 북양대신과 협의하고 잠시 상국(商局)의 윤선을 매월 정기적으로 한 차례 내왕하도록 할 수 있으며, 조선 정부에서는 선비(船費) 약간을 덧붙인다. 이밖에 청나라 병선이 조선의 바닷가에 순행하는 동시에 각 처의 항구에 정박하여 방어를 도울 때에 지방 관청에서 공급하던 것을 일체 면제한다. 식량을 사고 경비를 마련하는 것에 있어서는 모두 병선에서 자체 마련하며, 해당 병선의 함장 이하는 조선 지방관과 동등한 예로 상대하고, 선원들이 상륙하면 병선의 관원은 엄격히 단속하여 조금이라도 소란을 피우거나 사건을 일으키는 일이 없도록 한다.	
최덕수 외, 『조약으로 본 한국근대사』, 열린책들, 2010, 112~116쪽.	근대한국외교문서 편찬위원회 편, 「장정초안 작성 경위 보고」(광서 8년 8월 29일), 『근대한국외교문서』 6, 서울대학교출판문화원, 2013, 587~589쪽.

합의가 가능했을 것이다. 홍삼 판매는 관세율이 여타 물품보다 높긴 하지만 외화 획득의 좋은 수단이기도 했다. 최초로 홍삼의 수출을 공식화하고, 당초 책정된 세율을 절반으로 삭감한 어윤중의 공로가 돋보이는 부분이다.

제7관은 책문을 통해서만 사행이 이루어졌던 종전 관행을 바꿔서 해로를 통해서 이를 실시할 수 있음을 규정하고 있다. 이는 해금 조치의 해제를 요청한 조선 측 의사가 반영된 것으로 판단된다. 아울러 청국 함대가 조선의 항구에 정박할 경우 발생하는 제반 경비를 종전에는 조선의 지방관이 부담했지만, 제7관에는 이를 변경해 청국이 부담하도록 조치했다. 이는 서구 열강이 동아시아에 관철시킨 조약의 관례를 적용한 것이다. 어윤중이 만국공법질서를 기존의 조공질서에 연결시키면서 조금씩 근대적 무역 관계로 발전시킬 수 있는 틀을 마련하고 있었던 셈이다.

또한 종래의 육로무역과 별개로 새로이 해로무역을 튼 것은 조선 측의 요구이기도 하지만 일본 상인의 무역 독점을 방지하려는 청의 의도가 반영된 것이다. 청국 내부에서도 개해금(開海禁) 논의가 고조되고 있었다.[35] 나아가 청국 병선의 자유항행권 규정은 조선에 대한 적극적인 간섭정책을 추진하려는 청국 측의 의사가 반영된 것으로 보인다. 그러나 당시 조선으로서는 일본과 서구 세력의 침입을 막기 위한 방편으로 청국의 힘을 빌리고자 했다는 점도 유의할 필요가 있다.

끝으로 어윤중의 제2차 문의관 활동에 주목할 점이 더 있다. 즉 어윤중이 임오군란 때 대원군을 납치하는 데 일조했음에도 불구하고 제2차 문의관 파견 때에는 고종의 지시로 대원군의 조기 귀국을 이홍장에게 청했다는 점이다.[36] 특히 어윤중은 서북개시의 변통으로 지난 날 폐단을 혁파하여 서북인이 만국의 이익을 열게 되었음을 강조하고 있다. 물론 고종이 말하고 있듯이 변경민의 월경 문제가 커질 수 있다. 어윤중은 이에 대해 법을 제정하여 처리해야 하므로 이듬해 봄에 관리를 보내 중국 관리와 더불어 장정을 만들 것을 건의했다. 훗날 서북경략사의 파견을 예고하는 것으로 중국과의 새로운 교섭이 기다리고 있었다.

어윤중은 "우리나라의 민(民)은 상당히 가난하고 도문(都門)의 시전(市廛)은 필히 이득을 잃어 원망이 돌아올 것이 분명하다. 양화진은 벌써 시장을 열어서 개잔(開棧)의 일례가 되었다. 청이 양국 상민의 상호 왕래를 허락하니 매우 감사해 안으로는 이를 따르는 것처럼 보이지만 밖으로는 나라가 가히 이를 지키는 데 반드시 도울 수 없다. 청이 요구하는 내지에서의 매매를 겉으로는 따르겠지만 사실 우리나라가 문제가 생겼을 때 지키거나 돕지 못하니 이 부분은 신중하게 다시 생각해보자. 우리나라 내지 상인들이 최대한 이익을 잃지 않도록 하겠다."며 청 측이 원하는 대로 따라갈 수 없다는 의지를 보이고 있다.[37] 그러나 결국 양화진에서 한양까지 청과 일본 상인이 진출했다.

따라서 후대 역사가들 사이에서 장정 체결 과정에서 보여준 어윤중에 대한 평가는 엇갈렸다. 하나는 어윤중이 청국 관리에게 당당하게 맞서지 못함으로써 굴욕적인 종속관계를 명문화했다는 부정적 평가다.[38] 또 하나는 이번 교섭에서의 일부 문제들이 어윤중의 외교적 실책이라기보다는 조선의 힘이 부족한 것에 기인했다는 동정적 평가다.[39] 그러나 당시 임오군란 직후 조선이 처했던 불리한 상황과 만국공법이 실질상 역학 관계에 의존하고 있기 때문에 청국을 지렛대로 삼으려 했던 시무관료들의 방책을 염두에 둘 때, 당시 어윤중은 종래의 전통적 관계인 중화체제 질서 아래에서 군사적 물리력이 부족한 조선의 영토를 보전하면서 실리의 외교를 추진하고자 했음에 유의할 필요가 있다.[40]

감생청과 통리아문을 통한 개혁

어윤중은 조영하와 함께 청국에서 조청상민수륙무역장정을 처리한 뒤 9월 24일 귀국했고, 9월 26일 복명했다.[41] 이어서 어윤중은 기무처에서 미처 처리하지 못했던 개혁 사안을 다시 검토하기 시작했다. 그동안 쌓였던 폐단들을 하루속히 청산해야 했기 때문이다. 이 가운데 근대화 추진과 재정 위기 해소를 위한 관제 개편이 선결과제였다. 따라서 암행어사와 지방관, 조사시찰단원을 두루 거쳤던 어윤중은 이런 개혁에 딱 맞는 적임자로 부각되었다. 이는 어윤중 자신이 주장해 오던 부국강병론을 실천할 수 있는 기회가 왔음을 의미했다.

당시 어윤중이 맞닥뜨린 고종 연간의 재정 위기는 상당히 심각한 상태였다. 개항으로 인한 지출 수요의 폭증이 주된 요인이었다.[42] 즉 정부는 개항 이후 각종 근대 시설물과 식산 기구를 설립하고 국교를 확대해 가는 데 많은 재정이 소요되었을 뿐더러 이 과정에서 농민들에 대한 불법적인 수탈이 자행되었다. 심지어 1880년에 근대화를 추진하기 위해 설치한 통리기무아문마저 무명잡세를 통해 재원을 충당할 정도였다. 이에 재정을 절용하기 위해 기존의 중복된 기구의 관제를 대폭 축소, 개편해야 할 필요성이 제기되었다.

고종은 1882년 10월 13일 기무처에 감생에 관한 대책을 수립하라고 명했고 1882년 10월 20일 감생청이 관제의 축소, 개편을 위해 설치되었다.[43] 감생청은 감생(減省), 말 그대로 기관을 대폭 줄이는 기관이다. 그런데 감생은 단순히 관청 자체에 국한되지 않는다. 관청에 조달되는 각종 재원도 감생의 대상이었다. 그런 점에서 감생청은 국가의 모든 제도가 용도 면에서 적절한가를 따져서 불요불급(不要不急)한 용비(冗費)와 용원(冗員)을 감생하고 실질적인 운영에 알맞도록 조처하자는 것에서 출발한 임시 관청인 셈이다.

어윤중은 감생청의 총책임자인 구관당상(句管堂上)으로서 감생 정책을 주도했으며 같은 해 12월 29일 논의되었던 감생안을 정리해 「감생청 감생별단」을 작성했다.[44]

표 10 감생청의 공물 · 부세 감생 내역

<table>
<tr>
<td>• 병 · 수사(兵 · 水使)에게 방물진상을 봉진(封進)하지 않을 것.
• 갑옷과 투구(甲冑), 활과 화살(弓箭), 통아(筒兒), 결궁(結弓), 노루가죽(獐皮) 등은 영원히 정지할 것.
• 상의원, 군기시(軍器寺)와 전 훈련도감, 상납물종을 혁파할 것.
• 내의원(內醫院)에 진상하는 경기 쑥(海艾)은 혁파하고, 양남 청대죽(靑大竹)은 경기감영에서 매달 10개씩 교부하고, 정비(情費)는 혁파할 것.
• 북병영에 봉진하는 녹용(鹿茸)은 돈으로 바꾸어 상납할 것.
• 군명마감(軍名磨勘)[46]의 규칙을 폐지하고 군수(軍數)를 정액(定額)하여 수포 상송(收布上送)할 것.
• 문구(文具)에 속하는 것도 제감하되 대간청패(臺諫請牌), 감찰다시(監察茶時), 수령서경취품(守令署經取稟), 각영습진일차(各營習陣日次), 사복사조마(司僕司組馬) 등은 그대로 둘 것.</td>
<td>• 과거 시험에 소요되는 일체의 물품과 경비를 조달하지 말 것.
• 훈련도감이 이미 혁파되었으니 각 도의 자장전(資裝錢)은 다시 상송하지 말 것.
• 각도의 전선은 지금부터 물력으로 개조하여 다시 회감(會減)치 말 것.
• 통영 · 수영으로부터 여러 읍진의 주사(舟師)에게 침징하지 말 것.</td>
<td>• 호조와 선혜청, 각영의 어람회계(御覽會計)를 달마다 수정해 바치는 것도 번거로운 일이니, 이제부터 사계절의 첫 달에 구체적으로 수정(修正)할 것.
• 전세에서 나오는 것은 그저 세미(稅米), 세전(稅錢), 목포(木布), 속태(粟太)라고만 칭하고, 대동미, 삼수미, 포량미, 별수, 결작 등의 명목은 일체 논할 것 없이 그저 받아들이는 원래의 수량에 준하여 호조, 선혜청, 양향청(糧餉廳), 심영(沁營)에서 나누어서 받게 할 것.
• 각 영의 군보(軍保) 및 어세(漁稅), 염세(鹽稅), 노세(蘆稅), 곽세(藿稅) 등의 세는 영구히 정해진 곳 이외에 종전에 집집마다 세를 물려 각 해당 기관에 분납하던 것은 모두 원래 바치던 수량대로 정해 절목을 만들어 각도에 나누어 보내며 혹시라도 가감함이 없이 모두 호조에 바치게 할 것, 복정(卜定)과 청탁을 하는 폐단을 영구히 폐지할 것.
• 인천부에 외국 배들이 출입할 때의 장계는 감영과 해부(該府)에서만 수계(修啓)할 것.
• 각 공계(貢契)의 대금을 아직 내려 주지 못한 것은 모두 외획 출급하니 호조와 선혜청에서 적절히 수량을 헤아려 정하고 관문(關文)을 만들어 보내는데 외도에서 즉시 출급하지 않은 것에 대해서는 보고하는 대로 관문(關文)을 띄워 독촉할 것.</td>
</tr>
<tr>
<td>『고종실록』과 『종정연표』, 1882년 12월 30일</td>
<td>『종정연표』, 1882년 12월 30일</td>
<td>『고종실록』, 1882년 12월 30일</td>
</tr>
</table>

먼저 감생의 대상 기관은 종친부, 의정부를 비롯하여 전체 기관에 걸쳐 있으며 이 가운데 혁파 대상은 오위도총부 아문을 비롯한 16개 기관에 이른다. 비록 이들 전부가 정삼품(正三品) 관청에 국한된 나머지 상급 기관이 제외됨으로써 본질적이고 근원적인 개혁에 도달하지 못했지만 당시 각 기관의 반발을 고려할 때 나름대로 의지를 가지고 추진했음을 확인할 수 있다.[45] 또한 혁파 단계까지 이르지 못했지만 인원을 축소함으로써 재물의 낭비를 막을 수 있게 되었다. 나아가 기관들을 감생하는 과정에서 부세제도의 폐단을 야기하는 각종 진공과 상납 관례를 폐지함으로써 농민의 부담을 경감할 수 있는 계기를 마련했다는 점에서 감생의 의미가 적지 않았다. 〈표 10〉은 『고종실록』과 『종정연표』에서 추출한 감생 관련 공물, 부세 내역이다.

대체로 공계, 진상 등의 각종 잡세에 대한 감액을 추구했고 부세 운영의 부작용에 해당하는 정비(情費, 비공식적인 잡비)의 근절을 말하고 있다. 또 둔토를 비롯한 토지문제와 전선(戰船)을 비롯한 구식 무기류와 장비 등이 감생 내역에 포함되어 있었다. 비록 감생 액수가 적고 구조적인 개편이 수반되지 않아 효과는 미미할 수 있다. 그러나 조세 징수의 절차가 번잡함에 따른 중간 수탈을 줄일 수 있었으며 재원을 되도록 호조로 귀결시키려는 시도를 엿볼 수 있다.

이러한 시도는 암행어사 활동과 일본 시찰을 벌였던 어윤중이 현실에서 가능한 범위 내에서 긴급하게 혁파하거나 조정해야 할 항목들을 뽑아 추림으로써 가능했다. 또한 이러한 개선 방안을 마련하는 데는 그의 절친 김윤식의 도움 역시 적지 않았다. 그도 청년시절부터 유신환의 제자로서 일찍부터 조세개혁의 필요성을 절감한 터여서 어윤중과 호흡을 맞추어 이러한 방안을 마련했던 것이다. 예컨대 이듬해 1월 17일 감생청에서 조선 후기 지방군제를 떠받치는 영장 제도가 유명무실화되는 현실에서 본읍 수령이 겸대케 하여 관하각읍의 징수를 폐지하자는 주장이 나왔는데 영장제 혁파는 일찍이 김윤식이 주장했다.[47]

그러나 당시 어윤중은 국내에서 활동할 형편이 되지 못했다. 이미 감생청이 설치되기 이전인 10월 12일에 서북경략사로 임명된 터였다.[48] 그로서는 국내 개혁도 중요하지만 임오군란 수습책의 일환으로 국경의 안정이 시급했다. 그리고 12월 10일 서북경략사로 차출된 이상 조청국경 문제에서 나아가 국내 변경 문제를 본격적으로 해결하고자 했다. 서북경략사의 임무는 이제 서북수륙통상 이외에 평안도, 함경도의 수령장부(守令贓否)를 염찰하고 고을의 폐단을 바로 잡는 것이었다. 이 점에서 서북경략사는 대외적으로는 문의관의 역할을 하면서도 대내적으로는 어사나 다름없었다.[49] 다행히 1883년 12월 22일 기무처 기능과 함께 삼군부의 기능마저 통합해 통리군국사무아문이 설치되었다.[50] 이때 그는 참의통리내무사무에 소속했으며 정3품 예조참의로 승진했다.[51]

이때 잠깐 어윤중은 외가가 있는 수원에 소분(掃墳) 일로 휴가를 내고 내려갔다가 1월 20일에 한양으로 올라왔다.[52] 평상시 소분 시기가 아니라는 점에서 종6품 부사과에서 정3품 예조참의와 직제학으로 승진한 일을 두고 조상들에게 기쁜 소식을 알리기 위해 조상의 산소를 찾아 깨끗이 하고 제사를 지낸 것으로 보인다.[53] 그리고 상경하자마자 이미 예정되어 있던 서북경략사 임무를 수행하기 위해 한양을 출발했다.[54]

그러나 감생청 개혁이 본격화하기도 전에 개혁에 대한 반발이 확산되어 갔다. 당장 전주이씨 종친 쪽에서 불만이 터져 나오기 시작했다. 1883년 1월 14일 어윤중이 수원에 내려간 사이에 인창군 이면영은 공신들의 자제를 관리하는 충훈부와 충의위 문제를 거론하면서 "500년 동안을 내려오는 금석(金石)과 같은 법을 파괴하라"는 조치로 간주했다.[55]

당시 황현은 자신의 저술에서 그 정경을 다음과 같이 서술하고 있다.

감생청을 신설하여 어윤중을 구관당상으로 임명하였다. 그는 무슨 일에든 정확하고 숙련된 솜씨를 발휘하여 군국(軍國)의 불필요한 인원과 비용을 감하였고, 또 감해서는 안 될 것도 감한 경우가 있었다. 그런데 왕가의 종척들과 액정서(掖庭署)에서 종종 특지(特旨)를 빌려 겨우 감한 것이라도 다시 복원하였으므로, 그 일은 당연히 번거롭기만 하였다.
그러나 그는 더욱 고집을 부려 원망을 사는 것도 두려워하지 않았으므로, 그를 헐뜯는 사람들은 그를 '전직각(田直閣)'이라고 하였다. 그 이유는 '어(魚)' 자의 머리와 밑에 점을 생략하면 '전(田)' 자가 되기 때문이다. 다른 모든 일도 감할 수 있는데 성(姓)의 획이라고 감하지 못할 것이 어디 있겠느냐는 것이다.
그는 출입을 할 때도 말고삐를 잡는 졸개 하나도 없이 채찍 하나만 들고 다녔다. 하루는 그가 종가(鍾街)를 지나고 있는데, 어느 절름발이 한 사람이 그의 뒤를 따라가며 "소인이 발 하나가 길어 걷기가 매우 불편하니 영감님께서 짧게 감해 주십시오"하고 외쳤다. 그러나 그는 못들은 척하고 빨리 지나갔다.[56]

어윤중은 기득권층의 반발에도 불구하고 당당하게 개혁을 추진하면서 '전직각(田直閣)'이라는 별호까지 얻었다. 이러한 묘사는 당시 기득권층의 감생청 개혁에 대한 반발이 적지 않았음을 보여준다.

어윤중이 서북경략사로 떠날 즈음에는 감생청의 개혁에 대한 반발이 절정에 이름에 감생청은 공물제도 개선안을 제외하고 제대로 된 개혁안을 제시하지 못한 채 일반인들의 무관심 속에 1883년 5월 1일 철폐되었다.[57] 당시 어윤중은 자신의 중점 사업이었음에도 불구하고 철폐 소문마저 들을 수 없었는지 일지에 감생청 철폐 소식을 적지 못했다. 그로서는 예상했던 일이었는지 모른다. 이제 어윤중에게는 지방개혁을 통해 개혁의 필요성과 가능성을 동시에 입증해야 하는 임무가 떨어졌다.

서북경략사가 되어 변경을 안정시키다

조선 역사상 최장기 시찰 기록

어윤중은 서북경략사로 출발하기 직전 1월 28일 고종을 만났다. 그의 임무는 전술한 바와 같이 1882년 조청상민수륙무역장정의 부속장정을 체결하는 한편 지방 수령을 감찰하고 민간의 폐단을 해소하는 일이었다. 그리고 그의 직명은 서북경략사(西北經略使)로 명명되었다. 경략사란 나라를 경영하고 다스리는 벼슬아치라는 뜻으로 조선역사상 보기 드문 직책이었다. 고종은 서북경략사의 주요 업무를 지시하면서 성과를 기대했다. 다음은 고종과 어윤중의 대화이다.

고종 : 금번의 행은 개시통상의 일이니 다른 일과 다르다. 각별히 임금의 명령을 받들어 그 뜻을 백성들에게 잘 알리는 것[對揚]이 좋다.

어윤중 : 소신은 내려간 뒤 그들[청국인]과 함께 잘 헤아려 좋도록 실행하여 나아가며 만일 민간에 뼈를 자르는 폐막이 있으면 우선 장계를 올리고 나서 그 폐막을 제거하겠습니다.

고종 : 환곡일은 어떻게 구별하겠는가?

어윤중 : 이것이야말로 민간의 뼈를 자르는 폐막인즉 이들 일에 마음을 두지 않을 수 없습니다.

고종 : 녹둔도는 본래 우리나라 지형이다. 그러한즉 금번의 행은 잘못된 일을 바로 잡는 여부가 될 수 있다.

어윤중 : 이 섬은 중국 혼춘계(琿春界)와 서로 경계하고 있으며 사이에 두만강이 있습니다. 이것은 바로 잡기가 용이한 일입니다.

고종 : 6진민호(六鎭民戶) 중 강동(江東)으로 옮겨간 자들도 불러와 안무(安撫)하는 것이 가능할 것이다.

어윤중 : 백성의 종화(從化)는 물이 아래로 내려가는 것과 같습니다. 삼가 마땅히 성덕(聖德)을 널리 퍼뜨려 안생낙업(安生樂業)의 방법으로 보게 한다면 자연스럽게 돌아올 것입니다.

고종 : 이번 행은 먼저 의주부를 경유하는즉 언제쯤 관북에 도착할 수 있는가?

어윤중 : 날짜로 노정을 계산하면 아마도 3월 10일경에 도착하지 않을까 합니다.

고종 : 단천부는 이미 주전소를 설치한즉 두루 살펴 검사함이 좋을 듯하다.

어윤중 : 그 사세를 보고 그로 하여금 작업을 시작하고 즉시 상계하여 주달하겠습니다.

고종 : 그렇게 하라.

어윤중 : 오로지 적임자인 수령을 얻을 뿐입니다.

고종 : 이번 행은 어사의 관례에 따른즉 수령의 장부(贓否)를 자세히 살펴 민막을 제거할 것이다.

어윤중 : 멀리 떨어져 있는 선비와 어리석은 백성은 변명을 하며 복종하지

않으니 전래한 폐막은 오로지 적임자인 수령을 얻지 못했기 때문입니다. 만약 법으로 구원하고 소매를 걷어붙이고 혁파할 방법이 있다면 마땅히 한마음으로 임금의 명령을 받들어 널리 알리겠습니다.

고종 : 실심(實心)으로 실행하여 나가 나의 뜻을 보좌하는 것이 좋겠다.

어윤중 : 신의 재주와 학식이 얕고 짧으나 무거운 임무를 메고 있어 불안을 견디지 못하겠습니다.[58]

당시 고종은 청국과의 통상 문제와 함께 함경도 환곡, 녹둔도 문제, 주전소 문제 등을 거론하면서 이 문제를 해결하라고 지시하고 있다.[59] 그 점에서 서북경략사 임명에는 청국과의 통상 문제를 넘어서 외세의 침략에 대비하여 서북 지역을 안정시키고자 하는 의도가 배어 있었다. 어윤중 역시 서북 지방의 이런 문제에 착념하여 어사로서의 업무도 수행하고자 하는 의지를 보여주고 있다.

어윤중은 1883년 1월 28일 한양을 출발한 뒤 그해 10월 20일 새벽에 한양에 도착했으니 장장 9개월 가까운 기간에 북부 지역을 대부분 시찰한 셈이다.[60] 조선시대 역사상 최장기 시찰이다. 어윤중의 서북 경략일정을 『종정연표』에 입각하여 구성하면 다음과 같다.

出京(1월 28일) → 臨津 → 松都 →

2월
金川餠廛 → 平山南川 → 瑞興屛巖 → 鳳山劍水 → 新南店 → 黃州 → 中和 → 平壤 → 順安 → 肅川館 → 安州 → 嘉山 → 定州 → 宣川加馬里 → 鐵山館 → 馬尾院 → 義州 → 中江 → 雪柳館 → 中江, 雪柳館 → 西湖洞 → 統軍亭 →

3월
中江 → 白馬山城 → 所串館 → 西林鎭 → 鐵山館 → 宣川 → 定州 → 納淸亭 → 嘉山 → 博川舊鎭 → 安州 → 濱水院 → 順川 → 殷山 → 淡淡亭 → 成川溫湯店 → 成川降仙樓

4월
長林店 → 可倉店 → 陽德罷邑 → 院倉店 → 高原山谷社 → 院項店 → 高原 → 永興 → 定平 → 咸興 → 林洞院 → 洪原 → 平浦驛 → 北靑 → 居山驛 → 侍中臺 → 利原松堂驛 → 谷口驛 → 端川 → 磨谷驛 → 城津鎭 → 臨瀛場 → 古站驛 → 明川 → 雲威院 → 朱村驛 → 永康驛倉 → 鏡城 → 輸城驛 → 富寧 → 古豐山鎭 → 會寧 → 高嶺下乙浦 → 防垣鎭 → 鍾城 → 潼關鎭 → 永達堡, 柔遠鎭 → 穩城 → 美錢堡, 黃柘坡堡 → 訓戎鎭 → 慶源府

5월
豆滿江 → 琿春 新城長 → 安原堡 → 乾原堡 → 阿山堡 · 阿吾地堡 → 慶興 → 雄基 → 赤島 → 西水羅堡宿 → 造山堡 → 撫夷堡 → 慶興 → 阿山堡 → 慶原 → 黃柘坡堡 → 穩城 → 永達堡 → 鍾城

6월
高嶺鎭 → 會寧 →

7월
古豐山鎭 → 富寧 → 輸城驛 → 鏡城 → 永康驛 → 長連湖上村家 → 看羊島 → 八景臺 → 明川 → 七寶山開心寺 → 阿倉店 → 吉州 →

8월
甲山 → 北靑 → 大圓嶺下上八里 → 大同社(端川地)新卜里 → 大同倉女眞德 → 石窟 → 周樓溝(甲山地) → 銅店 → 鎭東堡 → 甲山 → 虛麟站 → 三水 → 惠山鎭 → 掛弓亭 → 雲寵堡 → 舊鎭 → 甲山 → 虛麟站 → 熊耳社 → 地境站 → 厚治嶺上 → 泥谷社 → 北靑 → 仁洞店 → 洪原 → 德山店 →

9월
咸興 → 至樂亭 → 定平 → 金坡院 → 永興 → 高原 → 文川驛店 → 德源 → 元山館所 → 釋王寺 → 南山站 → 淮陽 → 金城子午峴 →

10월
籠巨里 → 砥平 → 金城 → 望巖 → 金化, 豐田驛 → 永平梁門 → 抱川松隅 → 楊州樓院 → 入京(4일)

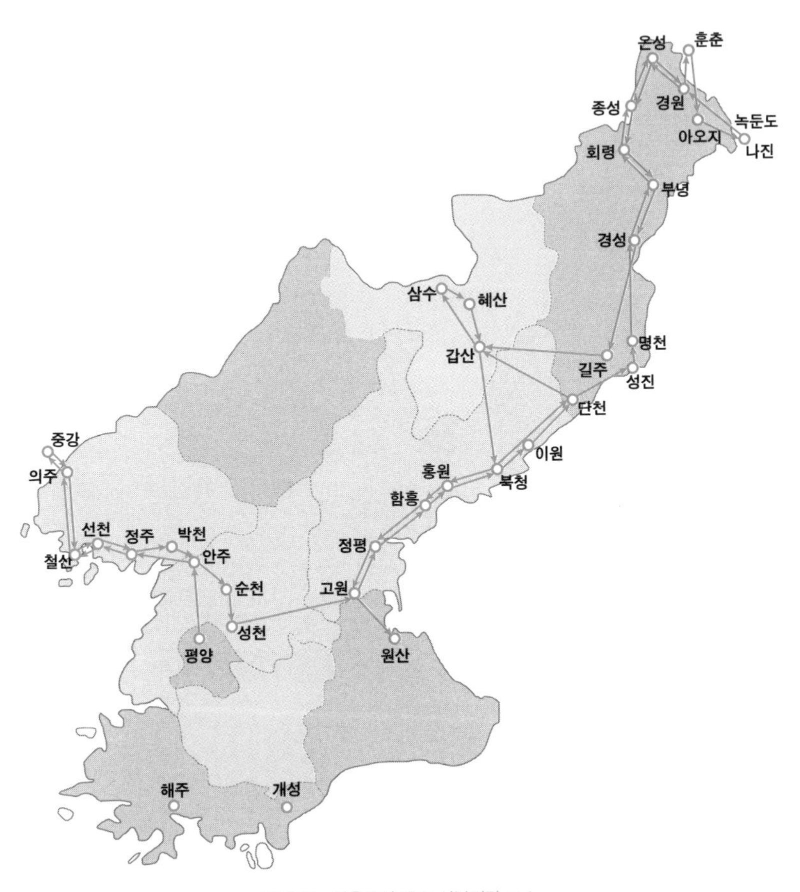

그림 17 어윤중의 주요 서북경략 코스

서북경략사로서 8개월 남짓 거쳐 간 고을만 50여 곳에 이를 정도로 어윤중은 평안도, 함경도 각지를 순시했다. 이 과정에서 험준한 고개를 넘어야 했고 압록강과 두만강을 연거푸 건너가 청국 관료들과 통상 사안과 국경 문제를 논의했다. 그리고 중강무역장정과 회령무역장정을 체결했다. 특히 어사로서의 역할도 수행해야 했으므로 이 지역의 재정과 부세 폐단을 개선하는 절목 등을 제정, 반포했다. 특히 환곡을 영원히 혁파하여 토지에 부과하는 파환귀결(破還歸結) 조치를 단행했다. 그러나 이러한 역정(歷程)은 매우 힘들었으므로 청국 관리 팽광예(彭光譽)와 회령통상장정을 체결한 6월 6일 밤 마진(痲疹, 홍역)을 앓아 다음날 팽광예와 작별도 제대로 하지

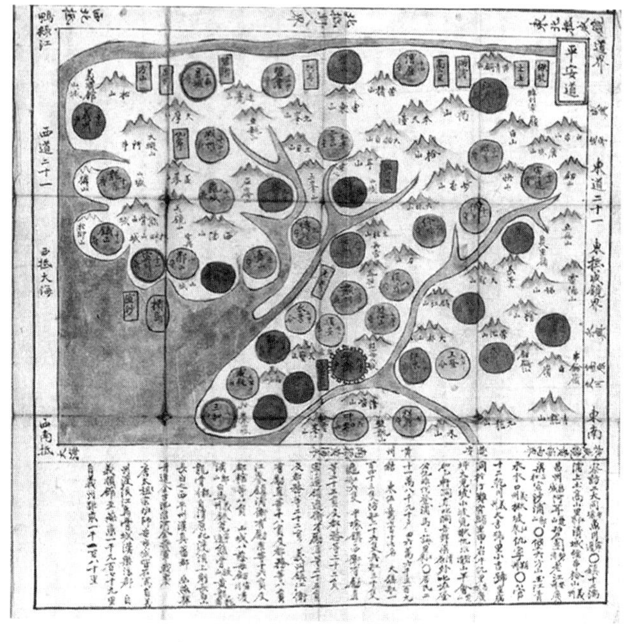

그림 18 『팔도지도』(평안도)(육군박물관 소장)

못했다.[61] 이어서 6월 13일 말라리아[瘧疾]로 위태로운 지경에 이르러 7월 초까지 몸져누워야 했다.[62] 조선 역사상 이러한 장기간에 걸친 험난한 순찰 행위는 없었던 만큼, 위험 수위가 높았던 것이다. 그럼에도 어윤중은 자리에서 털고 일어나 정해진 일정대로 다음 행선지로 이동했다.

정부는 8월 1일 어윤중이 서북경략사로서 임무를 마치기도 전에 참의군국사무로서 종2품 품계인 가선대부(嘉善大夫)로 특별 승진시켰다.[63] 조정에서 어윤중의 공적을 치하하는 조치였다. 이어서 8월 5일 길주에서 갑산으로 가는 도중에 선공감 소속 9품으로 공사를 감독하는 감역(監役) 맹영재를 만나 길동무를 했다.[64] 그와 맹영재의 만남은 예사로운 만남은 아닌 듯하다. 훗날 맹영재는 어윤중의 힘으로 지평(오늘날 경기도 양평의 일부 고을) 현감이 되었다.[65] 그가 동학난 때 지평과 홍천 동학농민군을 진압하는

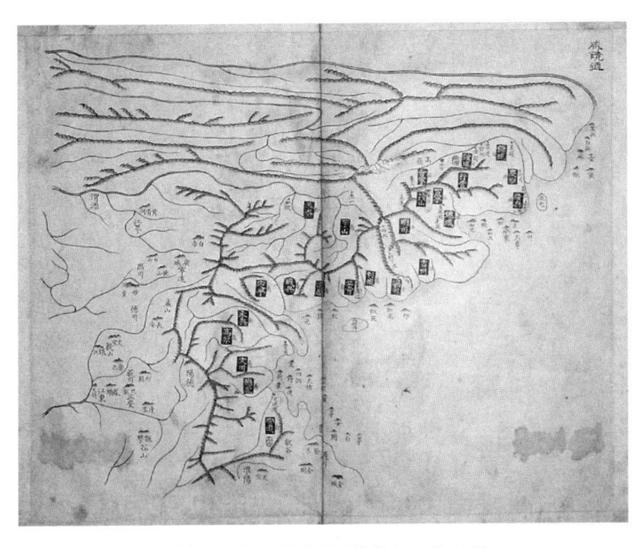

그림 19 『팔도지도』(함경도)(육군박물관 소장)

데 공을 세웠기 때문이다.[66] 그러나 맹영재는 1896년 단발령을 반대하고 명성왕후 시해 복수를 위해 일어난 의병들에 의해 어윤중의 '개화지졸(開化之卒)'이라는 이유로 부하에게 피살되었다.[67] 그가 어윤중과 친교하지 않았더라면 반개화 의병운동에 동참하여 살아남았을 것이다. 새옹지마의 역설이 여기에 통할 줄이야.

또 8월 8일에는 어윤중을 협판군국사무에서 정부 당상으로 임명했다.[68] 9월 19일에는 어윤중의 공로를 인정하여 그의 삼대 조상을 추증하기로 결정했다.[69] 부친 어약우는 종2품 이조참판, 조부 어명능은 정3품 이조참의, 어재상은 정3품 사복시 정으로 추증되었다.[70] 그로서는 자신의 노력이 인정받는 동시에 함종어씨 가문의 영광이 재현된 것이다. 개인적으로 보나 가문으로 보나 서광이 비추기 시작했다.

통상 개정

어윤중은 이미 문의관으로 청국에 파견되어 조청상민수륙무역장정 체결에 관여한 바가 있어 후속 작업이라 할 중강통상장정(봉천여조선변민교역장정)과 회령통상장정(길림조선상민변시무역장정) 체결에도 관여해야 했다. 조청상민수륙무역장정의 제2관에서 "책문, 의주의 양처와 훈춘, 회령의 양처에 개시장을 설하고 양국 변민으로 하여금 왕래, 무역하게 한다."고 규정되어 있으나 중앙 차원에서 지방의 실정을 구체적으로 파악할 수 없어 상세한 장정은 양국에서 파견한 사람이 실지로 변계를 답사한 후에 상의하도록 되어 있었기 때문이다.[71] 예컨대 세칙, 금수품, 통상지역의 한계·세액징수 방법·범죄처리 등에 관한 것은 본 장정 내에 명시되지 않았다. 특히 종래 청국과 진행해 오던 국경지대의 호시(互市)무역이 밀무역을 조장했고, 개시(開市)에 소요되는 경비부담으로 인하여 변경 지역민의 부담이 과중했기 때문에 조청상민수륙무역장정을 보완할 필요가 있었다.

한편, 개시를 기화로 두만강 하류 일대에 러시아 세력이 만연하여 조선 국방에 위협을 가하자, 조선 정부는 개시를 폐지함으로써 러시아의 위협을 미연에 방지할 필요가 있다고 생각했다.[72] 따라서 조선 정부의 변계지방 답사는 주요한 사안이었다.

어윤중은 2월 10일 의주에 도착하여 동변도도윤(東邊道道尹) 진본식(陳本植)에게 서신을 보냈으며 의주부윤 조병세(趙秉世)와 더불어 중강에 가서 진본식과 장석란(張錫鑾), 왕탁(汪卓) 등과 함께 답사한 후, 7차례나 되는 회담을 거쳐 3월 14일 중강통상장정을 의정(議定)했다.

이들 청 측은 조청상민수륙무역장정 의정에서 조선 측에 양보한 사정이 많다는 점을 실책으로 여겼기 때문에 양국 간에 통상장정 체결을 엄격하게 집행하고자 했다. 이들의 목적은 청의 체통을 과시하는 동시에 종속관계를 더욱 확고하게 유지하려는 것이었다. 청은 1883년 6월 6일 팽광예를 보내어 회령통상장정을 체결했다. 당시 서북경략사로 파견되어 있던 어윤중이 장정협상에 주도적인 역할을 담당했다.

이후 중강통상장정(中江通商章程)은 조청상민수륙무역장정 제5조에 입각하여 양국 변경의 청상과 조선 상인들의 수시무역을 위하여 고종 20년(1883) 12월 3일 청국 2품관 진수당과 조선국 서북경략사 어윤중의 정식 체결로 성립되었다.[73] 이 장정을 봉천여조선변민교역장정(奉天與朝鮮邊民交易章程)이라고도 한다. 이에 따르면 장정의 주요 내용은 다음과 같다.

① 육로무역은 조선과 청의 상인에만 한정하고 다른 나라는 여기에 포함되지 않는다(1조).

② 중강 이외에서의 교역을 금하고, 특히 봉천성 내 각처에서의 여행을 금한다(2조).

③ 압록강 이내 평안도 근방 각처 하구로서 제품관어(祭品官魚)를 잡는 곳에서는 어선왕래 및 민간인의 사포(私捕)를 금한다(11조).

④ 중강 책문 이외의 공도(貢道)에서 상인의 상품판매를 금한다(11조).

⑤ 양국 간에 교섭문제가 있을 경우, 조선은 청을 상국 또는 천조라 부르고 청에서는 조선을 귀국이라 부른다(2, 3조).

⑥ 변경의 교역에 세관을 설치하고 불순물을 조사하고 세금을 징수한다(7조).

①을 비롯한 대부분의 조항이 조청 양국의 육로 통상은 여타 외국과의 관계와 무관하게 오로지 양국에만 적용되는 특수 관계임을 전제하고 있다. 이는 속방체제를 유지하는 가운데 양국의 통상을 유지하려는 의도였다. 다만 ⑤는 조청상민수륙무역장정의 3관과 비교할 때 조선 측의 양보가 매우 컸음을 보여준다. 즉 조청상민수륙무역장정 3관에서는 조선 어부든 청국 어부든 어로 행위가 가능하다고 한 반면에 중강장정에서는 '중국에서 제물과 관용 물고기를 잡는 곳'이라고 하여 오로지 청국 어부만이 어로가 가능하다고 규정한 것이다. 다만 봉천성의 반대에도 불구하고 청국 중앙정부의 방책과 어윤중의 설득으로 세관이 설치되었다.

이처럼 장정 체결로 책문에서 철따라 진행하던 무역을 이미 중강에 옮겨 수시로 하는 무역으로 고쳤으므로 종래에 봄과 가을에 날짜를 정해 철

따라 진행하던 무역은 일절 중지되었다. 그러나 이러한 국경무역은 이미 쇠퇴를 예고하고 있었다. 조청 간 해상무역이 흥성하고 있는 데다가 실제 조선에서 원산과 부산 두 항구가 개항되었기 때문이다.[74]

한편 회령통상장정은 1884년 5월 26일 중국 길림과 조선 사이에서 정식 체결되었다.[75] 이를 길림여조선상민수시무역장정(吉林與朝鮮商民隨時貿易章程)이라고도 한다. 이 과정에서 어윤중은 회령, 경원, 종성 등 지역의 상황을 조사한 후 1883년 5월 14일부터 청국 측 관원과 빈번하게 만나고 개시처를 답사하면서 협상을 진행하여 도문강 내 양국 상인이 개시할 처소를 정했다. 회령장정 체결에 관한 담초(談草)는 아직 발견되지 않아 구체적인 교섭 과정을 알 수 없지만 내용이 중강장정과 대동소이하여 중강장정보다 쉽게 체결되었을 것이라 추정된다. 다만 봉천성 근처에 있으며 청 왕조의 발상이라 할 조종능침지(祖宗陵寢地)와 러시아 국경 근처로 여행함을 금한다(2조), 구르카(庫爾客, 또는 庫甫喀), 경원호시를 폐지한다는 것(3조)이 새로 추가되었다.

따라서 중강 · 회령장정은 조청상민수륙무역장정에서 미처 다루지 못했던 내용을 보완하는 데 그쳤을 뿐, 무역의 형태 및 방법에서도 종전보다 나아진 것이 없다. 그리고 무역지역의 한정으로 말미암아 교역대상의 범위가 축소되었으며, 관잡(關卡, 일종의 세관)의 설치 및 군비의 강화 등으로 무역활동을 한층 더 위축시켰다. 그러나 조공책봉에 입각한 정기 공무역에서 수시 사무역으로 발전할 수 있는 계기를 마련했다는 점에서 의미가 적지 않았다. 요컨대 청국의 강경파에 밀려 조공사행이 옛날 방식대로 지속되었음에도 불구하고 수시로 진행하는 무역 체제가 성립된 것이다.

국경 획정을 위한 감계 활동으로 두각

어윤중이 서북경략사로 임명받고 출발하기 전에 고종과 어윤중 사이에서는 국경을 조사하는 감계(勘界) 문제가 대단히 중요한 문제로 논의되었다. 그리고 서북경략사 임무를 마치고 돌아올 즈음 어윤중은 김윤식에게 보낸 편지에서 감계에 대한 그의 심정을 다음과 같이 피력했다.

> 서북시역변통(西北市易變通, 중국과의 육로 통상) 문제는 본래 우리 쪽에서 먼저 발의한 것이어서 아마 발의를 바꾸기는 곤란할 것입니다. 그러나 눈으로 직접 보는 것이 귀로 듣는 것과 다르므로 편의에 따라 조약을 보완하려고 한다면 무엇이 감히 불가능하겠습니까? 토문(土門, 토문강)과 도문(圖們, 두만강)에 대해서는 이전에는 구별이 있지 아니하였는데, 접때 중국과의 왕복공문을 보고 비로소 우리 백성들이 떠돌아다니다가 기거한 곳이 실로 도문 북안으로, 아직 우리 경계 안에서 나가지 않았음을 알게 되었습니다. 목극등이 세운 정계비가 확실하게 그것을 입증하고 있습니다. 그러한즉 그렇게 나눈 구역에 따라 관리를 두어 나누어 다스릴 따름입니다. 어찌 쇄환하는 일을 논할 필요가 있겠습니까? 다만 북관(마천령 이북 함경도) 수령이 이를 걱정하는 것을 보고 문서를 저쪽 변경의 지방관에게 보냈지만, 아직 저쪽 변경 지방관의 회답, 그들 변경 지방관이 말한 바가 무엇인지는 받아보지 못했다는 것입니다. 오대징이 북양대신을 돕기 위해 바야흐로 천진에 주재하게 되었다고 합니다.[76]

이에 따르면 어윤중은 두만강 이북의 일부가 우리 땅임을 전제로 하여 그곳 조선인들을 쇄환(외국에서 유랑하는 동포를 데려오는 일)할 생각을 하고 있지 않음을 보여준다. 1882년 청 예부가 조선 정부에 길림의 조선인 유민을 쇄환하라고 자문을 보냈고 조선 정부가 이 유민들을 쇄환하겠다고 회답한 터였다.[77] 그런데 어윤중은 당시 국경의 실태를 조사하고 문헌 검토를 거친 다음 오히려 두만강 이북의 땅이 조선의 영토임을 확신하고 쇄환을 거부하고 있는 셈이다.

나아가 어윤중은 감계의 의미를 되새기면서 이 땅을 되찾겠다는 의지를, 이중하가 청국과 공동 감계를 마친 이후인 1886년 12월 30일에 김윤식에게 보내는 편지에서 다음과 같이 밝히고 있다.

> 보내주신 첨부 문서는 모두 보았습니다마는 분계강은 지도와 비문을 한번 보면 이미 확실한 증거가 있으니 우리가 이치로써 다툴 수 있습니다. 한 자를 얻든 한 치를 얻든 모두 왕토이니 이것을 가리키는 말입니다. (노나라가 제나라에게 빼앗겼던) 문수 남쪽의 땅과 구산 북쪽의 땅을 되찾았으니 그 공이 큽니다. 『문헌비고』와 『동문휘고』 두 책은 제가 잠시 관청에 출근할 수 없는 까닭에 갑자기 논변하는 글을 우선 지어야 합니다. 부탁드리건대 나이가 어린 주사로 하여금 그 두 책을 빌려 베낀 다음 보내주십시오. 초본이 도착하거든 비록 며칠 안이라도 다시 마땅히 귀 댁에 보내드리겠습니다.[78]

어윤중은 청국의 압박에도 굴하지 않고 "이야기를 주고받는 도중에는 힘써 논리로 이기고 말솜씨가 유창해야만 할 것이며, 저들이 내뱉거나 토하는 말은 한 마디라도 놓쳐서는 안 될 것"임을 강조했다.[79] 이후 이 지역을 탐방한 감계사들은 어윤중의 이런 당부에 귀를 기울여 청국 관리들의 발언을 하나하나 꼼꼼하게 기록했다.[80] 또한 6월에는 경원과 온성 두 곳의

지방관에게 명령을 내려 하급 무관을 유민들이 있는 훈춘 등지에 파견하여 그 상황을 살피도록 했다.[81]

청이 이처럼 토문강을 두만강이라고 주장하던 터에 두만강 북쪽에서 개간하며 살던 조선인 유민들이 어윤중에게 다음과 같이 호소했다.

> 우리들이 개간한 땅은 토문 이남으로, 지난날 성조 황제께서 경계를 지을 때 우리나라 땅이라고 구획한 곳입니다. 근거로 삼을 수 있는 비석도 있고 증명할 수 있는 지도도 있습니다. 두만강 이북에 경계로 삼은 다른 강이 있습니다. 저희들이 하는 말에는 명백한 증거가 있으니, 지방관이 사람을 보내 조사해보면 확증이 있음을 알게 될 것입니다.[82]

또 1883년 4월 경 종성군 향산(響山)에 거주하는 김덕은(金德殷)은 토문강 이남과 두만강 이북 사이에 사는 월경 주민들의 불안한 처지를 언급하며 이들을 안정시키기 위해서는 분계강을 조선과 청국의 국경선으로 획정해 줄 것을 청원했다. 어윤중은 답변하길 "백성을 위한 영토 확장과 백성들의 살림살이를 유족하게 하는 것에 힘을 기울이지 않을 수 없다[爲民廣土裕食之方 豈可不盡心]"고 하면서도 "너희들의 강계(壃界)는 한계가 있으니 갑자기 거행하기에 어렵다."는 사정도 단서로 붙였다.[83]

이에 어윤중은 종성(鍾城) 출신으로 당시 동행했던 김우식(金禹軾) 등을 파견하여 정계비에서 말하는 토문강의 상류를 시찰하게 한 뒤 도문강이 송화강 상류라고 판단했다.[84] 즉 김우식에게 백두산의 분수령에 가서 실지를 답사하여 조사토록 하고 청국 강희 연간 총관(總管) 목극등(穆克登)의 정계비기(定界碑記) 탑본(榻本)을 확보하는 동시에 토문강의 원류를 답사

그림 20 1910년대로 추정되는 백두산 정계비. 1931년 만주사변 후 일제에 의해 사라졌다.

하도록 했다. 그 결과 변민들의 호소하는 내용과 일치함을 확인했다.

어윤중은 같은 달 종성부사에게 돈화현(敦化縣)에 조회(照會)하도록 했다. 이때 민간인들의 말을 근거로 토문강(土門江)·분계강(分界江) 이남 구도이모(舊圖移摸, 옛 지도 모사본)·신도(新圖, 새 지도)와 백두산분수령정계비 탑본 각 1부씩을 송부케 하여 마땅히 사실(査實)·감정(勘定)하되 강희연간에 획정한 강계에 따르도록 상호간에 사람을 파견하여 먼저 백두산정계비를 답사하여 토문강 발원지를 조사하고 이어서 계한(界限)을 사명(査明)하며 강토를 변별(邊別)할 것을 요구했다.[85] 그러나 청국 측에서 이를 거부하여 양국 간의 국경 획정 논의는 더이상 진척되지 못하고 1883년 6월 6일에 체결된 회령통상장정 제1조에서 볼 수 있듯이 "양국의 변지(邊地)는 토문으로 경계를 삼는 바"와 같이 애매한 문장으로 양국의 국경을 다시 한 번 확인하는 것으로 그쳤다.

훗날 종성부사 김우식은 귀환보고에서 토문강은 두만강의 원천이 아니라 송화강의 상류임이 명확하다고 했다. 어윤중은 이 사실을 정부에 보고

했을 뿐만 아니라 종성부사에게 지시하여 청 측이 회답하도록 했다.[86] 이후 임오군란을 거쳤음에도 내수자강론을 펼쳤던 함경도 출신 부호군 지견룡(池見龍)은 어윤중의 감계 활동을 상찬하면서 국경 확장을 주장했다.

내용이 장황하지만 간도땅이 조선의 영토임을 뒷받침하는 근거를 들면서 향후 한중관계의 난점을 해소하는 방안을 제시하고 있어 관련 내용을 인용하면 다음과 같다.

> … 국경을 넓히는 일에 대해 소견을 말씀드리겠습니다. 신이 살고 있는 두만강(豆滿江)의 북쪽과 백두산의 아래에 있는 분수령(分水嶺)을 기준으로 동쪽, 남쪽, 서쪽으로 1천여 리 둘레의 기름진 땅은 바로 선덕(宣德) 연간에 관북절제사(關北節制使) 김종서(金宗瑞)가 강토를 개척하여 울타리를 세운 땅입니다. 지금 경원부(慶源府) 동북쪽에 있는 700리와 선춘령(先春嶺) 이남의 둘레 2천여 리 둘레의 땅은 바로 고려 때 시중(侍中) 윤관(尹瓘)이 고을을 세우고 성을 쌓은 땅입니다. … 분수령의 정계는 비단 김종서의 사업이었다고 야사(野史)에만 실려 있을 뿐만이 아닙니다. 강희(康熙) 계미년(1703, 숙종29) 5월, 중국의 오랄총관(烏喇總管) 목극등(穆克登)이 황제의 칙서를 받들어 변지(邊地)를 조사하면서 돌을 깎아 비석을 세우고 새기기를, '서쪽은 압록강이고 동쪽은 토문강(土門江)이다.'라고 하였습니다. 그러니 이는 우리나라에서 마음대로 세운 것이 아니요 실로 중국에서 경계를 정한 것으로, 척촌(尺寸)의 땅도 공도(公道)로 분할한 땅이 아닌 것이 없습니다. 그런데 까닭 없이 그것을 상국에 돌려준 것은 본디 예가 아니며, 까닭 없이 포기하고 받지 않는 것 역시 의가 아닙니다. 그 땅을 순시하고 사실을 채집한 자는 바로 작년 서북경략사(西北經略使) 신 어윤중(魚允中)입니다. 이제 만약 우리 백성들을 몰

아넣어 장애 없이 그 땅을 차지한 채 씨앗을 뿌려 중국에 신의를 보이면, 반드시 다시는 말을 하지 못할 것입니다. 만약 이것을 실천하지 않는다 하더라도 근거할 만한 것이 셋이요, 증빙할 만한 것이 하나입니다. 종성(鍾城) 건너편의 온성(穩城), 유원진(柔遠鎭)의 접구(接口)인 감토산(甘土山) 아래에 강이 있는데, 분계강(分界江)이라 합니다. 중국에서 그 북안(北岸)에다 세관(稅關)을 세웠으며, 분계강은 토문강의 다른 이름입니다. 따라서 경계가 여기에 이르러 그침을 알 수 있습니다. 이것이 그 근거의 하나입니다. 종전에는 회령(會寧)에서 개시(開市)할 때에 중국 상인들이 화물을 싣고 돌아가는 길에 반드시 우리나라 백성과 소를 이용해서 그들 경계까지 호송하게 하였는데, 만약 중로에서 교대해 수송하려고 하면 저들이 반드시 우리나라 사람을 책망하기를, '토문 이서가 너희들의 한계이다.'라고 하였으니, 둘째 증거입니다. 두만과 토문은 그 음이 서로 비슷한 것으로 말하자면, 목 총관이 변방을 조사하는 날에 왜 비석을 두만강 언덕에 세우지 않고 토문강 상류 분수령 아래에 세웠겠습니까. 그 셋째 증거입니다.

경흥(慶興) 건너편 나선동(羅鮮洞), 해삼위(海蔘葳), 추풍(秋豐) 등 1천여 리 땅은 러시아에 속해 있습니다. 러시아는 중국과 화목한 의(誼)도 없고 또 교병(交兵)한 일도 없었는데, 어떻게 판도(版圖) 안의 땅을 이처럼 용이하게 점령하는 것을 허락 받았겠습니까. 더군다나 우리나라는 중국과 옛날부터 협화(協化)의 의리가 있고 또 생소한 땅이 아니니, 설사 생다지로 떼어 새로 개척했다 하더라도 이치를 들어 간청하면 부득이 허락하지 않을 수 없는 형세이고 정의(情誼)로 보더라도 냉담할 수 없을 것입니다. 그리고 땅은 저들이 떼어 준 땅이요 비석은 옛날에 새긴 전자(篆字)이며, 또 천백 년 동안 버려 둔 땅이어서 중국으로 보면 허락해 주어도 손해 볼 것이 없고 1천여 리의 땅을 차지하는 것은 우리나라로서는 이익을 얻게 됩니다. 그래서 피차 주인이 있는 물건이 되고 비용을 쓰지 않고도 은혜를 베풀게 되니, 중국에서는 무슨 말로 시행하기를 아낄 것이며 우리나라로서는 무엇이 풍부하다고 그 이익을 포기하겠습니까. 우리나라와 중국은 국경을 접하고 있는 형세이니, 요즘 중국 군사가 가까이 훈춘(琿春)에 주둔하고 있을 즈음에 우리가 이 땅을 개간하여 군사를 양성함으로써 저들에게 일이 있을 때 도와준다는 뜻으로 무신(武臣)을 위임해 보내 꾀를 내어 협상하게 한다면 우리나라가 차지하는 것을 금하지 않을 듯합니다. 더군다나 이처럼 세계 각국이 크고 작은 나라를 따지지 않고 교섭하는 날을 당하여 당당한 천승(千乘)의 우리나라가 다른 사람에게 꿀릴 것이 무엇이기에 계전(階前)에 실려 있는 것을 무단히 앉아서 잃겠습니까. 삼가 원하옵건대 전하께서는 중국에 자문(咨文)으로 진달하되, 한 번의 자문으로 되지 않으면 두 번째 자문을 보내고, 두 번의 자문으로 되지 않으면 세 번째 자문을 보내는 식으로, 열 번의 자문을 보내서라도 얻기를 기필하여야 합니다.[87]

여기서 주목할 점은 지견룡이 어윤중의 감계 활동을 계기로 고려 시기 윤관의 동북 9성과 조선 전기 김종서의 동북 6진 개척, 숙종대 백두산 정계비를 근거로 내세우며 조정이 국경 문제에 관심을 가질 뿐만 아니라 토문강을 송화강 지류로 비정하여 이남 쪽에 조선 주민을 이주시켜 영토로 삼을 것을 주장하고 있다는 것이다. 특히 지견룡은 큰 나라와 작은 나라가 공히 주권국가임을 인정하는 만국공법 시대임을 전제하고 정부의 주민 이주 조치가 조청간의 갈등을 야기하는 게 아니라 러시아에 맞서 조청간의 군사적 연대를 강화하는 계기로 삼을 수 있다는 점을 강조하고 있다. 이러한 국경 확장 노력과 조청관계의 새로운 모색은 어윤중이 단서를 마련해 주었다고 하겠다.

한편, 어윤중은 함경도 주민들이 기아와 수탈로 두만강를 건너가다가 월경죄로 처형되는 상황을 눈으로 직접 보고 월강죄를 폐지했다.[88] 그 사연은 이러하다.

어윤중이 종성부 수항루(受降樓)에 올라 두만강 대안을 보고 있을 때 꼬불꼬불한 오솔길를 발견하고 종성부사에게 "저건 무슨 길인고?"하고 물었다. 종성부사는 "백성들 저승 가는 길이라고 하나이다. 월경죄는 목을 친다고 했으니 저승길이 아니겠나이까?" 종성부사의 답변이었다. 이에 어윤중은 월강금지령을 폐지하고 그들에게 경작권을 주어 강북으로의 이주를 승인하라고 촉구했다.[89]

그러나 이러한 구전은 허구에 가깝다. 왜냐하면 『종정연표』에 따르면 어윤중은 수항루에 올라가지 않았다. 그리고 이 시기에 청국 관리와 공동으로 감계하기 위해 강을 넘어가 일을 처리하느라 바빴고 다음날에는 회령부로 이동했기 때문에 월경 문제를 다룰 짬이 나지 않았다.[90] 그럼에도 이러한 월경죄 폐지는 신빙성이 있어 보인다.[91] 당시 청국 역시 러시아의 남하에 맞서 주둔군에게 식량을 공급하기 위해 조선인의 개간이 필요했다는 점을 인지한 터였다. 그리하여 청국은 이미 봉금령을 폐지하고 1881년 훈춘에 초간총국(招墾總局)을 설립하고 소와 식량을 제공하여 조선인 주민을 끌어들이면서 속내는 조선 정부가 자신의 유민을 거두어들이는 것을 바라지 않았다.[92]

그 밖에 어윤중은 고종의 지시를 받아 녹둔도를 방문했다. 녹둔도는 일찍이 『세종실록지리지』에 언급된 이래 이순신 장군이 조산(造山) 만호로 있으면서 둔전을 경략하고 여진족의 침입을 막고자 했던 조선의 영토였으며 이후 조선의 지도에 표기될 정도로 국토방위의 군사적 요충지였기 때문이다.[93] 나아가 영정조대에 함경도 개발이 본격화되면서 녹둔도는 조선 주민들이 들어와 개간하기 시작했다. 러시아가 1860년 청국과 베이징조약을 체결하면서 녹둔도는 러시아령으로 넘어갔으나 조선 정부는 이 사실을 몰랐고 문제를 제기하지도 못했다.[94] 그러다가 러시아의 남하 시책에 당면하면서 녹둔도를 회복하고자 노력했다. 예컨대 어윤중이 서북경략사로 떠나기 직전에 김광훈과 신선욱을 밀사로 연해주 지역에 파견하여 이곳의 군사시설, 우리 교민의 실상, 지역의 형세, 주요 산물들을 조사하여『강좌여지기(江左輿地記)』를 편찬했다.[95] 여기에 실린 녹둔도의 경우, 다른 지역과 마찬가지로 마을의 넓이와 가구호수, 생업, 교육상황, 주민들의 조국애 등을 기재했다.

그리하여 어윤중은 녹둔도의 조산에 올라가 지형을 조사하여 섬 동쪽이

그림 21 1830년대 녹둔도 지형
출전: 김정호,「청구도」

흘러가는 모래가 쌓여 러시아 땅과 붙어 있음을 확인했다. 아울러 섬 주민들이 모두 조선인이고 다른 나라 사람이 없음도 파악했다. 그리하여 어윤중은 복명할 때 고종의 하문에 답하여 이런 사실을 보고하면서 녹둔도가 조선의 땅이라는 점을 명확히 했다. 이른바 속인주의에 입각하여 녹둔도가 조선의 영토임을 강조한 셈이다. 이후 이중하는 조선 정부의 이런 방침에 입각하여 1885년 청국 관리와 공동 감계할 때 녹둔도가 경흥부의 소속임을 강조했다.[96] 후일 대한제국 정부는 1903년 녹둔도 목장감리로 김대순을 임명했다.[97]

어윤중은 이미 조정에서 논의된 바대로 조청 무역이 수시 무역으로 변경됨에 따라 나타날 제반 문제의 파생을 예방하기 위해 평안도, 함경도 주민의 안녕을 도모해야 했다. 이러한 조치는 단지 순찰에 그치지 않고 이 지역의 제반 폐단을 제도적으로 바로잡아 주민들의 월경을 최대한 예방하는 것이었다. 그가 서북경략사로 불린 이유도 이 때문이었다.

서북경략사로서 어윤중의 업적은 크게 세 가지로 나누어 정리하면 다음과 같다.

군사제도 및 군사재정개혁

함경도와 평안도의 북방 변경에 있던 각 진(鎭)은 흔히 진보(鎭堡)라 칭했다. 이 진보는 복설된 평안도 폐4군과 함경도 변경 지대의 요충지를 방어할 목적으로 설치되었다.[98] 그러나 병자호란의 여파와 정성공의 난으로 긴장 관계에 있었던 양국 관계가 영조 때 이래 안정 국면에 접어들었으며 19세기 중반에 들어와도 이러한 현상이 유지되고 있었다.[99] 따라서 어윤중이 서북경략사로 평안도에 왔을 때에는 청국이 이미 현을 설치하고 초소를

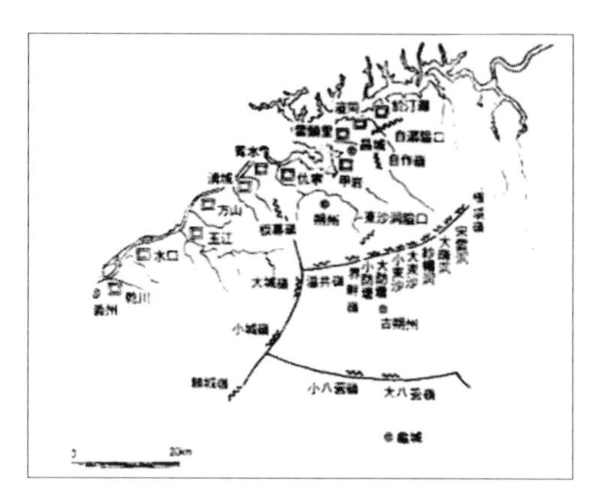

그림 22 압록강 일대의 관방 현황

출전: 차용걸, 「兩江地帶의 關防體制 硏究試論 – 18世紀以後의 鎭堡와 江灘把守의 配置를 中心으로」, 『군사지』 1, 1980, 121쪽.

철수한 상태였고 조선 역시 이러한 관계 변화에 따라 봉화 시설을 둘 필요가 없어 조선 변경의 진보도 거의 영락해졌다.[100] 이에 어윤중은 평안도 국경지대를 순찰하고 일부의 진보를 통폐합했다.

우선 평안도 위원 · 초산 · 벽동 · 창성 · 삭주 등지에 흩어져 있던 18개의 진보를 폐쇄했다.[101] 〈표 11〉은 진보의 통폐합 현황이다.

표 11 평안도 진보혁파(鎭堡革罷) 현황

종래의 진보	혁파 대상
위원(渭原)	짓동(㕩洞)과 갈헌동(乫軒洞)
초산(楚山)	산양회(山羊會)
벽동(碧潼)	광평(廣坪), 대파아(大坡兒), 소파아(小坡兒), 소길호리(小吉號里), 추구비(楸仇非)
창성(昌城)	대길호리(大吉號里), 묘동(廟洞), 운두리(雲頭里), 어정탄(於汀灘)
삭주(朔州)	구령(仇寧)
의주(義州)	청수(靑水), 방산(方山), 옥강(玉江), 수구(水口), 건천(乾川)

출전 : 『고종실록』 권20, 고종 20년 1883년 4월 4일. 『종정연표』, 1883년 5월 5일.

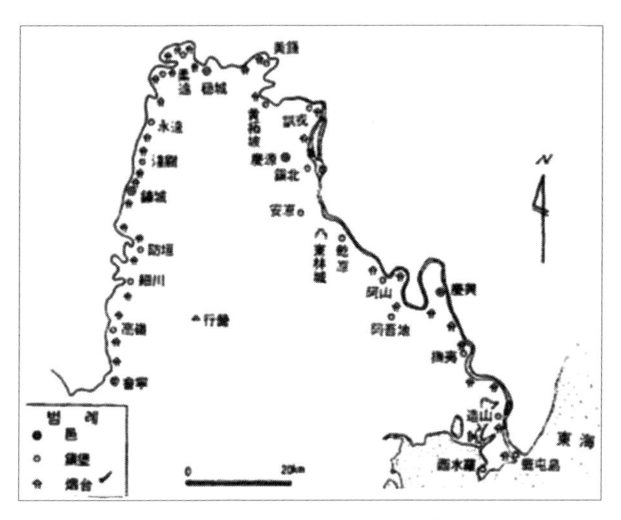

그림 23 두만강 일대 일대의 관방 현황

출전: 차용걸, 「兩江地帶의 關防體制 硏究試論 – 18世紀以後의 鎭堡와 江灘把守의 配置를 中心으로」, 『군사지』 1, 1980, 126쪽.

표 12 함경도 진보의 통폐합 현황

종래의 진보	통폐합 진보	혁파여부
경흥(慶興)의 아오지(阿吾地), 조산((造山)	조산	
경원(慶源)의 건원(乾原), 아산(阿山	아산	
온성(穩城)의 미전(美錢), 황척파(黃拓坡)	황척파	
온성의 영달(永達), 유원(柔遠)	유원	
종성(鍾城)의 방원(防垣), 동관(潼關)	동관	
단천(端川)의 이동(梨洞)		혁파
갑산(甲山)의 진동(鎭東), 운총(雲寵), 혜산진(惠山鎭)	혜산진	
삼수(三水)의 나난(羅暖), 인차(仁遮)	인차	
소농(小農)과 구갈파지(舊乫坡知)	갈파지진	

출전 : 『비변사등록』, 고종 20년 1883년 11월23일(음)

이어서 함경도의 여러 진보도 지역의 특성과 재정 절약을 염두에 두고 통폐합했다. 무엇보다 진보 시설의 운영에 따른 6진 주민들의 부담이 커서 월경이 자주 일어났기 때문이다. 힘경도 진보의 통폐합 현황은 〈표 12〉와 같다.

어윤중의 이러한 진보 통폐합은 당시 러시아의 남하를 염두에 둔다면 무모한 조치로 비칠 수 있다. 1860년 러시아가 베이징조약의 체결로 연해주로 내려와 조선과 국경을 마주한 이래 러시아의 통상 요구는 매우 위협적인 행위로 비쳤기 때문이다. 대원군 집권기 때인 1867년 1월 의정부에서 6진의 군비 공백을 우려하여 무기들을 내려보내기도 했으며 1872년 1월에는 함경도의 해방(海防)을 강화하기 위해 북병영에 인접한 독구미진에 진을 설치하기도 했다.[102]

그러나 어윤중이 순찰한 결과 백성들의 살림살이에서 나오는 재물만 축낼 뿐 별로 실효가 없다고 판단되는 진보 시설이나 관행은 과감하게 철폐했다. 그렇다고 이러한 조치가 방위력의 약화를 의미하지는 않았다. 그는 병사의 질을 제고·관리하고 군사 시설의 효율성을 극대화함으로써 국방력을 강화하고 백성들의 부담을 경감하는 데 힘썼다. 물론 이 과정에서 어윤중은 지방관리들과 충분한 협의를 거친 뒤 장계를 통해 보고한 다음에 지시를 받아 실행했다.

우선 북병사(北兵使)의 행영(行營) 이동 주둔이 육진(六鎭) 등의 고을에 많은 부담을 주는 데다, 변경 방어에도 실효가 없다고 판단하여 이 관행을 폐지했다.[103] 또한 훈련도감(前訓練都監)이 모곡(耗穀)을 취해 만든 돈 또는 꿩깃 대신 무는 돈을 남병사군영(南兵使軍營)으로 이관하여 연군(鍊軍)의 군비로 충당하도록 했다.[104]

한편, 어윤중은 군사력의 확충을 시급한 과제로 여겼다. 당시 조선 정부는 러시아의 침탈을 몹시 경계하고 있었던 터라, 북쪽 지방의 병력문제는 중요할 수밖에 없었다. 어윤중은 의주 백마산성(白馬山城)에 모인 시골 무인 자제 150명이 병학(兵學) · 산수(算數) · 활쏘기 · 말타기 · 보행하는 법을 사사받고 있던 사정을 전하며, 벼슬을 하사할 것을 청했다.[105] 또 함경도에서는 250명을 남병영에 모집해 놓고 훈련을 시켰다. 이들 새로 모집한 군사를 옛날의 제도대로 호분위(虎賁衛)와 충무위(忠武衛)로 개칭(改稱)하여 구별하는 뜻을 보이며 장령(掌令)은 위장(衛將)이라고 부르고 병사(兵士)는 위사(衛士)라고 불렀다. 특히 주목할 점은 해마다 우등을 한 사람을 뽑아 병조에서 사정(司正), 사맹(司猛), 사용(司勇) 등의 직첩(職牒, 임명장)을 하사하고, 과거 합격 여부를 떠나 모두 승진할 수 있는 조건을 부여했다. 이러한 조치는 신분적 군사제도에서 벗어나 능력에 따른 지위를 부여함으로써 군사들의 사기를 진작시키고 군사력을 강화하고자 할 목적으로 취한 방안이었다.

어윤중은 이처럼 청과의 관계를 매개로 새로운 통상관계를 수립하려는 현실적이고 융통성 있는 태도를 보임과 동시에 내실을 다져나가는 과정에도 소홀하지 않았던 유능한 관료였다.

조세제도 개편과 재정개혁

어윤중은 함경도의 큰 폐단으로 환곡문제를 지적하면서, '파환귀결'을 통해 재원을 합리적으로 확보하려고 했다. 이에 어윤중은 정부에 다음과 같이 건의했다.

> 관북거민(關北居民)의 큰 폐해는 환자인데 6진 등의 고을은 안무사가 이미 영을 내려 영원히 정지시켰습니다. 그러나 나머지 18개 고을은 옛날의 제도를 답습하고 있어 백성들이 안거하지 못하고 유망하는 자가 심합니다. 관서례(關西例)대로 영영 중지시키고 군영과 고을에서 이자를 받아 썼던 것은 다 토지면적이나 가호들에 적당히 배당할 것을 조정에 청합니다.[106]

이러한 구상은 1865년 '관서례'와 1876년 김유연의 '육진례'를 근간으로 삼아 파환귀결 방식을 함경도 전체로 확대시키는 것이었다.[107] 우선 관서례는 평안감사 홍우길이 지방관아 재정의 위기를 해소하기 위해 환곡을 없애고 그 이자분을 토지와 호구에 부과하는 방안이었다. '육진례' 역시 1876년 김유연이 안무사로 파견되어 함경도 최북단에 위치한 6진 관아의 환곡을 없애고 탕감하는 가운데 그 이자분을 토지에 부과하는 방안이었다. 어윤중 역시 이러한 선례를 적극 살려 함경도 일대로 확대하고자 했다. 어윤중의 이러한 방안을 1883년 계미년에 시행하였다고 하여 '계미사례'라고 부른다.

경략사의 이러한 요청에 따라 의정부에서도 환곡문제의 심각성을 인식하고 환곡이자로 지출에 충당하는 방식 즉 취모보용(取耗補用)을 영원히 정지시키되 지출에 소요되는 환곡이자를 토지와 호구에서 대신 지급하기로 결정하고 절목을 작성토록 했다.[108] 그 결과 환곡 운영 과정에서 야기되는 중간 수탈과 온갖 폐단을 줄일 수 있었다. 물론 토지세라 할 결가(結價)는 증가했다. 문천군의 경우, 밭 6량, 논이 7량이었는데, 계미사례에서는 밭이 11량, 논이 12량으로 결정되었다.[109] 이러한 결가의 증가는 환곡의 이자를 토지에 부과하여 산정한 결과로 보인다. 아울러 가호에도 호구세라 할 호렴전(戶斂錢)을 부과했다. 덕원부의 경우, 매호 5냥씩이었다.[110] 다른 항목의 세목은 폐지되고 화폐로 환산되어 결호전 세입에서 충당되었다. 토지와 호구에 근간하여 운영되는 이러한 간결한 부세제도는 훗날 갑오개혁기 결호전제도(結戶錢制度)의 원형을 보여준다.

그 밖에 지방관아가 재정을 충당하기 위해 백성들에게 고리대를 통해 이자를 받았던 식리전 등을 모두 혁파하고[111] 진상, 잡세 및 잡역 등을 혁파했다. 이런 조치들은 식리 활동을 통해 지방재원을 관행대로 마련했던 지방관아의 재원확보 방식을 전면 부정하고 있어 주목할 만하다.

이제 진상이나 잡역이 결호전(結戶錢)에서 마련되거나 혁파됨으로써 지방관아는 기존에 개별적이고 자율적으로 재원을 확보할 수 있는 재정권 행사에 많은 제약을 받기에 이른 것이다.

우선 재무담당 기구를 대동고 등의 일부 기구로 한정했다.[112] 이전까지 여러 재정기구들이 따로따로 운영되면서 백성들로부터 조세를 받던 방식을 폐기하고 일부 특정 기구가 재정을 전적으로 출납함으로써 재정 기구의 통일을 꾀하려 한 셈이다.

또한 향리의 불법적 수탈을 방지하고 민생의 안정을 도모하기 위해 군현의 기구를 정비하고 읍속을 정리했다.[113] 아울러 향리직을 사고파는 관례를 혁파하고 이제까지 지방 차원에서 자율적으로 지급되었던 향리의 봉급을 국가 차원에서 규정할 수 있는 선례를 제공한 셈이다.[114] 이러한 조치는 갑오개혁기에 국가차원에서 향리들의 봉급을 공식적으로 제정함으로써 이들 향리의 농민 수탈을 억제하는 데 보탬이 되었다. 1862년 임술민란 때 많은 식자층에 의해 향리 지급 규정이 제시되었지만 현실로 구현되지 못했다. 어윤중은 비록 함경도에 국한되지만 비로소 제도적 차원에서 이런 주

장을 실현시킨 것이다.[115]

한편 어윤중은 기존 향촌 재지세력이 주도하는 향청을 약화시키고 민의 의견을 반영하고자 했다.[116] 향청의 우두머리인 풍헌을 혁파했는가 하면 향리가 평민들이 거주하는 마을에 나가는 것을 억제한다든가 면임이 관아에 들어와 알현하지 않도록 취한 조치가 이를 잘 보여준다. 아울러 마을 전체에서 면임을 천거하여 선출하되 이들에게 수고료를 지급하도록 한 조치도 그러하다. 이러한 조치는 기존에 사족들과 향리들이 주도하는 향촌 운영 방식을 폐기하고 민인의 참여를 제한적이나마 보장한 시도였다.

어윤중의 이런 조치들은 함경도 사회에 영향을 미쳤다. 벼슬을 하지 않은 유생 즉 유학(幼學) 이면후(李冕厚) 등은 어윤중의 업적을 열거하면서 찬사를 아끼지 않았다.[117]

> 어윤중이 북방에 있을 때 간활한 자가 숨을 죽이고 탐오한 자는 두려워하였습니다. 각 고을의 관름(官廩)으로 말하면 신축(伸縮)의 차이가 있기는 하나 백성의 고락은 예와 지금이 아주 다릅니다. 이것은 백성의 복이 아니라 성상께서 사람을 알아보고 사람을 벼슬시킨 덕이 변방의 가난한 집에까지 두루 미친 것입니다.[118]

중간 수탈의 근원을 제거하여 지방관아 재정이 안정되면서 백성들의 생활도 나아졌다. 심지어 1898년 함경북도 신사(紳士)들은 어윤중이 친일파로 매도되어 비명횡사한 뒤에도 그의 공덕을 기려 제사할 정도였다.[119]

이와 같이 어윤중의 함경도 지방재정개혁은 지방민의 지지 속에서 재정문제에 국한되지 않고 지방사회 전반에 걸쳐 단행되었음을 확인할 수 있다. 그것은 1860년대 환곡의 폐단을 해결하고자 시행된 평안도 '관서례'의 의미를 한 단계 넘어 향촌지배체제 재편의 계기를 마련한 것이라 하겠다. 이러한 '계미사례'는 이후 기본적으로 견지되어 갑오개혁기 재정개혁의 근간이 되었다.

상업 진흥과 신식 학교 설립

어윤중은 상세(商稅)와 관련하여 세관(稅關)을 설치했다. 당시 두만강을 통해 거래되는 물량이 매년 1백만 전에 이르렀고 잠상배(潛商輩)들이 탈세를 일삼는 일이 많았기 때문이다. 1884년 6월 부호군 지견룡(池見龍)은 상소문에서 어윤중이 취한 정책을 지지하여, 감세관(監稅官) 지정, 각 연도(沿道)에 별도 세관(稅關) 설치, 도량형 교정(較正)을 제안하기도 했다.[120]

1879년 원산진 개항조약의 체결로 원산 개항이 결정되었고, 이듬해부터 원산이 개항장으로 이용되자, 항구 사무 처리와 분쟁에 대한 단속이 필요해졌다. 이를 덕원부사(德源府使)가 겸임하여 관리하도록 했는데, 당시 덕원부(德源府)는 원산(元山)과 멀리 떨어진 지역에 위치하고 있었다. 상업 관련 사무를 접수·처리하기 어렵다고 판단한 어윤중은 덕원부(德源府)를 원산(元山) 근처로 옮길 것을 주장했다.[121]

한편, 어윤중은 상업을 발전시키기 위해서는 이를 인적으로 뒷받침할 교육기관의 설립과 함께 무력으로 지원할 군사력의 확충이 필요하다고 판단했다. 그 결과 원산에서는 근대적 교육을 담당하는 최초의 학교를 설립하려는 노력이 전개되었다. 1883년 1월 새로 부임한 덕원부사 겸 원산감리 정현석(鄭顯奭)은 어윤중과 승지 정헌시(鄭憲時-원산항 통상 담당, 통리기무아문 주사)의 지원을 받았고, 이에 관민이 합심하여 원산학사를 설립했다. 곧이어 동년 8월 학교 설립을 정부에 보고하여 승인을 받았다. 이때 어윤중은 덕원부사 정현석, 승지 정헌시와 함께 원산학사 설립에 기금을 각각 10냥씩 출연했다.[122]

그의 신교육에 대한 적극적인 행보는 일본과 중국에 파견되어 서구 교육의 장점을 인식하여 그것을 부국강병의 기반으로 삼으려 한 의지에서 비롯되었다. 그는 조정의 다른 신하들과 달리 조선 국가가 전통적으로 견지해 온 유학 위주의 교육을 비판했다. 이에 향교를 강학(講學)이 가능하도록 재정비하고, 교영재(教英齋, 원산학사)를 신설해서 문예반과 무예반으로 나누고, 각각 경전(經典)과 병서를 먼저 가르친 뒤, 산수(算數)·격치(格致)·각양의 기기(器機)·농잠(農蠶)·광업 등과 같은 시무에 긴요한 내용을 가르쳤다.

요컨대 어윤중의 내수자강론은 통상과 교육이라는 양축에 근간을 두고 대외 현안들을 풀어가면서 대내 개혁을 추진하는 가운데 현실로 옮겨지고 있었다. 그것은 1880년대의 새로운 방향을 예고했다.

그림 24 개항기 원산항 전경

4 재기의 꿈을 꾸었으나

갑신정변의 유탄과 재기의 발판이 된 동학

어윤중과 급진 개화파의 동상이몽

어윤중이 1883년 10월 4일 복명하자마자 고종과 어윤중 사이에서는 서북 경략사로서의 활동에 대한 하문과 보고가 뒤따랐다.

고종 : 양변(兩邊) 행역(行役)이 이미 오래되었다. 잘 돌아왔는가?

어윤중 : 왕령이 함께하는 바이니 무사히 돌아왔습니다.

고종 : 경략은 지금 이미 잘 되었으니 따로 다른 일은 없었느냐?

어윤중 : 관북의 환곡 폐단은 오랫동안 생민들의 뼈를 잘라내는 폐막이었으나 성덕이 하늘처럼 크시어 특별히 영원히 환곡을 혁파하는 혜택을 입었습니다. 따라서 이로써 덕스러운 뜻을 널리 베풀어 백성으로 하여금 안도하게 하였습니다. 이루 만만히 흠앙을 다할 수 없습니다. 대대손손 이 칙령(飭令)이 영원히 준수된다면 백성들은 영원히 힘입을 것입니다.

고종 : 분계강 이내 경계 일은 어떻게 되어가고 있는가?

어윤중 : 두만강의 북쪽 또한 토문강의 발원이 있습니다. 따라서 신이 과연

다시 사람을 백두산 분수령에 보내 계한(界限)을 사심(查審)하였고 새로 정한 무역장정에서 명확하게 말해지지 않은 지방은 역시 이로 인하여 그러합니다.

고종 : 이 땅은 우리나라가 일찍이 강리(疆理)하지 못하였으나 중국 역시 알지 못한 바이냐?

어윤중 : 그곳은 중국의 땅이 아님이 분명합니다. 또한 증거가 될 만한 자료[援據]가 있으니 고려 시중 윤관이 공험진을 설치한 연고[故地]가 있는 땅입니다.

고종 : 녹둔도는 지형이 어떠하냐?

어윤중 : 이곳은 본래 우리나라 땅입니다. 신이 조산에 도달하여 지형을 사간(查看)하니 섬 동쪽이 흐르는 모래가 쌓여 있는 바가 되어 저쪽 땅과 경계가 붙어 있습니다. 그러나 섬에 사는 주민들은 모두 우리나라 사람입니다. 더 이상 타족이 없습니다.

고종 : 서북개시는 어떻게 되어 가고 있는가?

어윤중 : 의주는 신과 봉성병비도 진본식이 의정하였으나 주준(奏准, 아뢰어 승인을 받음)은 거치지 못하였습니다. 따라서 저들은 잠시 구례(舊例)에 비추고자 할 것입니다. 회령은 파원 팽광예와 더불어 장정을 의정하였으나 시역(市役)은 이미 전년도부터 정지되어 백성들이 이미 그것에 힘입습니다.

고종 : 관북 민정은 어떠한가?

어윤중 : 연래 백성들이 고향 땅에 편안히 살지 못해 유산자(流散者)가 뒤를 이었습니다. 지금 이미 백성에게 폐단이 되는 것을 제거하여 백성이 마땅히 점차 돌아와 모이고 있습니다. 또한 북민 모두 향상하고

자 하는 뜻이 있어 잘 이끌면 나라를 위해 힘을 내어 외세의 모욕을 막을 것입니다.

고종 : 서북 지방의 농사는 어떠한가?

어윤중 : 금년은 양 지방이 모두 무르익어 백성의 걱정을 펼 것이어서 심히 다행입니다.

고종 : 경이 바깥에 있는 기간이 열 달이군요.

어윤중 : 그러합니다.[1]

이 대화는 고종과 어윤중이 함경도 주민의 평안을 위해 환곡 혁파와 국경 조정에 관심을 가지고 임했음을 보여준다. 특히 어윤중이 서북경략사 출발 당시 고종의 지시에 따라 녹둔도를 조사한 다음 녹둔도가 러시아 영토에 붙어 있지만 거주자의 인종에 비추어 녹둔도가 조선의 영토임을 확신하고 있다는 것을 알 수 있다.

11월 3일에는 어윤중에게 병조참판 겸 호조참판이 제수되었다.[2] 이에 어윤중은 조정 논의에서 재정개혁의 필요성을 절감한 뒤여서 호조회계가 이치에 어긋난 것은 아닌지, 문서와 장부에 괴리와 착오가 있는지 사정(査正)할 것을 맡기자 장부 조사에 들어갔다.[3] 이제 어윤중에게는 재정개혁을 이루고자 하는 소망의 성취와 승승장구의 길만 남아 있는 듯했다.

한편, 서북경략사로서 각종 개혁안이 현지 건의를 통해 허락을 받았고 상경 뒤에 논의를 거쳐 승인된 일이 평안도와 함경도에서 실시되기 시작했다. 물론 함경도 병사들에게 탄환을 내려줄 것을 요망하는 건의는 한양의 군사재정을 염려해 수용되지 않았다.[4] 그러나 덕원부 관아의 원산 땅 이동, 평안도의 진보 통폐합, 함경도의 파환귀결 조치 등을 비롯한 시책은

대부분 수용되었다.[5]

그러나 어윤중의 노력은 현실에서 결실을 맺기에는 여러 난관이 따랐다. 우선 2월 중강의 마시(馬市)는 2월과 8월에 호시(교역)하는 구례를 따르라는 공문이 의주부윤을 통해 올라왔다. 이는 양국 관리의 교차 검토를 거친 새 장정을 폐기하는 처사였다.[6] 당시 이홍장의 온건 노선에 반대하는 청국 내 강경파들이 기존의 조청관계를 고집한 결과로 보인다. 곧이어 함경도 유생 이면후가 어윤중이 함경도에서 시행한 각종 개혁이 수포로 돌아갔다고 알리면서 어윤중을 도로 파견해 줄 것을 요청했다.[7] 어윤중의 개혁 방안에 반대하는 기존의 보수층들이 반발하기 시작한 것이다. 이면후는 어윤중이 한양으로 돌아간 뒤에 지방 사회에서 벌어지는 광경을 다음과 같이 묘사했다.

> 복명하는 행차가 철령(鐵嶺)을 넘어 돌아가기도 전에 여우와 같고 쥐와 같은 무리가 몰래 엿보고 간사하게 살폈습니다. 그래서 감사는 따라서 신칙하나 하리(下吏)는 겉으로는 행하는 체하고 속으로는 그만 두고, 수령은 이어서 준행하나 아속은 입으로는 옳다 하고 속으로는 그르게 여깁니다. 함흥(咸興) 이남의 고을들은 간리(奸吏)들이 난민(亂民)에게 부탁하여 구례를 회복할 것을 감영과 고을에 소청하고, 혹 어리석은 백성을 꾀고 위협하여 환곡(還穀)을 거두어들이기도 하고, 산협의 백성과 바닷가의 백성을 공갈하여 호전과 가결(加結)을 욕심내기도 하며, 서리의 숫자는 그대로 남아 있는 것이 자못 많고, 향임을 파는 일은 전례대로 아직도 남아 있습니다. 대개 백 년 동안 깊어진 폐단이 마치 불치의 병을 앓으면서 죽지 않고 잠시 양의(良醫)를 만났다가 양의가 떠나면 재발하는 것과 같습니다. 대저 어윤중이 새로 정식한

것을 각 고을에서 두루 행하지 못할 것은 아니나 머뭇거리고 행하지 못하는 까닭은 참으로 변하지 않는 법으로 판하(判下)되지 못하였기 때문입니다.[8]

지방 사회의 기득권 세력이 어윤중의 개혁 활동에 숨죽이고 있다가 한양으로 간 뒤, 다시 본성을 드러낸 것이었다. 황현의 경우, 어윤중의 활동에 대해 다음과 같이 평가했다.

어윤중을 서북경략사로 임명하였다. 그는 현실의 어려움을 깊이 생각하고 백성의 고통에 유의한 나머지 무릇 수탈에 관련된 일에 대해서는 일체 척결하여 깎고 감하기를 과감하게 하여 일시의 쾌감을 얻기에 힘썼다. 때문에 경략사의 임무를 마치고 돌아가기가 바쁘게 추진되던 일은 막혀서 시행되지 못했으며 혹 옛날에 비해 더욱 심해져서 백성에게 도리어 해를 끼친 일이 있다고 한다.[9]

어윤중이 이전에 벌였던 감생청 활동을 급진적이라고 비판한 가운데 서북경략사로 활동하면서 폐단을 과감하게 척결하려 한 나머지 오히려 후유증이 심했음을 지적하고 있다.

반면에 이면후는 어윤중의 개혁 활동이 중앙정부 차원에서 금석(金石)의 대전(大典)으로 뒷받침되어야만 효과를 볼 수 있다고 주장하면서 어윤중을 다시 보내줄 것을 요구했다. 그러나 기존 세력의 반발이 적지 않았던 까닭에 5월 9일 서북경략사의 임무가 끝났다는 이유로 관직도 감하되었다.[10] 물론 부호군(副護軍) 지견룡(池見龍)이 어윤중의 서북경략사 활동을 상찬하면서 변계 문제와 지방개혁의 지속을 요청했다.[11] 그러나 고종은 "망녕

되고 경솔한 말이 매우 놀랍다."고 하며 이를 거부했다. 당시 청의 내정 간섭 속에서 왕실이 위축되면서 개혁 분위기가 약해졌기 때문이다. 특히 지견룡이 이미 6월 6일 상소문을 통해 정부가 추진했던 당오전 주조의 문제점을 지적한 데다가 청국 상인의 한성개시를 비판함으로써 청국의 간섭을 받고 있는 왕실로서는 불편한 처지에 있었다.

정부의 이러한 어정쩡한 자세는 어윤중이 함경도 일대에 실시한 계미사례의 실시를 더욱 어렵게 만들었다. 수령과 향리들이 계미사례 이전으로 돌아가는 조치를 취하면서 함경도 주민의 불만이 커졌고 급기야 1892년 9월경 회령에서 민란이 일어나 관아 안팎의 건물들이 파괴되었다.[12] 회령 주민들은 조세 수탈에 반발하면서 고을 재정을 어윤중이 내린 계미사례에 입각하여 운영해 줄 것을 요구했다.[13] 이어서 12월 종성에서 농민들이 민란을 일으켰다.[14] 당시 함경도 농민들이 어윤중의 계미사례에 대한 기대가 매우 컸던 가운데 이러한 사례가 제대로 실시되지 않자 민란을 일으켰음을 확인할 수 있다.

한편 청국의 노골적인 내정 간섭에 반대하는 반청의식이 자라고 있었다.[15] 대원군 납치를 비롯하여 청군의 조선군에 대한 무자비한 학살, 북양육군의 진출에 따른 아산만 지역의 민가 피해, 한양 광통교 약국에서 일어난 청군의 조선인 살인 등이 일반 백성들의 가슴 속에 반청의식을 심어 주었다.

이에 김옥균 등의 급진 개화파는 오랫동안 준비해 왔던 정변을 실행하기 시작했다. 그들의 명분은 '반청독립', '개화진취'였다.[16] 이때 김옥균이 정변 일자를 확정할 수 있었던 것은 무엇보다 청군이 청불 전쟁으로 인해 태반이나 빠져나가면서 군사력으로 대응하기가 훨씬 수월하다고 판단했기 때문이다.[17] 일본공사관도 갑신정변을 돕기 위해 김옥균에게 병력 200명을 지원하기로 약속한 터였다.

그런데 당시 김옥균과 어윤중은 정변을 둘러싸고 아무런 교감도 나누지 않았다. 이미 임오군란 이후 청국과의 관계 설정에서 이견을 노출했기 때문이다. 어윤중은 청국 군함에, 김옥균은 일본 군함에 각각 승선하여 귀국했다. 이들은 인천항에서 만나 각자의 길로 갔다. 어윤중이 국내 정국의 조기 안정을 위해 청의 힘을 빌려서 대원군을 체포해야 한다고 주장한 반면에 김옥균은 일본의 힘을 끌어들여 임오군란을 진압하고자 했다.[18] 어윤중이 김옥균을 위해 후쿠자와 유키치에게 추천장을 써 줄 만큼 매우 긴밀했던 이들의 우정이 임오군란 대처를 둘러싸고 깨져버린 것이다.

마침내 갑신정변 11일 전에 어윤중은 한양에서 어떠한 일이 일어날지도 전혀 모른 채 경기도 안성으로 내려가고 있었다. 당시 어윤중은 5월 9일 서북경략사 업무를 정식으로 마쳤으나 고향에 내려가지 못했기 때문이다.[19] 이후에도 사정은 마찬가지여서 청군의 우두머리 고 오장경을 추모하는 제사를 비롯하여[20] 정조의 묘인 건릉의 봉심(奉審) 폐단을 살피러 화성을 다녀와야 했다.[21] 그 사이에 4대 독자나 다름없는 어영선(魚英善)이 6월 9일에 태어났다는 소식이 뒤늦게 전해졌을 것이다. 그는 10월 6일 선산을 찾는다는 핑계로 겨우 휴가를 얻어[22] 아들 영선을 보러 가는 생각에 들떠 있었을 것이다.[23] 어윤중의 나이 37살에 손이 귀한 집안에서 태어난 아들이라 기쁨은 매우 컸을 것으로 짐작된다. 당시 어영선 위로는 누나가 셋 있었음을 확인할 수 있다. 장녀는 1885년 2월 안동권씨 권도상(權道相, 1869년생)에게 출가했다.[24] 남편은 1891년 증광시에 진사 3등으로 입격했다.[25] 그리고 시부는 이조정랑을 지낸 권숙(權潚)이었다.[26] 차녀는 연백정씨 정운익(鄭雲

益)에게, 삼녀는 청송심씨 심성택(沈晟澤)에게 출가했다.

드디어 날씨가 쌀쌀하여 인적이 드물었던 1884년 10월 17일(양력 12월 4일) 9시 우정총국 낙성식이 열리던 도중에 정변이 발발했다. 어윤중은 정변이 일어난 지 이틀이 지난 10월 19일에서야 뒤늦게 소식에 접했다.[27] 그로서는 매우 충격적인 사건이었다. 그가 만일 갑신정변의 낌새를 알아차렸다면 결코 고향에 내려가지 않았을 것이다. 그만큼 김옥균은 청국에 대한 자세를 둘러싸고 어윤중과 갈라섰기 때문에 어윤중에게 언질을 주지 않고 비밀리에 정변을 도모했던 것이다. 어윤중 자신도 훗날 박영효의 부친 박원양 시신 매장과 관련하여 모함을 받을 때 "김옥균(金玉均)과 박영효(朴泳孝)와 같은 여러 역적들이 불행히도 관리의 반열에서 나왔는데 이들은 바로 온 나라 부녀자와 어린아이들까지 공동의 원수로 여기는 자들입니다."

그림 25 민영익(앞줄 왼쪽에서 네 번째) 일행이 갑신정변 즈음에 촬영한 사진. 앨범을 들고 있는 서광범 외에 유길준, 홍영식, 김옥균 등이 보인다.

라고 할 정도로 정변을 역적들의 반란으로 규정하였다.[28] 물론 본인 자신이 박원양의 시신을 묻어주었던 딱한 사정을 소명하기 위해 정변을 의도적으로 폄하할 수 있다. 그러나 무엇보다 김옥균과 어윤중의 청국을 대하는 태도가 서로 상이했음을 눈여겨 봐야 한다. 즉 김옥균은 청국과의 기존 관계를 청산하고 주권국가로 나아가되 일본의 도움이 필요하다고 인식한 반면에 어윤중은 당시 청군이 조선에 주둔하고 있는 현실에서 기존의 관계를 유지하면서 점진적으로 개혁을 추진하고자 했던 것이다.

양자의 이런 차이는 어윤중이 경략사 임무를 마치고 돌아와 기무처에서 업무를 보던 1884년 1월 초 어윤중과 윤치호의 대화에서 잘 드러난다. 정변의 조급성을 비판했지만 갑신정변의 지향을 지지했던 윤치호는 조선을 야만의 나라로 규정한 반면에 어윤중은 "우리나라는 야만을 면한 지가 오래되었다."라고 했다.[29] 이에 윤치호가 야만과 개화의 구별은 인의와 잔혹의 차이에 있다며 조선은 법을 통해 백성을 수탈하고 해친다고 반박하자 어윤중은 "어째서 말이 그렇게 어리석으냐."라고 재반박했다. 어윤중은 개화 소장파들이 시사를 알지 못하고 정치를 가벼이 여긴다고 판단했기 때문이다. 이러한 대화는 양자가 전통 조선과 현재의 조선에 대한 평가에서 갈렸고 이후 전망을 달리했음을 분명하게 보여준다.

어윤중은 본인의 진술대로 10월 20일 새벽 부리나케 한양으로 출발했다.[30] 『대한계년사』의 저자 정교(鄭喬)는 어윤중이 김옥균의 정변 계획을 알고 민태호에게 알리려 갔으나 민태호가 거드름을 피우며 면담을 기피했다고 서술하고 있다.[31] 그러나 『종정연표』에 따르면 그는 안성으로 내려가고 있어서 이런 정보를 얻기가 어려웠다는 점에서 정교의 진술은 착오로 보인다. 물론 『종정연표』를 액면 그대로 신뢰할 수 있는가라는 문제가 남는다.

그러나 어윤중이 만일 민태호 집을 방문했다면, 통리군국사무아문에서 같이 근무했던 관계와[32] 양자 공히 친청파로 인식될 정도로 청군의 힘을 의식하고 있는 현실론자라는 공통점에 비추어 민태호가 어윤중을 만나고자 하지 않았겠냐라는 또 다른 반박에 부딪힌다. 정교 자신도 민태호가 자기 사람이나 친한 사람은 안방이라도 불러들였다고 기술하고 있다. 따라서 어윤중은 고향에 내려가고 있었다고 보아야 하겠다.

어윤중이 한양으로 올라온 10월 22일 당시 정변은 3일 만에 청군에 의해 진압되고 주도자 중 김옥균, 박영효 등 일부가 일본에 망명한 뒤였다. 이미 상황이 끝난 뒤라 후폭풍이 몰아쳤고 어윤중은 이를 수습해야 했다. 무엇보다 그는 상경 도중에 선혜청 제조로 임명되었다.[33] 당시 갑신정변으로 이 자리가 비었기 때문이다. 그리고 22일 한양에 올라오자마자 고종이 머물고 있는 동대문 근처 하도감 행재소에 입시했다.[34] 이날 어윤중은 김윤식과 함께 정부유사당상으로 차출되었다. 당시 어윤중은 사건의 전말을 들어 훗날 『종정연표』에 기술했다. 특히 이날 한양의 군인과 민간인이 일본인들을 원수같이 여겨 만나면 모두 죽였고 김옥균 등 급진 개화파의 저택들을 파괴했음을 덧붙였다.[35] 그리고 11월 7일 호조참판으로 임명되었으나 13일 재정 위기 속에서 참판의 임무를 수행하기에는 역량이 모자람을 이유로 들어 사직 상소를 올렸다.[36] 그러나 고종은 그의 능력을 높이 사 호조참판직을 수행할 것을 명령했다. 이듬해인 1885년 1월 어윤중이 다시 사직 상소를 올려 결국 그만두었다.[37] 다만 공인들과 시전상인들을 관할하는 공시(貢市) 당상으로서는 활동했다.[38] 2월에 들어와 또다시 사직 상소를 올렸다. 장녀 혼사로 10일 거리에 있는 고향 보은에 다녀와야 했기 때문이다.[39] 이번에도 고종은 사직을 허락하지 않고 어윤중에게 선혜청 당상을 맡겼다. 그러나 4월에 들어와 어윤중이 시행했던 시가상납(時價上納)이 백성들의 부담을 늘린다는 구실을 내세워 견삭(譴削, 견책하여 삭직함)의 형전이 내려졌다.[40] 경기감사가 상정가로 대납하도록 한 조치와 대립하면서 어윤중이 처벌을 받은 것이다. 당시 어윤중은 재정 위기를 극복하기 위해서는 조세 행정의 합리성을 기하는 차원에서 경기 지역부터 돈으로 대납하되 시가에 맞추어 상납할 것을 요구했던 것이다.[41] 그러나 많은 대신들이 어윤중의 방책에 반대하면서 어윤중이 오히려 견삭을 받기에 이르렀다. 당시 감사들은 물가 변동에 유의해 농민들에게 시가로 조세를 수취하고 중앙에 상납할 때에는 시가보다 낮은 상정가로 환산하여 납부함으로써 그 차액을 차지해 왔기 때문이다.[42] 어윤중은 이런 조세 행정의 난맥을 바로잡고 국가재정을 확충하고자 했으나 많은 신료들의 반대로 좌절하게 된 것이다. 물론 어윤중의 이러한 해임을 두고 당시 청국으로부터 통치권의 제약을 받았던 고종이 청국과 친한 어윤중을 경계했다는 해석도 나올 수 있다.[43]

그럼에도 고종은 어윤중의 행정적 처리 능력을 신뢰했기 때문에 곧이어 그의 죄를 사하고 형조참판으로 임명했다.[44] 이에 많은 관료들이 문제를 삼자 어윤중은 선혜청 재직 시 견삭을 이유로 형조 참판직을 사직하고자 했다.[45] 물론 이번에도 고종은 사직을 허락하지 않았다. 당시 어윤중의 반대파들은 그의 재정개혁을 못마땅하게 여기면서 그를 축출하고자 했으나 어윤중은 고종의 신뢰 속에서 한성부 우윤, 승지, 한성부 좌윤 등을 역임했다.[46]

한편 청국의 북양대신 이홍장이 원세개를 파견하여 내정간섭을 본격화하자 고종을 비롯한 왕실과 민씨 세력이 반발했다. 당시 청국은 전통적인 조공 책봉 관계에서도 조선의 자주권을 인정했던 관례를 깨고 조선의 내정에 적극 관여했기 때문이다. 특히 왕실이 이른바 러시아를 끌어들여 청국의 간섭을 거부한다는 이른바 인아거청책(引俄拒淸策)의 일환으로 추진했던 조아밀약(朝俄密約) 노력이 원세개의 방해로 실패로 돌아가면서 이들 세력은 청과 연계된 인사들에 반감을 가졌다.[47] 1886년 4월 10일 대사간 허직(許稷)이 상소를 올렸다.[48] 김옥균과 관련된 인물들을 처벌할 것을 요구하면서 박영효 부친 박원양을 묻어준 인물들도 처벌하라는 요구였다. 여기에는 어윤중과, 러시아를 견제하기 위해 대원군을 귀국시키는 데 노력한 김윤식이 포함되었다.[49] 어윤중은 김윤식과 함께 갑신정변 직후 박원양이 추위와 굶주림으로 죽어 있는 사정을 알고 그를 매장해 주었기 때문이다. 결국 어윤중은 김윤식과 함께 숭례문 바깥에서 처벌을 기다리게 되었다. 사간원과 사헌부 양사에서도 계속 상소를 올리며 처벌을 요구했다.[50]

얼마 후 고종은 독판교섭통상사무 김윤식과 좌승지 어윤중을 여러 차례 궁궐로 불렀으나 계속 나오지 않았다.[51] 이들이 도성 밖에 거적을 깔고 엎드려 천벌이 내려지기만을 기다리고 있은 지가 100일이 지나고 있었다.[52] 이전에 대사간 허직을 비롯한 대간들의 규탄이 한창 벌어지고 있는 상황에서 박원양을 묻어준 사람으로서 처분을 기다리고 있었던 것이다. 그런가 하면 어윤중은 자신들을 김옥균 등과 연계시키는 상소 내용을 무고라고 비판하면서 자신이 박원양의 시신을 묻어준 이유를 다음과 같이 소명했다.

> 신의 죄는 바로 박영효의 아비를 묻어 준 일입니다. 이 일이 이미 성토하는 소장에 올랐으므로 지적하여 탓할 바가 없다고 할 수 없으니, 신은 기꺼이 그 죄를 받아야 할 것입니다. 그러나 만약 상소의 내용에서 운운한 것처

럼 김옥균(金玉均)과 박영효 등 여러 역적의 무리에 뒤섞어 귀결시킨다면, 신으로서는 진실로 몹시 가슴 아프고 뼈가 에이는 일이니, 기어이 법리(法吏)를 마주하여 진술해 속마음을 세상에 다 드러내고 싶었습니다. 그런데 엄한 명이 거듭 내려져 정적(情跡)이 더욱 위축되다 보니 부득이 죽음을 무릅쓰고 사실을 자백하지 않을 수 없게 되었습니다. 삼가 바라건대, 밝으신 성상께서는 살펴 주소서.

아, 김옥균과 박영효 같은 여러 역적들이 불행히도 관리의 반열에서 나왔는데, 역적질한 정절이 드러나기 전에는 조정의 반열에서 어깨를 나란히 하여 걷지 않은 사람이 없었습니다. 그런데 일이 드러나자 곧바로 온 나라 부녀자와 어린아이들에게까지 공동의 원수가 되었으니, 누구인들 그 살점을 씹어 먹고 그 가죽을 베고 자고 싶어 하지 않겠습니까. 신 역시 역적을 토벌하는 일에 대해 분명한 의분심이 남에게 뒤지지 않는다고 스스로 여기고 있는데, 어떻게 사적인 은덕을 베풀기 위해서 그의 아비를 묻어 주자고 할 수 있었겠습니까.

신은 갑신년 겨울에 시골집에 있다가 변고가 났다는 말을 듣고 행재소(行在所)로 올라와 외람되게 문무 재신(宰臣)들과 함께 대궐에서 일을 처리하였습니다. 그때 큰 변란을 겪었으므로 먼저 수도를 깨끗하게 하기 위하여 길에 널려 있는 시체를 모두 들것에 실어다 묻어 버리게 하였는데, 박원양(朴元陽) 부부는 집에서 물고되었으므로 거두고 묻어 줄 사람이 없었습니다. 신이 박원양에게 어릴 때 글을 배운 정의가 있어서만이 아니고 흉측한 물건을 오래도록 대궐 가까이에 그냥 덮어 두어서는 안 될 것이었습니다. 또 나라의 법을 가지고 단안을 내리더라도 시체를 넘겨 준 데 대한 법조문은 없는 것입니다. 그래서 돈냥을 보태 들것으로 내가게 한 다음 공적(公的)인 자리에서 드러내 놓고 말하고 감히 스스로 숨기지 않았으니, 이것이 신의 죄라면 죄입니다.

돌아보건대, 신이 만난 재난은 다른 사람이 하찮은 일로 인하여 치욕을 받은 것에 비할 바가 아닙니다. 전하의 은혜가 아주 극진하여 털어 주고 닦아 주시려고 하지만 신의 죄는 제 스스로 지은 것이므로 회피할 수 없습니다. 신의 마음이 이에 이르러 갈수록 더 위태롭습니다. 삼가 바라건대, 천지 부모와 같으신 성상께서는 빨리 법사에 명하여 신이 처벌받아야 할 형률을 의논하게 하여 나라의 법을 엄하게 하고 여론에 사죄하게 하소서.…[53]

어윤중은 급진 개화파와 노선을 달리함에도 소시적 스승이었다는 인간적인 정리와 도시 위생 관리 때문에 박원양 시신을 매장하게 되었음을 토로하고 있다. 이에 고종은 조정 신료들이 양해했다고 하여 어윤중에게 관직을 제수했다.

그러나 고종의 신뢰에도 불구하고 조정은 이미 김윤식과 어윤중을 배척했으므로 어윤중은 실제로 아무런 활동도 하지 못한 채 정치가로서의 생명이 끝나가고 있었다. 김윤식마저 1887년 5월 28일 충청도 면천으로 유배되면서 어윤중 역시 소생할 길이 점점 사라지게 되었다.[54] 당시 김윤식은 원세개와 공모하여 고종의 인아거청책을 무산시켜 고종의 위기감을 가중시켰던 터였다.[55] 이는 원세개가 대원군을 귀국시켜 고종의 인아거청책을 좌절시키려 시도한 것과 밀접했다.[56] 여기에 김윤식이 1887년 5월 대원군에게 국정을 감독시키는 방안을 민영익에게 제안했다는 점도 유배 이유로 작용하였다.[57] 그럼에도 어윤중이 김윤식과 달리 유배를 당하지 않은 것은 그가 청국과의 관계에서 거리를 두었기 때문인 것으로 짐작된다.

이런 가운데 어윤중은 8월 2일 휴가를 내고 고향인 수원을 들렀다가 부모 묘지가 있는 임피로 내려가 제사를 지냈다.[58] 정치적인 위기를 맞아 마음을 가다듬고 자신을 되돌아보는 기회로 삼았던 듯하다. 9월 3일 한양에 올라왔으며[59] 14일 종묘망제헌관(宗廟望祭獻官)으로 차출되어 밤에 갔다가 돌아왔다.[60] 1886년 11월 15일 이조참판에 임명되었고[61] 12월 10일에는 예조참판에 임명했다.[62] 이에 어윤중은 장문의 사직 상소를 올리며 자식과 가장으로서 집안을 돌보지 못한 자신의 딱한 처지를 호소했다. 고종은 사직 상소를 받아들이되 정4품이지만 녹봉만 있고 실제 직무가 없는 호군(護軍)으로 어윤중을 임명했다.[63] 그의 업무는 각종 제사에 헌관으로 참여하거나 문안 인사를 드리는 정도에 지나지 않았다.[64] 간혹 말미가 있으면 안성에 내려가기도 했다.[65]

그러나 어윤중은 실상 정치적 몰락을 맞고 있었다. 그의 평생 동지 김윤식은 1888년 충청도 면천으로 유배를 가면서 다음과 같이 읊었다.

말 수레가 저녁에 사립문에 이르렀기에 征驂日暮欵柴扉
어깨 걸고 푸른 등불 밑에서 은근히 담소했네. 把臂靑燈笑語微
세찬 풍진 속에서도 그대는 강건하고 滾滾風塵君尙健
아득한 강과 바다에서 나는 어디로 돌아갈까. 悠悠江海我安歸
잠시 술잔 속에 봄빛을 붙잡아 두었더니 暫將盃酒留春色
또 다시 국화 대하고 석양빛을 희롱하네. 且對寒花弄夕暉
성세에 유유자적 팔자도 흡족한데 聖世優遊身分足
갈림길에 임해 어찌 눈물로 옷깃 적실까. 臨岐何必淚沾衣[66]

김윤식은 자신의 신세를 한탄하면서도 어윤중은 세찬 풍파 속에서 강건할 것을 기원하고 있다.

그러나 어윤중을 향한 고종의 신뢰가 지속되었음에도 불구하고 실상 갑신정변 이후 어윤중의 행적은 특별히 부각되지 않았다. 1893년에 이르러서야 시대는 다시 그를 불러내었다. 그해 3월 어윤중의 고향 보은에서는 동학농민들이 집회를 열고자 척왜양 분위기를 고조시켜 나아갔다.

민당을 만나 다시 개혁을 꿈꾸다

1880년대 어윤중을 비롯한 시무관료들의 조세개혁 노력이 갑신정변과 청의 내정 간섭에 따른 정국의 혼란으로 빛을 잃어가는 가운데 개항 이후 쌀이 일본으로 유출되어 쌀값이 등귀하고 식량이 부족하게 되었다. 빈농은 물론 영세 수공업자와 소상인 등 백성들의 삶은 날로 어려워진 반면에 지주와 대상인 등은 쌀 수출을 통해 부를 쌓아 토지를 늘렸다.

급기야 농민을 비롯한 백성들이 정부의 조세 수탈, 지주층의 지대 수탈 및 외세의 경제 침탈에 맞서 전국 여기저기에서 봉기했다. 봉기의 주도층도 부농에서 소농, 빈농층으로 옮겨 갔으며, 일부는 변란을 일으키거나 화적이 되어 지주와 관아를 공격했다. 도시 하층민도 관리의 수탈과 외세의 경제 침탈에 맞서 포도청을 습격하거나 외세와 결탁한 상인들을 공격하면서 백성들의 체제 비판 의식은 점차 높아지고 있었다.[67]

다만 대부분의 활동은 군현 단위에서 소규모로 이루어져 일회성으로 끝나고 말았다. 이들의 조직이 군현 단위를 넘는 전국 규모의 조직으로 발전하지 못했기 때문이다. 그러나 이렇게 고립분산으로 진행되던 농민들의 운동이 전국적 차원으로 번질 수 있는 일들이 일어나기 시작하였다. 그 첫발은 동학 교주 최제우의 억울함을 풀어달라는 교조신원운동이었다.[68] 정부가 1864년 4월 최제우를 "세상을 어지럽히고 백성을 속인다(惑世誣民)"는 구실로 처형하여 동학이 불법적인 종교단체로 남아 있었기 때문이다. 일부 수령들은 동학의 이런 약점을 이용하여 동학교도를 표적으로 삼아 온갖 탐학을 저질렀다. 이에 농민은 1892년과 1893년에 공주와 삼례, 한양, 보은 등지에서 교주 최제우의 억울함을 풀고 동학교도에 대한 탄압을 중지해 달라는 시위를 했다. 특히 1893년 3월 11일 충청도 보은 장내리 집회는 이같은 동학농민들의 강력한 요구로 열린 집회였다. 이를 주도했던 제2대 교주 최시형은 당시 전라도 일대를 중심으로 포교 활동을 벌였던 남접계의 강력한 요구를 외면할 수 없는데다가 교단의 운명이 걸린 사안이어서 여기에 적극 관여했다. 특히 보은 장내리는 동학이 일찍 전파되었을 뿐더러 최시형이 비밀 포교지로 활용하던 가운데 동학교단의 중앙본부 역할을 한 육임소가 있었다.[69] 더욱이 이곳에는 교조신원을 위한 교단의 본부라 할 도소가 설치되어 있었다.

3월 초부터 보은 장내리에는 충청도, 전라도, 경상도, 경기도, 강원도 등지에서 몰려온 수많은 농민들로 인산인해를 이루어 무려 7~8만 명에 이르렀다.[70] 특히 이 집회에 주목해야 하는 점은 이전의 교조신원운동에서 벗어나 점차 척왜양을 기치로 반외세운동으로 전환하고 있었다는 점이다. 당시 전라도 금구에 모인 남접 계열의 농민들이 척왜양을 외치고 있는 가운데 보은 집회에도 이들의 영향력이 강해지고 있었기 때문이다.

보은 집회 농민들은 성채를 쌓고 그 중앙에 '척왜양창의'라는 큰 기를 내세우고 사면에는 각자 방위를 표시하는 깃발을 꽂았다. 중앙에 세운 깃발에는 충의(忠義) · 선의(善義) · 상공(尙功) · 청의(淸義) · 수의(水義) · 광의(廣

그림 26　충북 보은군 장안면 장내리의 현재 모습

義)·홍경(洪慶)·청의(靑義)·광의(光義)·경의(慶義)·함의(咸義)·죽의(竹義)·진의(振義)·옥의(沃義)·무경(茂慶)·용의(龍義)·양의(楊義)·황풍(黃豊)·금의(金義)·충암(忠岩)·강경(江慶)이라고 썼고, 그 나머지 작은 깃발은 헤아릴 수가 없다.[71] 그리고 관군의 습격에 대비하여 포접과 지방을 알리는 작은 기들을 무수히 내걸어 전투대형을 갖추었다.[72] 당시 동학농민들은 집회를 준비하면서 그 취지를 다음과 같이 밝혔다.

> 지금 왜(倭)와 서양이라는 적이 나라 한복판에 들어와 어지럽힘이 극에 이르렀다. 진실로 오늘날 한양을 보건대 오랑캐의 소굴입니다. 가만히 생각하건대 임진왜란의 원수와 병인양요의 수치를 어찌 차마 말할 수가 있으며, 어찌 차마 잊을 수가 있겠습니까?
>
> 지금 우리 동방 삼천리강토는 전부 금수에 짓밟히고, 5백년 종묘사직이 장

차 끊어지게 되니 인(仁)·의(義)·예(禮)·지(智)와 효(孝)·제(悌)·충(忠)·신(信)은 지금 어디에 남아 있습니까? 하물며 왜적은 도리어 원한의 마음을 품고 재앙이 될 빌미를 숨겼다가 그 독기를 뿜어내고 있어, 위급함이 아침저녁으로 다가오고 있습니다. 그런데도 태연하게 생각하여 편안하다고 말하니, 지금의 형세는 어찌 불이 붙은 장작더미 위에 앉아 있는 것과 다르다고 하겠습니까?

저희들은 비록 초야에 있는 어리석은 백성이지만, 그래도 선왕의 법을 따르면서 임금의 땅을 경작하고 부모를 봉양하며 살고 있으니, 신하와 백성을 구분하여 귀하고 천한 것에는 비록 차이가 있더라도 어찌 충성하고 효도하는 것에 다름이 있겠습니까? 원컨대 미약한 충성이나마 나라에 바치고자 하나 위에 알릴 길이 없습니다.

삼가 생각하건대 그대께서 세력이 있는 집안의 훌륭한 인재로서 길이 국록(國祿)을 보전하며 나아가 있든 물러나 있든 근심이 임금을 사랑하고 나라에 충성하는 정성에 있다는 것은 저희들과 비교할 수가 없을 것입니다.

옛말에 이르기를 "큰 집이 장차 기울어지면 하나의 기둥으로는 지탱할 수 없고, 큰 풍랑이 장차 일어나면 하나의 조각배로 맞서기 어렵다."라고 하였으니, 저희들 수만 명은 함께 죽기를 맹세하여 왜와 서양을 제거하고 격파하여 큰 은혜에 보답하는 의리를 다하고자 합니다. 삼가 원하건대 그대께서는 뜻을 같이하고 힘을 합하여 충의정신이 있는 선비와 관리를 모집하여 함께 국가의 소원을 돕도록 하십시오. 천번 만번 기원하고 간절히 바랍니다.

1893년 3월 초 10일 묘시(卯時)에 동학창의유생(東學倡義儒生) 등이 여러 번 절하고 글을 올립니다.[73]

정부 역시 동학농민들의 이러한 집회를 예의주시했다. 충청도 감사와 전라도 감사가 전보를 쳐서 위급함을 알렸고 조정도 회의를 열어 대책을 수립하는 데 골몰했다.[74] 이들 농민이 한양으로 올라올 것을 우려했기 때문이다. 이에 1893년 3월 25일에는 심순택이 3월 17일 도어사(都御史)로 보은에 내려간 어윤중을 충청도와 전라도 선무사(兩湖宣撫使)로 임명할 것을 건의하자, 고종이 윤허했다.[75] 이때 고종은 관직의 명칭을 선유사(宣諭使)로 할지 선무사(宣撫使)로 할지를 대신들에게 물어보았다. 이에 대해 심순택은 1862년 임술민란 때 선무사 파견 관례에 따라 선무사라 칭하는 것이 합당하다고 답했다. 당시 정부도 동학농민들의 이러한 움직임이 단지 교조신원에 있지 않고 관리들의 탐학에서 비롯되었음을 인지하고 있었기 때문이다. 따라서 정부가 어윤중을 내려 보낸 것도 보은 장내리가 어윤중의 보은 집성촌 봉비리와 근접하다는 점도 있지만[76] 조세 수탈의 문제점을 알고 있는 어윤중이 적합하다고 판단한 측면도 강하다.

그 결과 정부는 4월에 어윤중을 선무사, 홍계훈을 초토사로 임명했다. 물론 고종은 태평청국난 진압 때 청국이 영국병을 차병한 예를 들면서 청군을 끌어들여 사태를 수습하려고 했다.[77] 그러나 영의정 심순택과 우의정 정범조 등이 청에서 차병한다고 하더라도 차병 시 군량과 징발의 어려움 등이 있다고 반대하여 차병 시도는 무산되었다. 원세개 역시 고종의 차병 요청에 대해 즉답을 주지 않고 조선대신을 보내어 진무하라고 권했다.[78] 그 결과 어윤중이 도어사로 파견된 것이다. 어윤중의 이러한 파견은 그의 정치적 재기를 의미했다. 당시 고종은 어윤중에게 다음과 같이 지시했고 어윤중은 3월 26일 이를 동학농민들에게 전달했다.

근래 이른바 동학의 무리들이 서로 불러 모으고 선동하여 속이는 말로 사람들을 현혹시키니, 지난 번 방자하게 궁궐 앞에서 소리치며 소란을 피운 것도 이미 거리낌 없는 행동이었는데, 배운 것은 어떤 글이고 모인 것은 무슨 일 때문인가? 설령 충성스러운 마음을 드러내어 억울함을 풀고자 하는 것이 있다면 각각 목사와 수령과 관찰사가 있는데, 어찌 사실에 근거하여 이유를 조정에 보고하지 아니하고, 이같이 사람들을 부르고 유인하여 무리를 지어 온 마을에 서로 선동하여 시끄럽게 거짓말을 퍼뜨리는가? 지난 번 타이르고 설득한 후에는 경계하여 삼가하고 두려워하여 움츠리는 것이 당연한데도, 오히려 다시 가끔씩 호서와 호남의 사이 지역에 주둔하여 행적이 이치에 어긋나고 위세를 헛되이 펼치고 있으니, 만약 사악한 무리가 재앙을 좋아하는 것이 아니라면 이것은 우매한 백성의 몰지각한 짓이다.
왕법이 있으니 어찌 조치하여 없애는 것이 어렵겠는가마는 모두 우리의 적자이므로 그들을 교화한 다음에 처벌하는 것이 또한 어진 정치가 우선해야 하는 것이다. 경(卿)을 호서 · 호남의 도어사(都御史)에 임명하니, 오로지 그들이 모인 곳에 가서 임금에게 충성하고 백성을 사랑하는 의리를 깨우쳐주어 각각 돌아가서 편안하게 생업에 힘쓰게 하라. 혹시 따르지 않으면 이는 임금의 명령을 어기는 것이다. 경은 즉시 장계를 다듬어 마땅히 처리하여 조치를 취하는 방도가 있도록 하라. 경에게 마패 하나를 내려줄 것이니, 이것은 오로지 바로잡으라는 뜻이다. 모두 잘 헤아리도록 하라.[79]

이에 따르면 동학농민들은 대규모로 모여 선동하지 말고 절차를 밟아 국왕에게 억울한 점을 건의하라는 내용이다. 이어서 어윤중은 4월 1일 청주영장, 보은군수 등을 대동하고 장내리로 갔다. 여기서 전보로 내려온 왕의 윤음을 엄숙하게 읽으면서 탐학 관리에 대한 징치를 약속했다.[80] 물론 해산하면 용서해 주겠다는 전제 조건이 따랐다. 이에 대해 최시형 등 교단 측은 눈물을 흘렸으며, 3일 안에 해산하겠다고 떨리는 목소리로 말했다. 이런 표명은 당시 동학농민들의 바람과는 달랐다. 당시 선무사 어윤중과 별도로 홍계훈이 3월 30일 기관포 3문과 병력 600명을 인솔하여 이곳에 도착하여 동학농민들을 위협하고 있었기 때문이다.[81] 이들 교단 측은 수많은 동학농민들을 뒤로 하고 4월 1일 밤에 도주했다.[82]

그런데 여기서 주목해야 할 점이 있다. 어윤중 자신은 이런 모임의 배경을 어떻게 보았고 이들 동학농민을 어떻게 인식하였는가의 문제이다. 우선 동학농민들의 이런 움직임에 대한 어윤중의 인식이다. 그는 보은 집회를 해산시킨 뒤 한양에 올라와 다음과 같이 보고했다.

> 저 무리를 따라 온 사람들은 스스로 모인 이후 날마다 수천 개의 계획이 마치 물이 계곡에 넘치고, 불이 언덕을 태우는 것과 같이 쏟아져 나와 막을 수가 없었습니다. 처음에는 부적과 주문을 가지고 무리를 현혹시키고, 도참설을 전파하여 세상을 속이니 마침내 재주와 기상을 믿었다가 일이 뜻대로 되지 않은 사람들이 그들을 따랐고, 탐욕이 멋대로 행해지는 것에 대해 분개하여 백성을 위해 생명을 내놓은 자들이 그들을 따랐으며, 바깥 오랑캐들이 우리의 이익의 원천을 빼앗는 것을 분하게 여겨 함부로 큰 소리 치던 자들이 그들을 따랐고, 탐욕스러운 장수와 속이 검은 아전에게 학대를 당하여도 억울함을 호소할 곳이 없었던 자들도 그들을 따랐습니다. 한양과 시골에서 무단(武斷)으로 협박과 통제를 받아 스스로 보전할 수 없었던 자들이 그들을 따랐고, 한양 밖으로 죄를 짓고 도망한 자들이 그들을 따랐으며, 감영과 고

을에 의지할 수 없어 흩어져 살던 자들이 그들을 따랐고, 농사를 지어도 곡식을 남기지 못하고 장사를 하여도 이익을 남기지 못한 자들이 그들을 따랐으며, 어리석고 우매하여 소문만 듣고 동학에 들어간 것을 즐겁게 여기던 자들이 그들을 따랐고, 빚을 져 독촉을 이겨내지 못하던 자들이 그들을 따랐으며, 상민과 천민이 귀하게 되기를 원하는 자들이 그들을 따랐습니다.[83]

이에 따르면 어윤중은 처음에는 보은 집회를 단지 동학교도들의 교조신원운동으로 파악한 것으로 보인다. 그러나 막상 내려가 이들 농민과 접촉하면서 다양한 사연으로 여기에 모였음을 인지하게 되었다. 물론 여기에는 어윤중의 언급대로 농민들을 현혹시켜 자신의 야망을 실현하려는 자가 있음도 지적하고 있다. 그러나 대다수는 탐관오리의 수탈에 못 이겨 모임에 참여했음을 알았다. 또한 조선의 이권을 외세에 빼앗기는 현실에 통분하여 참가한 자가 있음도, 농사와 상업 활동을 제대로 하지 못해 몰락한 자가 있음도 눈여겨보았다. 이들 집회자는 신흥 종교에 미혹된 자도, 정치꾼들도 아니어서 조선말 사회 체제의 모순이 빚어낸 백성들이었던 것이다.

어윤중의 이러한 인식은 이들 모임이 탐관오리의 수탈을 넘어서 당시 사회의 구조적 모순에서 비롯되었음을 깨닫고 있었기 때문에 가능했다. 그의 지방관 경험과 암행어사 활동, 서북경략사로서의 오랜 체험이 이들 농민의 사정을 예리하게 인식한 결과라 하겠다. 그 결과 어윤중은 동학농민들의 엄정한 자세를 보고하면서 다음과 같이 무력 진압을 반대했다.

온 나라에 불평의 기운이 가득한 것을 모두 모아 하나의 단체와 마을을 만들어 놓고 팔을 걷어 부치며 호언장담을 하고, 눈으로는 죽음을 단지 그냥 돌아가는 것처럼 여기며, 선비의 의관과 복장을 하여 비록 무기를 지니지 않은 듯 하지만 성에 깃발을 꽂고 망을 보고 살피는 것은 자못 전쟁하는 진영의 기상이 있습니다. 부서가 서로 이미 정해져 행동거지가 어긋남이 없어 글을 하는 사람이 오면 글로써 접대하고, 무술을 하는 사람이 오면 무술로써 접대하여 스스로 판단하는 방법이 있으니, 함부로 무력을 사용해서는 아니 됩니다.

그는 보은 집회에서 동학농민들의 기세가 반듯하고 군기가 엄정함을 보았던 것이다.

한편, 그는 집회 동학농민들의 요구 사항을 경청하면서 이들을 윽박지르지 않고 합리적 설득을 통해 해산을 유도하고자 했다. 우선 청군이 용산에 주둔하면서 조선 재정을 갉아 먹고 있다고 지적하는 농민들에게 정부가 청병을 불렀으므로 정부에게 맡겨달라고 당부했다. 농민들의 탐관오리 처벌 요구에 대해서는 이 역시 정부의 노력에도 실효가 없었음을 인정하고 앞으로 정부는 탐관오리를 처벌하는 데 힘쓰겠다고 약속했다. 이때 농민들은 호포 혁파, 당오전 혁파 등 조세제도와 화폐 주조의 폐단을 지적하면서 시정해 달라고 요구했다.[84] 당시 호포제가 대원군의 취지와 달리 농민들에게 부담되는 일들이 왕왕 벌어졌으며 당오전은 물가를 앙등시키는 결과만 초래하여 농민들이 폐지를 요구한 것이다. 물론 민씨정권 축출 요구도 나왔지만 어윤중으로서는 이를 수용하기는 어려웠다.

특히 다음과 같은 대화는 어윤중과 동학농민들이 서로 소통하고자 했던 노력의 일단을 보여준다.

동학농민 : 저희들의 이 집회는 조그마한 무기도 가지지 않았으니, 이는 바로 민회(民會)입니다. 일찍이 여러 나라에도 민회가 있다고 들었고, 조정의 정령(政令)이 백성과 나라에 불편한 것이 있으면 모여서 의논하여 결정하는 데 있는 것이 근래의 일입니다. 어찌 저희들을 도적의 무리[匪類]라고 지적합니까?

어윤중 : 너희들이 만약 아래의 사정을 아뢸 것이 있으면 글을 작성하여 오라. 마땅히 그것을 전달해 줄 것이다. 너희들은 절대로 한양에 올라가서 놀라게 해서는 안 될 것이다.

동학농민 : 전(前) 충청감사는 전 영장(前 營將) 윤영기(尹泳璣)와 함께 서로 협조하여 아무 죄가 없는 사람을 함부로 죽이고, 멋대로 백성의 재산을 수탈한 것이 매우 많아 집회를 열게 되었고, 여러 무리들에게 모두 흩어지라고 하여도 모두 부모와 집안에 대한 연민이 없다고 하면서, 이미 모두 토지와 재산을 매각하여 죽기를 기약하고 왔으니 지금 돌아가라고 한다면 어찌 돌아가겠습니까? 또한 고을의 토호들이 즐겁게 맞이하겠습니까? 원하건대 여기에 있으면서 살아도 함께 살고 죽어도 함께 죽겠습니다.

어윤중 : (신은 큰 소리로 말하길) 이 같은 사정은 내가 마땅히 알아서 처리하겠다. 호서와 호남에는 이미 공문을 보냈고, 다른 도에도 공문을 보내 시행하겠으며, 은혜로운 임금의 분부 중에 이미 편안하게 생업에 힘쓰라고 하였으니, 관찰사와 수령이 된 사람들이 누가 감히 어기고 학대하겠는가?

그는 이처럼 동학농민들과 직접 대화를 통해 집회 이유를 파악하고 그 폐단을 시정할 것을 약속했다. 이어서 호남과 호서에 윤음을 내려 집회 농민을 '양민'으로 규정하고 무리에서 이탈한 사람들에게는 토지와 재산을 찾아서 돌려줄 것을 약속했다.[85] 아울러 모임의 배후자인 서병학, 전봉준, 서장옥을 체포하고자 하는 한편[86] 전 충청감사 조병식 등의 탐학을 조사하고 윤영기, 이존필, 이시우 등에 대한 처벌을 요구하여 고종으로부터 윤허를 받았다.[87] 동학농민들과 약속했던 내용을 이행했던 것이다.

심지어 농민들이 자신의 모임을 서양의 민회에 빗대어 '민회'로 부르는데 대해 반박하지 않고 장계초두에서 언급한 바와 같이 이들 동학농민을 '민당(民黨)'이라고 지칭하고 합법적인 절차를 통해 의견을 상달할 것을 요구하고 있다.[88] 즉 당시 농민들은 자신들의 모임을 서양의 민회에 비견할 정도로 19세기 후반 농민항쟁을 치르는 과정에서 민권의식이 성장하고 있었다.[89] 이에 어윤중 역시 이들 농민의 모임을 폭도들의 모임이라든가 맹목적인 신도의 종교 집회로 인식하지 않고 민들의 정당한 의사 표현으로 인식한 셈이다. 그리고 당시 일본에서는 어윤중의 이런 자세를 높이 평가했다. 예컨대 일본의 루슌테이슈진(留春亭主人)은 자신의 저서 『현금청한인걸전(現今清韓人傑伝)』에서 청국과 조선의 당대 인물을 소개하는 가운데 어윤중을 다음과 같이 기술하고 있다.

> 지난해에 동도(東徒)가 일어나자 어윤중은 안무사(按撫使)의 임무를 맡아 그들을 평정시킨 후에 복명(復命)하여 아뢰기를, "동학도(東學徒)는 역적이 아니다. 당시 정부에 반항하는, 소위 민당(民黨)인 것이다."라고 하였다. 민씨 척족은 그 말을 구실로 어윤중의 흠을 잡아 공적을 삭탈하고 옥에 가두었다. 그는 확실히 진짜 남자(眞男)라 부를 수 있다.[90]

어윤중의 민당을 서구의 정당이라고 해석하는 기록도 많다.[91]

반면, 그와 노선을 같이 걸었던 김윤식은 동학농민에 대해 어윤중과 상이한 인식을 보였다. 김윤식이 비록 유배지에 거주하고 있던 처지를 감안한다고 하더라도 그는 어윤중에게 보낸 편지에서 이들 동학농민을 후한 말 황건적을 이끌었던 장각으로 묘사하거나, 고려 인종 때 서경천도를 외치며 일어났던 묘청에 비유하면서 무능력을 신랄하게 비난했다.[92] 물론 그 역시 어윤중의 온건한 해산 조치를 칭송했다. 그러나 해산 이후 동학 우두머리의 선동을 억제할 수 있는 법적 조치가 취해지지 않는다면 어윤중의 선무 행위가 미봉책에 그치게 되어 정적들의 비난을 살까 우려했다.

그러면 여기서 어윤중이 김윤식과 달리 동학농민을 '민당'이라 지칭한 배경이 무엇인지 궁금해진다. 어윤중의 영원한 맞수 이건창은 어윤중이 지칭한 '민당'이 서양에서 왕을 안중에 두지 않는 민당을 가리키는 용어라고 판단했으며[93] 후일 최익현을 비롯한 위정척사파는 만민공동회를 민당으로 지칭했다.[94] 그런 점에서 어윤중이 우리 역사상 최초로 지칭한 '민당'은 서구의 시민이나 일본의 민권파에 비근한 개념으로 상정할 수 있다. 물론 어윤중은 자신이 '민당'이라고 지칭한 이유에 대해서 설명하지는 않았다. 그러나 그는 일본을 시찰하면서 서구의 정치체제와 일본의 지방자치제를 익히 알고 있었던 데다가[95] 서북경략사로 활동하면서 민인이 면임을 선출할 수 있도록 적극 지원했다는 점에서 민을 정치의 주체로 적극적으로 설정하지 않았지만 그들의 의견이 정치에 반영되어야 한다고 판단했다.

반면에 황현은 어윤중이 지칭한 '민당'은 서양의 정당과 같은 것으로 보면서도 그의 실언이라고 판단했다.[96] 그러나 어윤중이 대단히 주도면밀한 성격의 소유자여서 실언을 했다고 보기 어렵다. 황현 같은, 당시 많은 식자층이 어윤중을 두둔하거나 그의 '민당' 언급 자체를 부인하고 싶어 실언으로 간주한 것은 아닐까.

따라서 어윤중의 이러한 '민당' 명명과 해산 전략에 대해 무수한 비판이 가해졌다.[97] 이건창은 상소를 올려 어윤중의 선무 활동을 맹렬히 비난하며 무력 진압을 강력하게 요구했다.[98] 우선 그는 동학 자체를 인정할 수 없었다. 그의 눈에 비친 동학은 비결(秘訣)과 주문으로 백성을 속이는 도참설에 지나지 않았다. 또한 보은 집회 동학농민들은 이러한 이단 종교를 따르며 난을 일으킨, '민당'이 아닌 '난당(亂黨)'이었다.[99]

청렴하고 유능한 암행어사로 명망이 높았던 이건창은 왜 어윤중의 민당 지칭에 대해서 민감하게 반응하면서 신랄하게 비판했을까?[100] 이건창은 기존 양반들의 민본 인식과 마찬가지로 민은 정치의 주체가 아니고 오로지 통치행위의 객관적인 대상이라고 생각했다. 그에게 민을 대상으로 하는 '민본(民本)'의 개념은 있지만 민이 정치의 주체라고 하는 '민주(民主)'의 개념은 들어올 수 없었다.[101] 민본은 나라가 백성의 상납하는 부세에 근간하

그림 27 어윤중이 동학도를 조사하고 조정에 올린 보고서(국립중앙박물관 소장)
보고서 앞부분과 중간 부분에 '민당'이라는 표현이 나온다.

여 운영되기 때문에 민이 나라의 근본으로 간주된다는 뜻에 지나지 않는다. 따라서 왕정 국가에서 백성에게는 부세 상납과 복종의 의무만이 일방적으로 부과되어 있는 반면에 통치자는 이들 백성에게 인정(仁政)을 베풂으로써 민본주의의 이념을 실현하는 것이다.[102] 그는 보은 집회 농민들을 다음과 같이 규정했다.

> 신은 듣건대 백성으로 당을 지으면 왕법에선 반드시 베는 것이니 주관[주례]에서부터 이미 그러하였습니다. 이제 혹 수백 명의 백성들이 모여서 소요를 일으키더라도 반드시 '난민'이라 하여 베어버릴 뿐입니다. 하물며 수만 명이 둔취하여 깃발을 세우고 성벽을 쌓는 적도들은 말할 것도 없습니다. 들으니 최근에 외국에는 '민당'으로 지칭하는 것이 있다 합니다. 이 사설에서는 임금을 안중에 두고 있지 않아 해악은 홍수나 맹수보다 심한 것입니다. 어찌 우리 예의의 나라에 또한 '민당'이라는 이름이 있을 줄 알았겠습니까. "명(名)이 바르지 않으면 말이 순하지 않다" 하였으니 이를 말하는 것입니다.[103]

그리하여 어윤중이 사사로이 적을 세워 민당을 칭했다고 하여 어윤중을 처벌할 것을 요청했다.[104] 물론 고종은 이건창의 이런 상소를 보지 않을 정도로 냉담했다.[105] 그러나 얼마 안 되어 어윤중을 탄핵하는 상소들이 연이어 올라왔다. 그 발단은 다음과 같다.

어윤중은 동학농민들이 해산하자 다음날 4월 5일 금구로 향했다가 금구로부터 보은으로 가던 400여 명의 교도들을 진산(珍山)에서 만나 이들을 타일러 해산시켰다.[106] 이어서 도어사로서 여러 고을을 일일이 순찰했다. 그런데 이 과정에서 이도재(李道宰)[107]의 형이 충청도에 살면서 마음대로 나쁜 짓을 하다가 살해당했는데 어윤중이 살해주동자 김정숙과 숙질을 체포하여 조사도 전혀 하지 않고 곤장으로 때려 죽였다.[108] 당시 이도재는 왕실 세력에 의해 김옥균 등과 내통했다고 하여 갑신개화파로 몰려 고금도에 유배, 가극안치(加棘安置, 집 둘레에 울타리를 쳐서 외인의 출입을 금하는 형벌)되어 있던 상태에서 어윤중이 이도재를 위해 백성 2명을 살해하면서 고종의 심기를 건드렸던 것이다.[109]

왜 어윤중은 이도재를 위해 살인자를 심문하다가 죽음에 이르게 했을까. 당시 이 사건에 관련된 백성들이 억울함과 원통함을 호소했다.[110] 이어서 정언(사간원 정6품 관원) 김만제가 왕명을 받은 어윤중이 전주 남고산성에 가서 기생을 끼고 음악을 즐겼으며 임피(오늘날 군산)에 있는 부모 무덤을 돌아보느라고 마을에 폐를 끼쳤다는 상소를 올리며 처벌할 것을 요청했다.[111] 이어서 김만제는 다시 어윤중이 박영효의 아비와 형의 시신을 도맡아 처리했음도 언급했다.[112]

훗날 어윤중의 사직 상소문에서 밝히고 있듯이 "산관(散官, 일정한 직무가 없는 벼슬)들이 먼저 논박하고 이어 대각(臺閣, 사헌부, 사간원, 홍문관 등의 삼사)에서 다시 성토하여 묘당의 계사로 인하여 도(道)에서 조사하는 일까지 있게 되었으니, 신은 이에 죄를 피할 길이 없었습니다."라고 할 정도였다.[113] 그리하여 보은에 체류 중이던 어윤중을 체포하여 경상도 연일현에 정배하기에 이르렀다.[114]

그러나 1894년 2월 12일(음) 의금부에서는 어윤중을 정배에서 풀어줄 것을 요청했고 고종은 이를 윤허했다.[115] 해배 사유는 정확하게 알 수 없다. 그러나 2월 15일 전라감사가 고부에서 민란이 일어났다고 보고한 것으로 보아 보은 집회 이후에도 해산하지 않은 농민들의 동향을 예의 주시하다가 어윤중을 풀어준 것이 아닌가 한다.[116] 결국 1894년 1월 10일 고부에서 전봉준이 중심이 되어 일으킨 고부 봉기가 직접적인 이유가 되지 못하지만 적어도 당시 농민들의 동향이 어윤중을 불러들이는 요인이 되었음이 분명하다. 이어서 4월 29일에 어윤중은 승지에 낙점되었다.[117] 이에 어윤중은 본인이 제대로 일을 하지 못하고 귀양을 갔기 때문에 관직을 거두고 자신을 다시 처벌해 달라는 상소를 올리면서도 자신이 양호선무사로 취한 조처가 자신의 신념에 따라 당당하게 이루어졌음을 다음과 같이 강조했다.

아, 신의 죄는 신 스스로 잘 알고 있습니다. 전후로 공무를 행하면서 하는 일마다 허물을 지은 것은 다만 신의 신념에 따라 그대로 행하여 하늘만 있는 줄 안 데에서 나온 것입니다. 지금 논란이 되고 있는 것들이 한두 가지가 아니지만, 참으로 이러쿵저러쿵 해명하고 싶지 않습니다. 그러나 사람 목숨에 관계된 안건으로 말하면, 이미 사건을 안찰할 때에 형(刑)이 매우 잘못 적용되는 것을 직접 보았기에 바로잡은 것이니, 스스로 법을 저촉하는 일인 줄은 몰랐습니다. 병술년(1886, 고종23)에 제기되었던 문제를 다시 주워 모아 이미 끝난 일의 불씨를 다시 살리려는 데에 이르러서는, 사람을 예측할 수 없는 지경에 빠뜨리는 것이니, 그 의도가 매우 음험합니다. 이는 신이 애통하게 여기는 바이고 이미 성상께서도 용서하셨으니, 다시 무엇을 더 말씀드리겠습니까. 오직 신은 형적(形跡)을 감추어 땔나무를 하고 가축을 치는 사람과 짝이 되어 죽을 때까지 부족한 점이나 보완하면서 살 생각이었으니, 어찌 벼슬에 대한 미련이 다시 있었겠습니까.

요즈음 남쪽에서 소요가 있어 성상께서 밤낮으로 걱정하신다는 말을 듣고는 감히 명을 어기는 죄를 지을 수 없기에 이제 막 성 밖에 이르렀는데, 천

패(天牌, 임금이 신하를 부를 때 사용하는 패)가 뒤따라 내려와 신에게 나와서 숙배하기를 재촉합니다. 자애로우신 성상께서는 신을 불쌍하게 여기시어 신의 직명을 속히 개차하시고 이어 신이 아직 다 처벌받지 않은 형률을 다스리심으로써, 법과 기강을 밝히시고 신의 분수를 편안하게 해 주시기를 천만 간절히 바랍니다.…"[118]

여기서 어윤중이 이도재를 위하여 죄인을 죽음에 이르게 한 것이 아니라 형을 제대로 집행하는 과정에서 사람이 죽었음을 소명하는 한편 박원양 시신 매장 문제를 다시 제기하는 상소들의 저의를 의심하고 있음을 확인할 수 있다. 아울러 고종이 어윤중을 해배시킨 이유가 삼남 지방의 농민들 동향과 관련되었음을 추정할 수 있다. 이에 대해 고종은 "상소를 보고 잘 알았다. 이미 처벌을 받았는데 굳이 책임을 느낄 필요가 있는가. 경은 사직하지 말고 공무를 행하라."하면서 그의 사직 상소를 거부하고 관직에 나올 것을 강력하게 지시했다.

소용돌이 정국에 우뚝 선 탁지부 대신

개혁의 칼날을 들다

정부가 어윤중의 정배를 풀어준 지 얼마 안 된 2월 15일 전라감사 김문현은 고부 민란이 일어났음을 보고했다.[119] 전봉준이 농민들을 이끌고 봉기를 일으켜 관아를 공격하여 무기를 빼앗았고 고을 수령 조병갑이 탈출한 것이다. 이에 정부는 김문현의 월급을 삼등 감액하고 조병갑을 삭탈했다. 아울러 고부군수 후임을 물색하는 한편 안핵사로 장흥부사 이용태를 임명했다. 그러나 안핵사 이용태는 민란 관련자를 역적죄로 몰아 탄압을 가하면서 상황은 다시 악화되었다. 이에 1894년 3월 전봉준 등은 부근 고을인 무장현으로 옮겨 손화중, 김개남과 함께 봉기했다.[120] 이것이 제1차 농민전쟁이다.

농민군은 3월 하순 백산에 모여 4대 강령과 농민 봉기를 알리는 격문을 발표했다. 이어 백산을 떠나 태인을 거쳐 전주성 점령을 목표로 4월 초 금구 원평에 진을 쳤다. 여기에는 동학교도보다는 주로 일반 농민들이 참여했다.

농민군이 고부 황토현에서 감영 군대를 물리친 뒤, 연이어 한양에 내려온 경군(임금의 호위를 주로 맡아보던 군사)마저 패퇴시키고 전주성에 입성하자 정부는 대다수 관료들의 반대에도 불구하고 민영준의 주도 아래 농민군 진압을 위해 청국에 원병을 요청했다. 이에 청국도 5월 5일 아산만에 군대를 상륙시켰다. 일본도 톈진조약을 구실로 5월 6일 조선을 보호국화할 요량으로 천여 명의 군대를 파견하여 인천에 상륙시켰다. 표면상으로는 재조선 일본인의 생명과 재산을 보호하기 위해서라고 했지만 실은 오랫동안 준비해왔던 조선 강점을 실현하는 것이었다.[121] 따라서 그들은 간섭의 명분을 찾기 위해 '내정 개혁'을 내세워 조선 정부를 압박했다.

정부는 이러한 전쟁 국면을 맞이하자 청·일 양군의 철병을 요구하는 한편 농민군과 타협을 모색했다.[122] 농민군도 정부군과 싸우는 가운데 불리해지는 전세를 돌이키기 위해 정부군에 휴전을 제의했다.[123]

5월 8일 정부군이 농민군의 해산을 조건으로 농민군이 요구한 여러 개혁안 중에서 일부를 받아들이고, 농민군의 신변 보장을 약속한다는 전주화약이 이루어졌다.[124] 여기에는 신분제를 폐지하고, 조세제도를 개혁한다는 내용이 들어 있었다. 정부는 이러한 개혁을 추진하기 위해 여기에 적합한 인사들을 등용하기 시작했다.

5월 19일 개혁지향의 소장파인 김가진이 내아문 참의에 임명되고 20일에는 유길준이 외아문 주사에 임명되었다.[125] 또 개혁 논의가 본격화되는 25일에는 조희연과 어윤중이 각각 한성부 좌윤과 우윤으로 임명되었다.[126] 또 김홍집이 6월 2일 총리내무부사에 이어 외무총리를 겸직하기에 이르렀다. 반면에 민씨정권의 핵심 인사라 할 민영준은 5월 19일 겸직하고 있던 친군통어사 직을 신정희에게 물려준 데 이어 의정부 좌찬성으로 임명되어 정계의 2선으로 물러났다.[127] 그리고 재정권을 장악하고 있었던 선혜청당상 등 모든 관직을 사임했다.[128] 그리고 이 자리를 민영준 계열과 대립각을 세웠던 민영환 계열과 김병시 등이 대신 차지했다. 이제 민영준 계열이 주도하는 정국에서 벗어나서 김홍집과 소장개혁파 세력을 한편으로 하고 민영환-김병시 계열을 한편으로 하는 새로운 정국이 펼쳐졌다.[129] 특히 일본이 '내정개혁'을 구실로 군대 파견을 정당화하려 하자 정부는 농민봉기에 대한 수습 방안을 넘어서서 일본의 이러한 간섭에 대한 대응책을 적극 강구했다.[130]

고종은 6월 11일 개혁을 추진할 교정청 설치를 지시하면서 다음과 같이 하교했다.

> 나라의 재정이 궁색하고 백성의 살림이 곤궁하여 점차로 쇠퇴하여 가는데도 수습하지 못하는 지경에 이르고 만 것은, 진실로 적당히 얼버무리며 미봉함으로 말미암아 법의 기강이 해이해졌는데도 확립하지 못하고 폐단이 바로잡기 어렵게 되었는데도 고치지 못한 상황에서 상하가 안일에 젖은 소치이다. 나는 두려운 마음으로 정신을 차리고 경계하고 잠자리에 들었다가도 여러 차례 일어나 궁리하기도 하며 분발하고 단련하여 정치를 일신하려고 생각하였으므로 며칠 전에 전교를 내렸던 것이다. 그러니 모든 신하들도 깊이 반성하여 나의 뜻을 선양하는 책무를 다할 방도를 강구해야 할 것이다. 묘당으로 하여금 교정청(校正廳)을 설치하고 당상과 낭청을 차출하여 날마다 모여 상의하고 일의 내용에 따라 계품하여 시행하도록 하라."[131]

교정청의 주된 업무가 재정의 위기를 극복하고 재정을 개혁하고자 하는 데 있었다. 교정청의 최초 명칭은 1470년 성종연간에 『경국대전』을 최종 검토하기 위해 정부 내에서 설치한 임시특별기구인 데 반해 이 시기에 설치된 교정청은 1882년 정부 내의 불필요한 기구와 재정을 축소하기 위해 약 6개월간 설치한 바 있는 감생청의 역할을 염두에 둔 것이다.[132] 특히 구성인원 역시 의정부 대신들과 내외아문, 군무 등 실무관료들로 구성되어 있다는 공통점을 지니고 있었다.

교정청의 설치는 어윤중의 재기를 가져오는 결정적인 계기가 되었다. 왜냐하면 1882년 감생청을 실질적으로 운영한 인물이 어윤중이었기 때문이다. 그리하여 6월 13일 어윤중은 한성부 우윤으로서 교정청의 당상으로 임명되었다.[133] 정부로서는 어윤중이 이제 갓 유배에서 풀려날 정도로 정치적으로 몰려 있었음에도 개혁을 구체적으로 추진한 인물로서 그만한 인물이 없다고 판단한 것이다. 일본 쪽에서도 수구파, 친청파로 간주했던 어윤중이 박정양과 더불어 명관(名官)으로서 비행이 없었던 인물로 인식할 정도였다.[134] 반면에 당시 당상으로 임명되었던 지중추부사 김영수, 이조판서 윤용구, 호조판서 박정양, 병조판서 민영규 등의 면면을 보건대 재정개혁을 이끌 만한 인물이 보이지 않았기 때문이다.

6월 12일에 교정청 개혁안이 발표되었다. 개혁안은 다음과 같다.

一. 이포(吏逋, 향리가 떼어먹은 조세)가 많은 자는 일절 너그러이 용서하지 말고 일률(一律)로 시행할 것.

一. 공사채(公私債)를 물론하고 족징(族徵)을 절대 금할 것.

一. 지방관은 임지에 토지를 매입하거나 묘를 쓸 수 없다. 만일 이를 범하면 토지는 속공(屬公)하고 묘는 파내어 옮길 것.

一. 채무에 관한 소송은 30년이 지난 것은 받아주지 말 것.

一. 각읍 이속(吏屬)은 신중하게 뽑아 안(案)에 올리고, 이를 임명하는 데 만일 뇌물을 내어 법을 위반하는 자는 공금횡령으로 다스릴 것.

一. 세력에 기대어 남이 먼저 써놓은 묘를 빼앗는 것을 일체 엄금하고 묘는 일일이 적발하여 세금을 거둘 것.

一. 각 읍의 관에 쓰이는 물건은 시가를 따르고, 진배(進排) 물종 역시 시가의 낮음에 따를 것. 소위 관지정(官支定)은 혁파할 것.

一. 보부상 외에 이름을 칭탁해 무리 짓는 것을 각별히 금할 것.

一. 경각사(京各司)에서 따로 복정(卜定, 상급관청에서 하급관청에 배당하는 공물)하는 것은 반드시 정부에 보고하고, 만일 사사로이 백성에게 거두는 자는 반드시 무거운 벌을 내릴 것.

一. 원결(原結) 외 가배(加排, 추가 배당), 호포(戶布) 외 가렴(加斂, 추가 징수)은 아울러 엄금한다. 만일 드러나면 곧바로 다스릴 것.

一. 경우리(京郵吏) 역가미(役價米)는 구례(舊例)로 시행하고 20년 이래 가마련(加磨鍊)은 아울러 거론치 말 것.

一. 민고(民庫)는 혁파할 것.[135]

이 조항들은 농민군의 요구를 받아들여 주로 조세제도의 폐단, 관리의 부정부패, 중간 관리층의 수탈, 관아 고리대의 폐단, 보부상의 횡탈, 각종 잡세의 횡렴 등을 엄금하여 농민에 대한 부담을 줄이려는 데 주안을 두었음을 확인할 수 있다. 이러한 조치는 자주적 개혁을 통해 청군과 일본군의 철병을 요구하는 명분으로 삼고자 하는 데 목표를 두었다. 다만 교정청 인사 내부에서 어느 나라 군대가 먼저 철병할 것인가를 둘러싸고 갈등이 일어났다. 고위 관료들이 일본군의 철병을 우선이라고 주장했던 데 반해 김가진 등 소장 관료들은 청군의 철병이 우선이라고 주장했다.[136]

이런 가운데 일본군은 교정청의 설립이 자신들의 군대를 철병시키는 명분으로 발표되고 조선 정부가 재차 철병을 요구하자 이런 판국을 일거에 뒤집기 위해 6월 21일 흥선대원군을 앞세워 경복궁에 난입한 뒤 기존 정권을 붕괴시키고 신정권을 수립했다.[137] 다음날 6월 22일에는 어윤중이 청국 원병을 요청했던 민영준을 대신하여 선혜청 당상을 맡았다.[138] 재정전문가라는 세간의 평가가 크게 작용한 것으로 보인다. 이어서 일본은 오랫동안 준비해 온 개전계획에 따라 경복궁을 점령한 지 이틀 뒤인 6월 23일 풍도 앞바다에서 선전포고도 없이 청군 함대를 기습 공격하면서 청일전쟁이 발발했다. 정국 상황은 한치 앞을 내다볼 수 없게 되었다.

일본은 이처럼 무력으로 조선 정국을 장악하자 내정개혁을 강요받은 조선 정부는 6월 26일 개혁 주관 기관으로 군국기무처를 설치했다.[139] 여기에는 민씨 정권에 의해 탄압을 받았던 세력들이 망라되었는데 대원군 세력을 비롯하여 이른바 김윤식, 어윤중, 유길준 등 시무개혁파, 친미·친일의

그림 28 청일전쟁 발발의 시발점이 되었던 풍도 앞바다의 해전 삽화. 일본 함대의 포격으로 청군 함대가 침몰하는 장면.

입지를 견지하고 있던 소장 개화파 김가진, 안경수 등이 포진했다.[140] 고종은 김홍집을 의정부 영의정이자 군국기무처 회의총재로 임명하고 기무처 의원들과 함께 개혁사무를 처리하도록 지시했다. 이들 위원의 대다수는 1880년 이래 근대화 정책이 추진될 때 권력의 중추세력이라기보다는 실무 관료로 활용했던 인사들이었다.

재정관서의 최고 책임자가 되다

어윤중은 최초 기무처가 구성될 때는 그 속에 끼지 못했다가 7월 2일 의원으로 추가되었다.[141] 이어 7월 15일에는 내각의 대신을 임명할 때 탁지부 대신으로 임명되었다. 드디어 그는 군국기무처의 핵심 인사로 부상했을 뿐만 아니라 재정관서의 최고 책임자가 된 것이다.[142] 탁지아문은 전국의 재정출납, 조세, 국채와 화폐 등 일체 사항을 총괄하고 각 지방의 재정사무를 감독하기 위해 설치되었다.[143] 이는 정부가 종래 각 군영, 아문 등이 독자적으로 운영하던 재정체계를 해체하고 탁지부로 하여금 국가재정을 총괄적으로 담당케 하며, 지방재정의 통제강화를 위한 개혁조치였다. 한편 어윤중은 김홍집, 유길준과 같은 노선을 걸어가면서 군국기무처 내에서 대원군파와 갈등을 빚자 사직 상소를 올렸다. 비록 사직 상소의 형태를 띠고 있으나 그의 개혁방향을 엿볼 수 있어 장황하지만 인용하면 다음과 같다.

> 오늘날은 바로 국가의 존망(存亡)이 좌우되는 때입니다. 청(淸) 나라와 일본(日本)이 나라의 영역 안에서 서로 다투고 선비와 백성들이 영남(嶺南)과 호남(湖南)에서 소동을 피우고 있으니, 군신 상하가 빨리 정신을 가다듬고 생각을 바꾸어 기강을 세워서 끊어지려는 나라의 운수를 잇고 이미 흩어진 인심

을 수습하여 돌려 세워야 할 것입니다.

의회(議會)를 설치하는 것은 원래 경장(更張)하는 데 있어 먼저 해야 할 일이니 마땅히 나라 안에서 선발하되, 성현(聖賢)의 뜻을 체득하고 호걸(豪傑)의 도리를 주견으로 삼은 사람을 구하여 그곳에 둠으로써 나라를 태평하게 하는 근본을 닦아야 할 것입니다. … 신의 내력은 원래 전하께서 잘 아시는 바와 같이 매사에 걸핏하면 낭패하여 배척을 당한 지 이미 오래이므로, 함부로 들어앉아서는 안 된다는 것이 명백합니다. 그런데도 사임할 생각을 하지 않고 억지로나마 회의에 참가한 것은 사실 위급한 때에 차마 물러나겠다고 할 수 없어서였지 조금이나마 보답할 수 있기 때문이 아니었습니다.

의안(議案)을 논하는 것만 보더라도 채택할 만한 세상일이 있건만 본말(本末)을 골라서 선후(先後)를 정하는 데 불과할 뿐인데, 그것을 뒤집어 놓으면 혼란될 것이니 어찌하겠습니까? 외국 것을 본받으려 하면서 단지 형식만 답습하고 고루한 규정을 없애려고 하면서 단지 정해진 법만 허물어 버리니, 말하기는 어렵지 않지만 실행하기는 어려운 것입니다. 실속 있는 노력으로 실속 있는 일을 할 생각은 하지 않고 한갓 헛된 논의만 늘어놓아 한때의 쾌감이나 구하려고 합니다.[144]

이에 따르면 어윤중은 청일전쟁과 농민전쟁으로 인하여 왕조가 천명이 끊길 정도로 절박한 위기에 처했다고 강조하고 이 위기를 원만하게 극복하기 위해 의회의 설치가 중요함을 강조하고 있다. 특히 그는 외국 문물 수용에만 급급한 나머지 형식화된 기존 법규를 철폐하되 대안을 제시하지 못하는 방식을 경계하고 있다. 따라서 그는 본말과 선후를 따져 실속 있는 노력으로 실속 있는 일을 해야 함을 절실히 요청하고 있다. 그것은 서양의 형식만 따오는 개화 만능주의나 요식적인 조치로는 이 난국을 극복할 수 없음을 역설적으로 강조한 것으로 제자이자 후배였던 유길준이 "오직 개혁을 잘 이룸으로써 자기의 독립을 보존하고 남에게 굴욕을 당하지 않으면서 개진의 실효를 거두어 보국안민하게 되기를" 소망했던 것이다.[145] 이른바 이들 갑오파는 이러한 보국안민을 이루기 위해서는 청국과 절연하고 또 부패 무능한 민씨정권을 타도하는 것을 절대절명의 시대적 과제로 삼았다.

그러나 군국기무처가 개혁을 추진하기에는 많은 난관이 기다리고 있었다. 당장 일본의 지원으로 설치되었기 때문에 설치 초기부터 식자층으로부터 많은 비판을 받았다. 일단 배후에 있다고 판단되는 박영효는 물론 현 정부의 핵심 관료들도 친일매국자로 지탄을 받았다.[146] 결국 많은 관료들이 줄줄이 사퇴하면서 권력의 공백 상태가 초래되었다. 이러한 위기 국면을 어윤중은 정면으로 돌파하고자 했다. 그는 9월 11일 다음과 같이 군국기무처의 위상을 높여 다시금 정권의 핵심으로 삼기 위해 의안을 주도하여 결의했다.[147]

> 의회(議會)를 의사부(議事部)로 하고, 의정부(議政府)를 행정부(行政府)로 하여 둘이 서로 대치되고 뒤섞이지 않게 하는 것이 바로 모든 나라의 공통적인 규례입니다. 군국기무처가 의정부에 소속되는 것은 일의 이치에 맞지 않으니, 이제 마땅히 기무처의 장정(章程)을 고쳐 만들고 권한을 오직 한곳에만 쓰이게 하여 되도록 의정부와 서로 대등하게 하여야 한다는 사안입니다.[148]

군국기무처는 '만국통례'에 따라 의정부의 소속기구가 아니라 의정부와 양립하는 입법기구로 승격했음을 의결한 것이다. 즉 군국기무처를 의회로 승격시켜 행정부와 입법부로 나누는 근대적 양권분립의 정체로 개정하려

했음을 보여준다.[149]

그러면서도 일본의 지원을 받는 박영효를 비롯한 망명자 그룹들과도 갈등이 자주 일어났다. 어윤중으로서는 갑신정변에 대해 대단히 부정적인 시각을 갖고 있었고 여전히 이들이 역적으로 각인되어 있으므로 될 수 있는 한 배제하려 했다.[150] 이 가운데 박영효의 배후에 일본 정부의 원조가 있으므로 조만간 정부 내에서 발호할 것이 틀림없다고 판단했다.[151] 특히 어윤중은 대원군과 연계하면서 박영효의 일본제도 이식 시도에 적극 맞섰다. 이에 일각에서는 그를 김홍집, 김윤식, 유길준과 함께 친대원군파로 인식하기도 했다. 미국 측에서는 어윤중을 대원군의 파벌로 인식하고 있었다.[152]

상하이에 체류하고 있었던 윤치호는 당시 박영효가 어윤중 일파의 질시로 인해 조선에서 적극적인 활동을 하지 못하고 있다는 보도를 전할 정도였다.[153] 또한 어윤중 개인적으로도 박영효가 스승의 아들이면서도 갑신정변을 일으켜 정국을 위기에 빠뜨렸을 뿐만 아니라 자신이 박영효의 아버지 박원양 매장 건으로 온갖 수난을 당했다는 점에서 박영효에 대한 심사는 매우 복잡했을 것이다. 여기에 갑신정변에 참여하지 않고 반청 반민씨 세력의 일원으로서 어윤중을 따랐던 이른바 갑오파 유길준도 갑신정변에 참여했던 갑신파 박영효 및 서광범과 위화감을 가지면서 치열하게 경쟁했다.[154]

이때 박영효는 1894년 제2차 김홍집 내각 내에서 자신의 정치적 기반이 미약하다는 점을 염두에 두고 평소 입헌군주론을 주장하여 왕실의 불신을 초래하다가 조선에 귀국하고서는 군권의 강화를 주장하고 과거 철종의 부마로서 수여받았던 금릉위라고 하는 신분을 이용하여 왕실에 접근했다.[155] 이어서 그는 김홍집, 어윤중, 유길준 등이 왕실과 군주의 권한을 제한하려

한다고 하여 이들을 내각에서 축출하고자 했다. 그는 이러한 구상을 이노우에 공사에게 밝힐 정도로 일본의 지지를 요청하기도 했다.[156] 이에 이노우에는 조선 정부의 내각을 통제하기 위해 김홍집에 대한 지지를 철회하지 않았고 박영효는 이에 아랑곳 하지 않고 자신을 중심으로 한 내각을 수립하고자 노력했다. 이노우에는 박영효의 이러한, 이른바 배신에 대해서 "마치 내 손으로 집에서 기른 개에게 손을 물린 꼴"이었다고 술회할 정도였다.[157] 박영효는 이처럼 자신의 지지 기반을 강화하기 위해서는 평소의 지론을 버리면서 갖은 수단을 강구했다. 심지어 1895년 5월에는 명성왕후가 러시아와 연계되는 것을 감시하기 위해 궁성 호위를 기존의 시위대에서 자신의 영향 아래에 있는 훈련대로 바꾸고자 했다. 이는 즉각적으로 고종의 불신을 초래했고 마침내 반역[不軌] 혐의로 일본 망명길을 떠났다.[158] 갑신정변 세력의 독자적 기반을 구축하기 위해 대원군을 이용하기도 하고 때로는 김홍집, 어윤중 시무개혁파를 끌어들이고 심지어는 일본 공사와 조선 왕실을 적절히 활용하려다 실패한 셈이다.

한편 어윤중은 명성왕후의 국정 간여에 대해서도 경계를 늦추지 않았다. 그는 명성왕후의 권력 장악 시도를 다음과 같이 언급하면서 저지하고자 했다.

> 오늘날 김굉집(金宏集, 김홍집의 초명) 씨를 총리로 미는 것은 당연한 일이지만, 현재 왕비가 군주권 수복에 열중하고 있는 때라 틀림없이 충돌을 일으켜 김 씨에게 상처를 입히게 될 것이다. 만약 충돌을 피하려고 한다면 자연히 왕비가 명령하는 대로 유유낙낙하지 않을 수가 없다. 그러므로 왕비를 막을 수 있는 모든 수단을 다하여 기반이 약간 굳어지는 것을 기다려 김 씨

를 추대할 작정이다. 오늘날에 김 씨와 지위를 다툴 사람은 없으니 다소 시일이 늦는다 해도 입각의 기회를 잃을 걱정은 없다. 다만 염려할 바는 왕비에 의해 동요되지 않는 기반을 어떻게 공고히 할 것인가 하는 데 있다. 오늘날의 추세로 보아 왕비는 반드시 어떠한 착란을 일으킬 것이 틀림없다. 그러한 기회를 틈타 이를 억제하는 방법을 강구해야 할 것이다.[159]

어윤중은 명성왕후의 국정 개입을 막는 한편 군국기무처 설립 이래 내각이 중심이 되어 개혁을 추진하고자 했다.

명성왕후 역시 반격을 준비하고 있었다. 그녀는 김홍집과 어윤중이 군주권의 강화에 반대하는 것에 불만을 품고 김홍집 내각을 붕괴시킬 계획을 준비하고 있었다.[160] 그리고 군부대신 조희연이 박영효에 의해 실각하자 고종은 곧바로 김홍집과 어윤중 등을 내각에서 구축했다.[161] 그러나 어윤중은 명성왕후에 대해서 개인적 반감을 가지고 있지 않았다. 비록 권력 운영 방식에서 어윤중과 왕실의 갈등이 일어났지만 사적인 감정으로 대하지는 않았던 것이다. 단적인 예로 『한국통사』의 저자 박은식은 그의 저서를 통해 어윤중이 명성왕후가 시해된 뒤 얼마 안 되어 폐서인에서 왕후로 복위시킬 것을 주장했음을 기술하고 있다.[162] 물론 이러한 서술의 명확한 근거를 확인할 길이 없다. 그러나 박은식이 당시 여러 기록과 당시 세간 분위기를 종합하여 정리한 점에 비추어 볼 때 개연성이 높다고 하겠다.

이처럼 어윤중은 갑오개혁기 정국의 혼란 속에서 박영효와 대립하기도 하고 왕실과도 갈등을 일으키는 등 권력 운영 방식을 둘러싼 노선 경쟁에 몸담고 있었지만 재정개혁을 통한 주권국가의 건설에 일관된 자세로 매진하고 있었던 것이다.

갑오개혁의 중심에 서서

차관을 통한 경제개발계획의 최초 입안자

군국기무처 설치 이후 각종 개혁 법령이 제정되었다. 이후 군국기무처가 일본의 내정 간섭에 의해 해체되고 김홍집 내각이 성립되었으나 경제개혁은 지속적으로 추진되었다. 특히 재정 관련 법령을 제정함으로써 갑오개혁기 재정개혁이 추진되었다. 그 중심에는 어윤중이 있었다.

갑오개혁 때 시행된 경제개혁의 내용은 크게 4가지로 나눌 수 있다. 첫째, 재정 기관의 통일, 조세 징수 및 지출제도 개혁, 각종 부세의 금납화, 환곡철폐와 갑오승총으로 대표되는 재정개혁, 둘째, 당오전의 혁파와 신식화폐발행장정으로 대표되는 화폐개혁, 셋째, 공물제도 혁파, 시가무용(時價貿用)의 실시, 육의전의 폐지, 보부상 혁파, 각종 특권회사와 수세도고의 혁파, 잡세철폐, 지방관에 의한 방곡의 금지 등 자유주의적 상업정책의 시행, 넷째, 탐관오리의 토색을 막는 다양한 방책 설정, 외국인에 의한 토지산림, 광산의 점유와 매매의 금지 등이 그것이다.[163]

갑오개혁은 크게 1894년 6월 군국기무처 설립에서 1896년 2월 아관파천으로 내각이 축출될 때까지 진행된 개혁이다. 어윤중은 1895년 6월 20

일부터 8월 23일 중추원 부의장, 의장 재직 기간을 제외하고는 이 기간에 탁지부 대신으로 오랫동안 재직하면서 경제 개혁을 수행했다.

우선 재정개혁은 갑오개혁의 핵심 개혁이었다. 당시 국가재정의 위기는 조선 후기 이래 교환경제의 발전과 지주제의 변동 속에서 관료군의 증대, 지방통치체제의 강화, 군사조직의 개편 등 지출 규모가 확대된 데 그 원인이 있었다. 특히 국교 확대기에 들어와서 근대화 정책에 수반된 비용의 증대, 신설 군영의 설치 등으로 지출 규모는 점점 커져갔다.[164] 그러나 이 시기 재정 위기의 원인은 지출 증대보다는 이서배, 수령 등 중간 관리자들의 부패와 체납으로 인한 조세상납의 부족 현상이었다.[165]

이러한 폐단을 근본적으로 제거하기 위해 실시된 것이 갑오재정개혁이라 할 수 있다. 당시 어윤중은 이를 통해 안정적인 재정수입을 얻고 농민의 조세부담을 경감하는 일거양득의 효과를 노리고 있었다. 따라서 재정기관의 통일, 즉 조세수납을 탁지부로 일원화한 것이 가장 먼저 공포되었다. 사실 재정 기관의 일원화 문제는 이때 처음 실시된 것은 아니었다. 일찍이 1882년 어윤중이 주도한 감생청 개혁에서도 각 관청 아문마다 받는 조세수납을 호조로 일원화했었고, 갑신정변 때도 이 문제가 거론되었으나 제대로 시행되지 못했을 뿐이었다.

이어서 시행된 것이 각종 세금을 돈으로 납부하는 금납화 조치이다. 이러한 조치는 어윤중이 일찍부터 구상해 온 것으로 1883년 함경도 계미사례에서 그 단초를 마련했다. 또 1878년 전라우도 암행어사 시절 조운제도의 폐해를 지적한 이래 개선 방안을 찾고 있던 터였다. 금납화가 이루어지면 현물 수송이 아니어서 조운의 폐단도 해소되기 때문이다. 유길준 역시 금납화를 행하면 결세수취에 따른 잡다한 명목의 잡세가 철폐되고 운반

과정에서 일어나는 폐단도 해결될 것이라고 강조한 바 있었다.[166]

그런데 금납화를 위해서는 공전(公錢)을 떼어주고 미곡을 유통케 할 은행이 절실했지만 은행을 당장 설립하기 어려워 미상회사(米商會社)와 공동회사(公同會社)를 설립하고자 했다.[167] 아울러 정부에서는 각 지방관이 미곡의 유통을 방해하지 못하도록 조치를 취했다. 이것은 미곡의 자유로운 유통을 보장하지 않으면 생산물의 화폐화에 지장을 초래함으로써 조선후기 지세의 금납화가 이루어지던 초기 단계와 마찬가지로 현물로 상납하는 것보다 더 많은 고통을 유발할 것이고, 또 관아가 징수한 화폐로 미곡을 매입하는 데 많은 어려움이 따를 것이기 때문이었다. 나아가 한양의 미곡 공급과 미가 안정을 위하여 정부가 상인들을 통해 미곡 수집에 집중했다.[168] 그 중심에는 어윤중이 있었다.

이처럼 금납화를 위한 제반 작업이 본격화하자 군국기무처에서는 8월 이후 경기도를 시작으로 토지 1결마다 매기는 세금액을 정하여 10월부터 평안도, 함경도를 제외한 5개 도에서 금납화 실시를 의결했다.[169] 시범 사례로 경기도에서 결가를 책정하는 과정에서 함경도 계미사례 기준을 적용했다.[170] 이는 어윤중이 결가 책정과 금납화를 주도하고 있는 동시에 이러한 개혁이 계미사례의 연장선에 있음을 보여주는 단적인 예라고 하겠다. 이후 1896년까지 결가는 각 도 각 읍별로 세분화되어 책정되었다.[171] 결가는 갑오개혁 이전 농민들이 부담해야 했던 조세액과 비교해 보았을 때 농민의 부담을 상당히 경감한 것이었다.[172] 결가 30냥은 당시 미가로 환산하면 약 쌀 20두 정도인데, 개혁 이전 농민들의 조세부담액은 각종 잡세를 포함, 1결당 50두가량이었다.

한편, 어윤중은 정전제를 비롯한 각종 토지제도에 관심을 가지고 있는 터에 조세 수입을 증가시키기 위해서는 전국의 토지에 대한 정확한 파악이 절실하다고 판단했다. 1895년 3월 10일에 김윤식에게 보낸 편지에서 다음과 같이 자신의 구상을 밝히고 있다.

> 대저 결정(結政)은 경계를 바로 잡지 않으면 어찌 토지를 나눠주고 봉록을 제정할 수 있겠는가. 우선 주군강역(州郡疆域)과 관원이액(官員吏額)을 정하고 급히 마땅히 양전하여 그 허결을 줄이고 그 은결을 찾아내 결총을 튼실히 한 후 세금을 정하고 봉록을 앉아서 정할 수 있다.[173]

어윤중이 평소 구상했던 조세개혁의 방향이 이러하였으므로 그는 자신을 이어 변계 문제에 임했던 이중하가 영남 위무사로 올린 보고서에 즉각 대응했다. 우선 이중하가 올린 건의안은 다음과 같다.

> 一. 영남 각 읍의 전정(田政)은 점차 다시 양전한다.
> 一. 각 아문의 군포와 각 진영의 군전(軍錢)은 당연히 정지하거나 없앤다.
> 一. 진주의 연강(沿江)·천포(川浦) 결세(結稅)는 특별히 영원히 없앨 것을 허락한다.
> 一. 김해 명지도(鳴旨島)의 염전세는 중간을 참작하여 감면한다.
> 一. 울릉도 수색선 격군(格軍, 사공보조수)들의 집물(什物, 일상 집기)은 지금부터 영구히 혁파한다.
> 一. 통영의 빚에 대해 이자를 불리는 것을 금단한다.
> 一. 의성현에 있는 광업소의 진결세(陣結稅)는 영원히 없앨 것을 허락한다.[174]

이에 내각에서는 1894년 12월 27일 『관보』를 통해 "귀 대신들이 영남위무사 이중하가 올린 조본(條本)에 의거하여 공동으로 그 핵심을 연구한 후에 서한의 내용에 있는 의견을 열거하여 교정해야 할 것이다."라고 밝혔다. 그리고 실제로 총리 대신, 내무아문 대신, 탁지아문 대신은 고종에게 방책을 건의했다. 그 내용을 요약하면 다음과 같다.

> 첫째, 전정의 문란은 단지 경상도 한 지역만이 아니므로 내무아문으로 하여금 내년 봄에 관원을 팔도(八道)에 파견하여 토지 제도를 실제로 조사하고 타당하게 다시 계산할 것.
> 둘째, 호적법(戶籍法)을 해이한 상태로 줄곧 내버려 두어서는 안 되니, 속히 도신에게 신칙하여 민호의 총수를 계산하여 사실대로 호적에 올리고 10개 읍에서 바치는 군포와 군전을 감면할 것.
> 셋째, 진주(晉州)의 강가에 있는 땅 중에 개천이 되었지만 아직 재결(災結)로 설정되지 못한 500결(結)을 청한 대로 특별히 영원토록 재결로 잡을 것.
> 넷째, 김해(金海) 명지도(鳴旨島)에서 억울하게 징수당하는 것이 많은 것은 백성의 고통에 크게 관계되는 만큼, 모두 해궁(該宮)과 해당 아문, 해도에 분부하여 청한 대로 감면할 것.
> 다섯째, 울릉도(鬱陵島)를 수색 토벌하는 격군(格軍)과 집물(什物)을 영원히 없애도록 영남(嶺南)과 관동(關東) 두 도에 분부할 것.
> 여섯째, 통영에서 돈을 빌려 주어 이자를 받는 것이 오랫동안 백성들의 폐단이 되고 있으니, 해영에 신칙하여 이제부터는 나누어 주지 못하게 하고, 각 읍에 이미 나누어 준 것은 회수하여 토지를 사서 경비에 보충할 것.
> 일곱째, 의성현(義城縣)에서 광물(鑛物)을 캐서 진결로 된 것에 대한 세금은

특별히 면제해 줄 것.

여덟째, 사옹원(司饔院)에 바치는 진주(晉州)의 백토와 인정미는 모두 영원히 돈으로 대신 바치도록 하며, 그 돈을 분원(分院)의 사기 굽는 장인(匠人)들에게 나누어 주어 백토가 생산되는 곳에 가서 사서 쓰도록 분부할 것.

아홉째, 역참의 폐단도 바로잡아야 하고 값을 쳐 주는 것도 갑자기 의논하기는 어렵지만 왕래하면서 침해하는 그릇된 관례를 도신으로 하여금 엄히 금지하도록 하여 역참의 폐단을 줄일 것.

열째, 안동(安東)의 유학(幼學) 강면(姜鏝)·곽종석(郭鍾錫), 예안(禮安)의 유학 이중린(李中麟), 성주(星州)의 전 도사(都事) 이종기(李種杞)와 유학 이승희(李承熙), 선산(善山)의 유학 허훈(許薰)은 모두 훌륭한 행실로 인해 위무사가 천거하는 글에까지 올랐으니, 재능에 따라 등용할 것.[175]

내각의 이러한 건의와 이에 대한 고종의 결재는 정부가 앞으로 추진할 조세제도 개혁의 방향을 보여준다. 즉 양전의 실시와 호적제도의 정비를 비롯하여 잡세 혁파 등이 단지 경상도에 국한되지 않고 전국 차원에서 시행될 것임을 예고한다. 특히 가장 중요한 사항이라 할 양전 시행은 이미 일본의 지조개정을 시찰하고 주의 깊게 조사한 터라 근대적인 토지조사사업을 염두에 둔 것으로 보인다. 1881년 당시 어윤중은 일본의 민유지 단별 토지가격과 지조 개정 관련 규정을 조사하여『재정문견』에 기록해 놓았다.[176]

그러나 일본 공사 이노우에는 조선 내각이 자신에게 자문을 구하지 않은 채 영남의 결가를 결정하는 과정에서 위무사의 이런 보고에 경청하는 것에 불만을 피력했다.[177] 즉 이노우에는 이중하의 보고를 믿고 중대한 조세를 감면하는 것은 불합리할 뿐더러 어윤중이 사전에 약속한 대로 재정

상의 모든 일은 이노우에의 의견을 물어야 한다는 취지에 어긋난다고 힐난했던 것이다.[178] 그러나 어윤중은 "당초 위무사의 별단 조본을 보았을 때, 열거한 각 항이 백성들을 병들게 하는 큰 폐단이 되며, 이렇게 가뭄으로 인한 흉년이 들고 또 난리를 거친 나머지 이와 같이 구제책을 시행하지 않으면 백성들이 살 수 없다고 생각"했다.[179] 나아가 위무사 별단 조본 교정 여러 항목이 백성을 살리는 인정(仁政)이라고 고수하는 답장을 이노우에에게 보냈다.[180] 어윤중은 탁지아문 대신으로서 일본의 군사적 압박에도 불구하고 일본이 재정 운영에 관여하는 것을 거부하고자 했던 것이다.

나아가 1895년 1월 군사재정으로 쓰여 중앙에 올라오지 않던 평안도 조세곡을 상납시키는 동시에 토지와 호구에 매기던 재정의 일부를 지방관아에 배정하되 탁지부에 보고하게 하여 지방관아 재정을 통괄하고자 했다.[181] 그리고 8월에는 계미사례를 복구하여 함경도 재정개혁을 완성하고자 했다.[182] 자신이 서북경략사로 활동하면서 마련한 계미사례를 중앙 차원에서 법제화로 확정짓는 순간이었다. 그러나 부세금납화에 필수적으로 뒤따라야 할 금융기관 설립이나 징세기구 개혁은 수반되지 못했다.

원래 개혁 초기단계에서 정부는 은행설립을 구상하고 있었다. 어윤중의 경우, 이미 조사시찰단의 일원으로 참가하여 대장성 사무를 조사한 뒤 『재정문견』 등을 작성하여 고종에게 보고한 적이 있었다.[183] 그는 일본에서 1872년 「국립은행조례」가 공포된 뒤 여러 국립은행이 설립되고 있는 사실을 지적하고, 메이지 정부가 "유신 후 일본은 외교·무역으로 주의를 정하고 세사(世事)가 조금 안정되자 인민들이 상업과 물산에 뜻을 품기 시작했으나 금은이 잘 융통되지 않고 자본이 폄소(貶所)한 듯했기 때문에 은행을 설비해 금은의 유통을 편하게 했다."고 보았다.[184] 또한 그는 "국내자본이 폄소하고 금융이 폐색(閉塞)되었기 때문에 정부와 사족이 서로 이로운 방책을 꾀하여 사족들이 공채증서를 저당 잡혀 국립은행을 창립하기로 결정했다. 한편으로로는 사족에게 생계를 이을 길을 열어주고 다른 한편으로는 금은의 유통을 꾀한 것"이라고 하여[185] 메이지 정부가 은행 설립에 필요한 자본으로 금록공채(金錄公債, 메이지 정부가 화족·사족들에게 녹봉을 폐지한 대신에 교부한 공채)를 동원했다는 점도 파악하고 있었다.

또한 요코하마정금은행(横濱正金銀行)에 대해서도 정부가 자본을 대고 외국화로(外國貨路)를 위해 설립했으며 "금전유출의 폐"를 막았다고 기술했다.[186] 어윤중은 지폐 발행을 통한 재원조달책의 부정적 영향을 충분히 인식했으며, 각국의 자금대출시 공인이자율을 조사할 정도로 차관도입안을 신중히 고려했다. 그리하여 그는 지조개정과 은행 설립을 통해 창출된 자본을 바탕으로 정부 주도 아래 추진된 식산흥업정책을 높이 평가했다.

그러나 정부는 이와 같은 은행을 설립할 만한 자본이 국내에 있지 않으므로 미상회사의 설립을 추진하는 데 그쳤다. 즉 국가가 직접 은행을 설립하지 못하고 한양의 미전(米廛) 대행수, 오강 강주인(江主人), 무미좌고(貿米坐賈) 등 상무에 익숙한 자들로 하여금 모두 합동하여 회사를 만들게 하는 것이었다.[187] 그러나 금융기관의 설립, 징세기구의 개혁이 실패로 돌아감으로써 부세금납화 조치는 그 부작용을 피할 수 없게 되었다. 교통 통신이 발달하지 못한 당시 상황에서는 각 지방의 군수가 조세의 징수 보관 및 지방경비의 지출 등을 관장하고 나머지 일정 부분만 상납하는 형태가 지속되었다.[188]

한편, 국가재정수입을 늘리기 위해 실시된 갑오승총은 종래 면부세지(免賦稅地, 대동세 면세토지), 면세출세지(결세 면세토지) 등으로 복잡하게 나누어 파악한 기존의 토지 파악 방식을 폐기하고 모든 토지를 일관되게 국가 수세지로 편입시키고자 한 조치였다. 어윤중은 하나의 정부가 전국을 통틀어 다스리는 때에 어느 곳은 관대하게 지세를 부과하고 어느 곳은 가혹하게 부과하는 지역별 차별이 있어서는 안 된다고 판단했기 때문이다.[189] 이러한 맥락에서 갑오승총이 실시되었지만 양전사업이 시행되지 못한 까닭에 지세 부과 기준은 종래 결부제적 토지 파악 방식에 근거를 두어야 했다.

또한 지세의 부담을 토지소유자인 지주가 아니라 소작인에게 부담시키는 예전의 관행도 그대로 지속되었다. 군역은 호세로 전환하여 신분제적 부과 원칙이 폐지되었으나 징세기구 마련의 미비로 향촌사회 내에서는 여전히 총액제로 부과되고 징수됨에 따라 구폐를 청산하지 못하고 있었다.

따라서 갑오개혁기 지세제도는 근대적 지세제도로 전환된 것이라 볼 수 없고 봉건적 부세제도의 속성을 유지하는 과도적인 지세제도라고 할 수 있다.[190] 어윤중은 이러한 지세제도를 하루빨리 개혁하여 본 궤도에 올리는 것을 최대의 과제로 삼았다.

지세제도의 이러한 한계에도 불구하고 어윤중은 일본의 경제 정책 간섭을 적극 저지하려고 했다. 전술한 바와 같이 이노우에 가오루의 권고를 따르지 않고 경상도 결가를 정한다든가 일본우선주식회사의 연해 항로권 확보 시도를 한 달이나 저지시킨 어윤중의 조치는 이를 잘 보여준다.[191]

조선 후기 이래 백성들에게 최대의 부담을 지우던 환곡을 철폐한 것도 어윤중이 추진한 재정개혁의 성과 중 하나이다. 어윤중은 1878년 전라우도 암행어사 시절 유망한 환곡이자의 탕감과 진휼기관 설치를 제안했고[192] 1883년 서북경략사로 나갔을 때에도 관북지방의 환곡을 영구히 중지할 것을 조정에 건의하여 이를 중단시켰다.[193] 그리고 갑오개혁기에는 환곡제도의 고리대적 착취를 폐지하고 본래의 취지대로 진휼의 기능만을 살린 사창제로 개혁했다.[194] 탁지대신(度支大臣) 어윤중은 다음과 같이 아뢰었다.

> 팔도(八道)에 있는 각종 환곡(還穀)의 명칭을 사환(社還)이라 고치고 지방관이 간섭하지 못하게 하며 백성들에게 조적(糶糴)하게 하면서 그 모곡(耗穀)을 덜어주고 그 조례(條例)를 탁지아문(度支衙門)에서 정하여 각 도에 분부하게 하는 것이 어떻겠습니까? 하니, 윤허하였다.[195]

환곡의 이자를 각 관아의 재정으로 활용하는 제도가 사라지고 오로지 국민들을 진휼하는 데만 쓰이는 사환으로 바꾼 것이다. 이런 점에서 본래의 환곡으로 되돌아갔다고 할 수 있다. 그는 전라우도 암행어사와 서북경략사 시절 개혁 경험을 바탕으로 환곡제를 개혁하기에 이른 것이다.

한편 어윤중은 지폐 발행에는 소극적인 자세를 취했다. 그는 한때 메이지 일본의 지폐 발행에 대해 다음과 같이 언급했다.

> 병마가 시끄럽게 일어나고 사물을 창시하는 때 정부가 경상, 임시경비를 마련하기 위해 오로지 지폐 발행에 의존한 것은 부득이한 일이었다.[196]

이에 따르면 어윤중은 지폐 사용에 대해서 유보적인 태도를 보이고 있는데 지폐 발행이 화폐 가치를 떨어뜨릴 수 있음을 알고 있었기 때문이다.[197] 프랑스와 일본에서 지폐를 과다하게 발행하여 화폐가치 하락을 유발한 사실을 지적한 적도 있었다.[198] 이에 갑오개혁기에는 은본위제를 채택하고 은화, 백동전, 적동전, 황동전을 주조하여 유통시킬 것을 계획하고 신식화폐발행장정을 반포한 바 있다. 그러나 재정 부족으로 인해 본위화를 주조하지 못한 상태에서 본국 화폐와 질, 양, 가(價)가 같은 외국 화폐를 섞어 쓸 것을 허용함으로써 일본 화폐가 국내에 유통되어 일본의 경제 침략이 쉽게 이루어지는 결과를 초래했다.[199]

그러나 어윤중이 국제정세의 변동과 일본의 정국 장악으로 인해 역학상 밀렸지만 그는 조선의 화폐주권을 지키려 노력했다. 예컨대 어윤중은 일본 지폐가 조선 국내에서 통용되는 것을 극력 반대하여 일본 지폐의 통용을 금하기도 했다.[200] 물론 일본의 강요로 금령은 조세 수납에 그치고 민간의 통용은 막지 못했다. 그러나 어윤중의 이러한 금령 조치는 일본 화폐의 조선 경제 장악을 막는 데 방파제가 된 셈이다. 또한 어윤중은 일본 지폐의 침투를 막기 위해 조선 지폐를 발행하고자 노력했다. 물론 일본이 자국 화폐 유통을 위해 극력 저지했기 때문에 실패했다. 당시 어윤중은 조선 지폐를 발행함으로써 일본 지폐를 통제하면서 자국 화폐주권을 지키려 했다. 그것은 일본이 표면적으로 조선의 자주독립을 말하지만 실은 기회를 엿보아 그 이익을 빨아들이려는 나라라고 생각하고 있었기 때문이다.[201]

그럼에도 외채 차관에는 결코 소극적인 자세를 취하지 않았다. 그 역시 충청, 전라, 황해 지방이 농민전쟁으로 인해 조세가 징수되지 않고 가뭄으로 당시 몇 달째 관료의 월급을 지급하지 못할 정도로 조선의 재정이 열악한 데다가 화폐 발행 등에 필요한 자금을 확보해야 했기 때문이다.[202] 그러나 일본의 경제 침략을 우려하여 일본으로부터 차관을 도입하기보다는 영국으로부터 차관을 도입하고자 했다. 즉 어윤중은 영국 영사와 밀약을 맺고 일본 정부의 차관 제의를 거부한 것으로 보인다. 당시 일본 정부는 어윤중 등이 일본 외채를 거부한 사정을 본국에 다음과 같이 보고했다.

조선신화폐 주조에 대한 의뢰의 건

기밀제183호 본106

이 나라에 신정부가 창립된 후 신화폐발행조례를 공포하게 되었는 바, 이미 주조한 화폐고가 은동을 합해서 겨우 20만 원에 불과하므로 금번 안경수 씨는 전환국 총판의 내명을 받들어 조속히 주조에 착수하게 되었습니다. (중략) 이 나라 정부로서는 현재 재정 정리가 아직 되지 않아 개혁사업이 하나도 성과를 거두지 못하고 있음에도 불구하고 대원군·김홍집·어윤중 등 주요 인사들은 외채를 빌리는 것을 원하지 않고 오히려 영국 영사와 밀약을 갖고 외채를 거부하는 하나의 구실로 삼고 있는 모양입니다. (하략) 1894년 9월 12일

大鳥 公使가 下仁 중이므로 공사관 일등서기관 杉村濬

외무차관 林董 殿[203]

인용문에 언급된 '밀약'은 1894년 3월 조선 정부와 영국의 로스차일드 회사 간에 체결된 계약서를 지칭하는 것으로 보인다. 이에 따르면 조선 정부는 1894년 2월 24일(양력, 3월 20일)부터 6개월간 돈을 빌리는 것을 승낙받고 그 대신에 철도건설과 광산개발, 채굴의 권리를 타국인에게 허락하지 않으며, 또한 타국인으로부터 은화 5만 원 이상의 차입을 허용치 않을 것을 약속한다는 내용이다.[204] 총세무사 및 탁지부 고문을 담당한 영국인 존 맥리비 브라운(John McLeavy Brown : 栢卓安)의 노력으로 조선과 영국 사이에 재정에 관한 밀약이 체결되었을 가능성을 추측해볼 수 있다.[205]

따라서 어윤중은 이러한 계약서에 근거하여 영국 로스차일드 회사로부터 차관을 도입함으로써 일본의 각종 경제적 종속화 시도에 맞서고자 했고

일본의 철도 부설 요구를 완화시킬 수 있었다.[206] 이를 위해 조선 정부는 이미 8월 하순에 브라운에게 총세무사와 재정(탁지아문) 고문을 맡아줄 것을 요청한 터였다.[207] 결국 조선 정부의 이러한 움직임은 일종의 균세(均勢) 정책을 통해 당시 일본의 조선 해관 장악 시도를 저지하려는 시도였다.[208]

그러나 이러한 시도에도 불구하고 국가 재정이 부족한 조선 정부는 여전히 청국으로부터 조선 해관 운영에 필요한 보조금을 받음으로써 청국의 간섭을 수용해야 했다. 또한 영국도 일본과의 정치적 마찰을 꺼려하는 가운데 로스차일드사가 차관을 제공하지 않아 계약 자체가 무효화되었다.[209] 영국으로부터의 차관 도입이 실패한 것이다. 이에 조선 정부는 관료의 밀린 월급 중 일부라도 지급하기 위해 1894년 12월 18일(음) 일본제일국립은행, 일본우선주식회사(日本郵船株式會社)으로부터 13만 엔의 차관 계약을 체결했다.[210]

이 차관 계약을 주선한 이노우에는 일본은행단 혹은 일본 정부로부터 5백만 엔 규모의 거액 차관을 도입하여 다목적적인 '내정개혁' 추진 자금으로 삼고자 했다. 이노우에는 5백만 엔 규모의 차관을 은화 혹은 지금(地金), 연리 8% 이하의 이율, 20년 내 상환조건부로, 그리고 조선의 해관세 및 경상 · 충청 · 전라 3도의 지세를 담보로 조선 정부에 대여할 것을 본국 정부에 제의했다.[211] 그는 5백만 엔의 차관을 미끼로 조선의 중앙 및 지방 정부의 재정권뿐만 아니라 일부 행정권까지도 장악할 수 있을 것으로 내다보았다. 그것은 영국이 이집트를 보호국으로 만들 때 쓰던 수법으로 이러한 차관을 통해 제도 개혁의 추진에 필요한 자금을 확보할 뿐더러 조선의 각종 이권을 농단하고 조선의 재정권과 행정권까지 음성적으로 장악하는 데 주안을 두었던 것이다.[212] 당시 이노우에 공사는 본국에 다음과 같이 상신했다.

한국 조정에 금전을 대여해 주는 것은 조선에서 우리의 실리적 관계를 공고히 하는 한 수단일 따름입니다. 지금까지 우리나라는 조선을 도와서 그 독립을 공고히 하고 내정을 개혁한다고 주장해왔지만, 모두 단순히 선린관계의 명분을 빙자했을 뿐이었습니다. 이렇게 해서는 조선에 대한 우리의 기반을 공고히 하는 데 부족하며 여러 강국에 대해 충분한 구실을 갖는다고는 할 수 없을 것입니다. 영국이 이집트에 대해 마음대로 간섭할 수 있는 구실이 어디에 있었겠습니까. 다름 아니라 영국이 이집트에 자본을 투자하여 실리적 관계에서 그 기반을 독점한 데 있는 것이 아니고 무엇이겠습니까. 그러기에 우리나라도 역시 조선에 대한 충분한 기반을 굳히고 내정간섭의 구실을 만들어 두려면 철도라든가 금전대여로 하여 이번에 조선에 대해 실리적으로 우리의 기반을 굳혀 두고 재정상의 관계로부터 시작해서 기타의 관계에까지 미치게 함으로써 간섭의 구실을 만들어 두는 것이 긴요하다고 믿습니다.[213]

이노우에는 이 계획을 청일전쟁이 종결되기 전까지 실현시켜 보려고 노력하였다. 무쓰 외무대신은 이노우에의 제안을 받아들여 미쓰이(三井)은행 등의 대표와 접촉했지만, 그들이 연 10% 이상의 고율 이자를 요구하는 바람에 성사시키지 못했다. 결국 1895년 2월 22일에 무쓰 등은 일본 정부예산 중에서 3백만 엔을 일본은행의 명의로

그림 29 이노우에 가오루

조선 정부에 대여하기로 결정하고, 곧 이어서 대여 안을 의회에 제출하여 승인을 받았다. 이때 일본 정부가 내세운 조건은 다음과 같다.

① 조선 정부의 조세와 해관세가 차관의 담보이다.
② 공채가 모집되면 본 차관을 상환해도 된다.
③ 상환기간은 5년으로 3년 거친 후 2년 분할 상환한다.
④ 3백만 원 차관액 중 1/2은 은화(銀貨), 1/2은 일본은행 태환권으로 제공된다.
⑤ 차관은 인천에서 교부된다.
⑥ 이자는 1년에 두 번 6월과 12월에 지급한다.
⑦ 이자율은 연 6%이다.
⑧ 이자와 원리금은 모두 태환은권(兌換銀券)으로 일본은행 본점에 지불한다.
⑨ 약정된 기간 내에 원금 및 이자를 상환하지 않을 경우 채권자는 담보인 해관(海關)을 차압한다.[214]

3백만 엔을 일본 태환권으로써 대여하되 조선 정부는 2년 이내 일본에서 발행될 조선 공채로써 이를 상환토록 하고, 이자는 연 6%, 담보는 조선의 해관세 수입으로 설정한다는 내용이다.[215] 그러나 이러한 조건은 조선 측에 불리한 것이어서 조선 측 대표가 크게 반발했다. 즉 어윤중은 윤치호의 의견을 근거로 삼아 다음과 같이 반박했다.

① 만일 조선이 은화로 300만 엔을 받을 수 있다면, 조선은 100만 엔의 자금을 태환지폐로 발행할 수 있다. 그래서 실질적으로는 차관을 400만

엔으로 늘릴 수 있다. 그러므로 지폐로 차관을 들여온다는 것은 적어도 100만 엔의 손실을 조선에 가져오게 한다는 결론이 된다.

② 일본 측에서 은을 거두어들이는 것은 일본의 신용 체제 안정을 위험에 빠뜨려 일본의 국내시장에 혼란을 초래할 것이라고 주장한다. 그런 파급 효과가 모든 것이 고도로 조직화된 일본 같은 곳에서 우려될 정도라면, 그것을 지불하는 데 충분한 보증 없이, 희망도 없고 도움의 손길도 없는 조선에 300만 엔을 풀어 놓는다면 얼마나 큰 재앙이 초래될지 아무런 걱정도 하지 않을 수 있겠는가?

③ 300만 엔의 지폐를 빌리기보다는 조선이 차관을 200만 또는 150만 엔으로 줄이고 100만 엔 또는 50만 엔의 태환지폐를 발행하는 것이 나을 것이다.[216]

조선의 이러한 움직임은 일본의 기록에서도 확인된다. 어윤중은 박영효와 더불어 일본과 담판할 때, 일본 지폐를 조선 법화(法貨)로 삼아 조세로 수납하는 것과 조선 지폐를 발행하지 않는다는 것에 동의하지 않았던 것이다.[217] 그 이유는 다음과 같다.

① 300만 엔의 금액을 태환지폐로 차용하게 되면 실제 통용에 혼잡을 일으키게 되므로 그 효용이 매우 적다.

② 일본 은행의 태환지폐를 조선의 법정화폐로 하여 조세상납을 허용하는 것은 독립국의 체면을 손상함은 물론 이것을 통용시키기가 매우 곤란하다. 만약 강제적으로 유통시키면 혹 유통은 되겠지만 일단 그 유통이 개시되면 이로 인해 조선 은화가 반대로 외국에 유출될 것이다. 그렇지 않

아도 조선에는 은화가 부족한데 이 이상 유출되는 일이 생기면 조선은 아주 지폐의 나라가 되어버릴 것이다.

③ 지폐의 발행을 앞으로 검속하는 것은 당혹스럽다. 왜냐하면 훗날 조선에서 재정을 정리하려고 하면 자연히 지폐를 발행하지 않을 수 없는 경우가 생길 것이므로 미리 지폐 발행을 검속하는 따위의 언명을 할 수가 없다.[218]

조선의 이러한 문제제기는 일본의 경제 종속화에 맞서 조선의 화폐주권을 지키기 위한 노력의 일환이었다. 또한 이때 어윤중은 박영효와 함께 "[조선인이] 비록 기갈(飢渴)을 참아 내야 하더라도 이러한 [악]조건의 돈을 빌려 쓰지 않겠노라."고 절규했다.[219] 쌍방의 논란 끝에 어윤중은 3월 19일에 다음과 같은 4가지 대안을 제시했다.

① 공채모집은 후일로 미루어 다시 상의하기로 한다.

② 일본은행 차관 3백만 엔 중 1/3만을 태환권으로 차입한다.

③ 상환방법에 있어 처음 5개년간은 이식만 갚고, 6차년부터 20차년까지 원금과 이자를 환불한다.

④ 담보는 인천, 부산 양항의 해관세 수입으로써 하되 그 선취권(先取權)을 준다.[220]

이처럼 조선과 일본 양측은 차관 조건을 둘러싸고 논란을 벌였으며 다시 논의한 끝에 음력 2월 27일(양 3월 23일)에서야 비로소 타협점을 찾았고, 음력 3월 5일(양력 3월 30일) 부로 3백만 엔 차관조약이 성립되기에 이르렀다.[221] 당사자는 대조선국 대군주 폐하로부터 전권을 위임받은 조선국 탁지부 대신 어윤중과 일본국 일본은행 총재대리 동 은행 지배인 즈루하라 사다키치(鶴原定吉)가 체결했다. 계약서에 따르면 일본은행이 조선 정부에 대하여 ① 총액 3백만 엔을, ② 그중 반액은 은화, 그 나머지 반액은 일본 태환권으로써 대여하되, ③ 이율은 연 6%, ④ 담보는 조선 정부의 조세로써 하고, ⑤ 3개년 거치 후 5개년 이내에 상환한다는 내용이었다.[222]

이 시점은 일본이 농민군을 진압하고 제2차 김홍집 내각을 세우는 한편 일본인 고문관을 배치하면서 조선 정부를 압박할 때였다. 그럼에도 어윤중은 일본의 강요에 호락호락하지 않았다. 그래서 1895년 2월 2일 이노우에는 본국 외무대신 무츠에게 보낸 비밀전문에서 다음과 같이 보고했다.

> 어윤중이라는 자는 어리석어 이재상(理財上)에서 자설(自說)을 고수만 해서 … 본관의 의견을 쓰지 않는 적이 왕왕 있었다.[223]

이처럼 어윤중은 외채의 위험을 일찍부터 인식하고 갑오개혁기 일본의 지폐 차관을 극력 반대하는 등 일본 공사 이노우에와 끊임없이 마찰을 일으켰다.[224]

결국 일본은 차관 공여를 통한 조선 보호국화 방침에 차질을 빚었다. 당시 일본이 이른바 '내정개혁' 추진 자금으로서의 효과를 발휘하는 데 실기하였을 뿐더러 그 대여 조건이 조선 정부의 회유 수단으로서도 기대한 효과를 낼 수 없었다. 특히 차관의 협상과정에서 어윤중 등 조선 정부 내 반일 세력은 일본의 가혹한 차관 조건에 크게 반발하여 이미 언급한 바와 같이 "이런 악조건의 차관은 거부하겠노라"고 버팀으로써 회담을 두 번씩 파국으로 이끌어 갔다. 당시 윤치호는 일본의 가혹한 차관 공여 시도에 다음과 같이 일기에 적고 있다.

> 그 차관은 300만 엔 가운데 절반은 은화로, 나머지 절반은 지폐로 한 불리한 조건으로 결정되었다. 일본 정부의 쩨쩨함이 경멸스럽다. 이곳의 일본 대표는 가난하고 무망하고 도움의 손길이 없는 조선에 일본이 얼마나 교활한 장난을 치고 있는지 알고 있다. 그들은 그 치사한 차관에 대해 미국인들에게 떠벌릴 만큼 뻔뻔하진 못하다.[225]

그러면 왜 어윤중을 비롯한 갑오파 관료들은 차관의 문제점을 인식하면서도 적극적으로 도입하려고 했을까.

이후 어윤중을 비롯한 이들 관료는 1896년 1월 18일 「기국채의(起國債議)」를 작성해 일본 정부에 추가로 500만 엔을 요청했다.[226] 이 계획안에 따르면 추가로 500만 엔을 도입하여 재정 정리와 민간산업 진흥을 꾀하여 근대적 자립경제의 기초를 다지고자 했다. 즉 이들 관료는 이 외자를 활용하여 왕실재정의 정리(왕실비의 절감, 왕실 소속 재산의 탁지부 이관, 기타 왕실 수입의 탁지부 이관), 징세법의 개량(은결의 적발, 수납의 결손 방지, 조세금납제의 조기 시행, 향회·향약의 활성화를 통한 납세율의 제고), 새로운 세원의 발굴(경인철도 등의 관영 교통수단의 개발,

그림 30 갑오개혁 당시 어윤중의 모습

신항구의 개항, 택지세의 신설, 관유지 불하 등), 민간 상공업의 진흥(상공회 설립, 민간의 기업심(起業心) 고양)을 통해 새로운 세원을 확보함으로써 3년 안에 차관을 상환하고자 했던 것이다. 〈표 13〉은 어윤중을 비롯한 갑오파 관료들이 작성한 1896~1898년 세입 세출 예상액이다.

표 13 1896~1898년 세입 · 세출 예상액 단위 : 원(元)

	1896	1897	1898
일반세입	4,809,410	5,445,195	7,875,925
차입금	2,500,000	2,500,000	
세입총계	7,309,410	7,945,195	7,875,925
세출총계	7,316,831	7,715,810	6,674,156

출전 : 『일본외교문서』 29, 「起國債議」, 612쪽.

〈표 13〉에 따르면 1896년과 1897년 각각 일본으로부터 250만원 씩 차관을 들여오지만 3년차인 1898년에는 차관을 들여오지 않음으로써 일본에 대한 경제적 · 정치적 의존에서 벗어나고자 했음을 보여준다. 즉 더 이상의 국채가 필요없이 혼자 힘으로 세계(歲計)를 유지할 수 있는 '독립자리(獨立自理)의 역'에 도달할 것을 기대했다.[227]

물론 이러한 계획은 일본의 차관에 의존하여 실행한다는 점에서 일본에 대한 의존성을 심화할 수 있다. 당장 실학자 이기(李沂)는 후세사가들이 어윤중을 매국자로 규정할 것이라고 극언했다.[228] 그는 일본재정에 대한 종속을 우려하여 토지개혁을 통한 국내자본 조달을 주장했기 때문이다. 그러나 어윤중은 토지개혁은 국가재정의 부족으로 불가능한 반면에 반개화운동을 적절하게 통제하고 민인들의 요구 사항을 충족시키면서 개혁의 동력을 내부에서 확보한다면 차관 상환은 가능한 일이라고 판단했다.[229] 대한제국이 수립된 이후인 1899년에 황실재정이 확대되고 각종 사회간접자본시설에 막대한 예산이 투입됨에도 불구하고[230] 정부는 일본에서 들여온 300만엔 차관 중 200만 엔을 상환할 정도였다.[231] 물론 당시 친일적인 총세무사 브라운이 러시아로부터 차관도입의 명분을 없애기 위해 대일 차관을 속히 상환한 사정도 있었다.[232] 그러나 정부가 차관 상환에 대한 계획을 수립하지 않았다면 불가능했을 것이다.

예컨대 아관파천으로 갑오정권이 붕괴하였음에도 갑오정권이 1896년 예산액 세출항목에 18만 원을 배정한 이래 신정부도 일본으로부터 들여온 차관을 상환하기 위해 매년 지속적으로 배정했다.[233] 따라서 차관 도입은 대외 종속만 심화시키는 요인으로만 작용하지 않았다. 차관은 개혁 주체의 역량에 따라 산업화의 물적 기반이 될 수 있다. 따라서 이를 최초로 시도한 어윤중은 차관을 통한 경제개발계획의 입안자인 셈이다.[234]

반개화파의 반발과 어윤중의 의문사

원한설과 역적설을 둘러싼 죽음의 내막

1895년 벽두에 들어와 김홍집, 김윤식, 어윤중, 유길준으로 대표되는 이른바 갑오파와 박영효, 서광범으로 대표되는 이른바 갑신파의 주도권 경쟁은 더욱 치열해졌다. 드디어 박영효는 왕실과 연대하여 입지를 다진 뒤 주도권을 장악해 나갔다. 나아가 박영효 세력은 왕실의 영향력을 약화시킬 요량으로 인아거일책(引俄拒日策)을 강구하던 왕실과 러시아 공사관 등의 접촉을 막기 위해 근위병을 교체하고자 했다.[235] 이에 왕실은 급격한 정국의 변화를 원치 않았던 일본의 방관 속에서 박영효에게 역모 혐의를 씌었다.[236] 그 결과 윤5월 15일 박영효는 일본으로 망명하기에 이르렀다.

박영효의 이러한 망명은 어윤중 등 갑오 시무개혁파들에게 영향을 미쳤다. 왜냐하면 이범진 등 친러파들이 이 틈을 타서 왕실과 연대하여 정국 주도 세력으로 부상했기 때문이다. 그 결과 김홍집 제3차 내각에서는 어윤중이 물러났다.[237] 아울러 민영준을 비롯한 민씨 척족들이 서서히 정계에 등장하기 시작하면서 러시아의 영향력이 점차 강해져 갔다.

이에 일본은 주도권을 만회하기 위해 명성왕후를 시해하는 만행을 저질렀다. 시해 참가자들의 배후는 야마가타 아리토모와 가와카미 소로쿠로 대표되는 일본 군부였다.[238] 일본은 이러한 기세를 몰아 제4차 김홍집 내각을 성립시켰으며 여기에 어윤중이 다시 입각했다. 또 군무, 경무, 법무 등에는 정평이 있는 친일파를 배치시켰다.[239] 이것은 명성왕후 시해 사건 사후 처리를 일본 편의대로 하고 친일정권의 무력적 기반을 장악하는 것을 중시한 미우라가 직접 지명한 것이다. 하지만 모든 대신들이 미우라의 장단에 맞추지는 않았다. 어윤중의 경우, 김홍집과 마찬가지로 학부대신 이도재와 함께 정부의 단발령 발포에 적극 반발했다.[240] 단발이 근대화를 표방하고 행해졌다고 하나, 일본화의 위기로 인식한 점, 그 실시 방법이 강제적이었다는 점 등을 우려했던 것이다.[241] 어윤중의 단발령 반대 발언 내용을 확인할 수 없지만 그와 노선을 함께했던 이도재의 사직 상소를 통해 연호 제정과 함께 단발령을 반대하는 이유를 확인할 수 있다.

단발(斷髮)에 대한 논의는 더욱 전혀 옳지 않습니다. 신의 어리석은 생각으로는, 우리나라는 단군(檀君)과 기자(箕子) 이래로 편발(編髮, 변발의 일종)의 풍속이 점차 고계(高髻, 다리를 덧대어 높게 튼 상투)의 풍속으로 변하였으며 머리칼을 아끼는 것을 큰일처럼 여겼습니다. 이제 만약 하루아침에 깎아버린다면, 4천 년 동안 굳어진 풍습은 변화시키기 어렵고 억만 백성의 흉흉해하는 심정을 헤아릴 수 없을 것이니, 어찌 격동시켜 변란의 계기가 되지 않을 것이라 알고 있습니까? 옛날에 청(淸) 나라 사람이 연경(燕京)에 들어가 무력으로 관면(冠冕, 왕이나 관원이 쓰던 모자)을 찢어버렸더니 쌓인 울분이 300년간 풀리지 않아 머리를 기른 비적(匪賊)이 한번 소리를 지르자 사방에서 그림자처럼 따라나서는 통에 수십 년간 군사를 동원해서야 겨우 평정하였으니, 이것이 충분한 교훈이 될 만합니다. 정말 나라에 이롭다면 신은 비록 목숨이 진다 하더라도 결코 사양하지 않겠는데 더구나 감히 한 줌의 짧은 머리칼을 아껴서 나라의 계책을 생각하지 않겠습니까? 단지 여러 차례 생각해 보아도 그것이 이로운 것은 보이지 않고 해로운 점만 당장 보이므로 감히 마음을 속이고 따를 수는 없는 것입니다.

삼가 바라건대 폐하께서 이미 내린 명을 빨리 취소하시고, 신의 직임을 체차하여 시골로 돌아갈 수 있게 함으로써, 사리에 어둡고 논의를 달리하는 자들의 징계로 삼으소서.[242]

이도재는 만주족의 상징이라 할 변발을 없앨 것을 요구한 태평천국의 난, 이른바 장발적(長髮賊)의 난을 예로 들면서 당시 식자층과 일반 민인들이 단발령을 구실로 변란을 일으킬 것을 우려했던 것이다.[243] 물론 세간에는 김홍집 등이 단발령을 주도했다고 알려져 있으나 이는 어디까지나 허구이다. 일본인들이 단발령을 강요해 놓고 그 책임을 김홍집 내각에 뒤집어씌우고자 했기 때문이다.

그러면 갑오정권은 어윤중을 비롯한 핵심 관료들의 반대를 무릅쓰고 단발령을 왜 단행했을까. 그리고 일본은 명성왕후 시해를 통해 정국을 장악했으면서 왜 무리하게 단발령을 강요했을까. 단발을 선호하는 윤치호마저 일본의 급작스러운 단발령 강요를 의아하게 여길 정도였다.[244]

우선 일본은 명성왕후 시해와 마찬가지로 단발령을 통해 조선 민인들의 자존심을 짓이겨 반발을 유도함으로써 일본군 증파의 구실을 만들고자 했다.[245] 또한 단발령의 시행으로 일본인 모자 판매상과 의류상에게 이익을 주고자 했다.[246] 단발을 하면 갓을 벗고 서양식 모자를 쓸 뿐만 아니라 양복을 입게 마련이다. 실제로 단발령의 시행으로 일본인 이발소와 양복점, 구두, 모자 등 양복의 부속품 판매점이 호황을 맞았다.[247] 단발령 강요는 정치적, 군사적, 경제적 여러 방면에 걸쳐 패권을 노린 일본의 의도적인 도발 행위였던 셈이다.

단발령이 이처럼 명성왕후 시해와 맞물려 개화정책에 대한 반발을 촉발시키고 일본에 대한 위기의식을 가중시키자 위정척사 유생들은 개화파 정권 타도를 기치로 의병을 일으켰다. 우선 정부의 단발령 강행에 대한 반발은 1차적으로 단발령을 강행하는 관리나 단발한 관민을 공격하는 것으로 표출되었다.[248] 이 가운데 어윤중의 심복이었던 맹영재가 피살되었다.[249] 관리에 대한 공격은 정부의 개화정책에 대한 반발이기도 했다. 또한 정부는 지방 제도를 개편하는 가운데 지방관의 숫자를 대폭 줄임은 물론 이서층(촌락의 하급 관리)의 도태를 강행했다.[250] 특히 조세제도를 개편함으로써 종래 조세 징수권으로 이득을 취했던 향리들의 반발을 초래했다. 물론 양반층도 호세를 부담하면서 불만이 커져갔다. 이들은 정부가 결호전제도를 시행하면서 양반층의 조세 부담을 늘리고 중간 수탈을 억제하고자 하자 기득권을 지키기 위해 의병 대열에 합류하기도 했다.[251]

예컨대 나주 의병의 경우, 호전제도의 문제점을 지적하면서 박영효의 심복 안종수를 "호적대장을 휴지로 여겨 도배지로 사용"했다는 죄로 처형했다. 그것은 정부가 양반에게 유리한, 기존의 호적제도와 군포제를 폐기하고 새로운 호전제도를 실시한 조치에 대해 불만을 제기한 것이다.[252] 따라서 이들 양반층과 향리층의 원성은 재정개혁을 단행했던 어윤중에 몰렸다. 어윤중은 타도의 대상이었던 것이다. 어윤중이 서북경략사로 활동하면서 유향층과 향리층의 반발을 샀던 이유와 동일했다. 어윤중이 아관파천 뒤 용인에서 향리에게 살해당한 것은 산송(山訟, 묘지를 쓴 일로 생기는 송사)에 따른 개인적인 원한이기에 앞서 향리층의 반발에서 비롯된 측면이 적지 않다.

한편 조선에 체류하던 구미 외국인의 반일 감정도 나날이 악화되었다. 당시 일본이 김홍집 내각을 등에 업고 각종 이권을 모두 차지했기 때문이다. 이에 이범진, 이완용 등 친미·친러파 인사들은 척사 유생 의병들의 반정부 활동이 벌어지는 상황을 이용하여 고종을 궁궐 바깥으로 탈출시켜 김홍집 내각을 붕괴시키는 공작을 진행했다.

드디어 1895년 11월 28일 고종을 경복궁의 동쪽 협문인 춘생문을 통해 바깥으로 모시려는 계획을 세웠다.[253] 당시 고종도 밀지를 통해 김홍집 내각 주요 대신들을 살해할 것을 지시했다. 이에 주도자들은 구 시위대 병력과 외부 의병을 동원하여 일본 수비대의 방해를 저지하고자 했다. 러시아 공사 베베르도 이들 춘생문 사건 주도자들을 지원하기 위해 장교와 병사를 대궐로 파견했다.

그러나 파천 작업을 추진하는 과정에서 이러한 계획이 서광범의 귀에 들어가고 말았다. 또한 대궐문을 열어주기로 약속했던 친위대 2대대 대장 이진호(李軫鎬)가 일찍부터 김홍집 내각에 계획을 누설한 터였다. 결국 김홍집 내각은 주도 세력을 일망타진하기 위해 계획의 실행을 기다렸다가 이들을 체포하기에 이르렀다. 이때 군부대신이었던 어윤중 역시 국왕의 수위병을 증원하기 위해 일부 빈방에 군사를 숨겨 놓고 성루에 올라가 시위대 병졸들에게 병영에 복귀할 것을 명령했다.[254] 어윤중은 시종 사관과 병졸들에게 발포하지 않도록 단단히 타일렀다. 그로서는 고종과 세자가 이 사건을 모르기를 바랐던 것이다.

대궐을 공격하는 데 실패하자 궁지에 몰렸던 '시위대 병졸'은 대궐 수비대 대대장 이범래의 위협과 어윤중의 명령에 사기가 완전히 떨어졌고 고종의 파천 계획은 수포로 돌아갔다. 그러나 어윤중 역시 친러파의 공세를 막았지만 자신이 추진해 왔던 재정개혁은 당시 권력 투쟁을 둘러싼 정파 간의 대립 갈등과 외세의 간섭으로 말미암아 소기의 목표대로 나아갈 수 없었다. 단발령을 반대한 고위 관료였지만 그 역시 반일을 외치는 친러 세력과 반개화 의병세력의 표적이 되어 가고 있었던 것이다.

정국은 한치 앞을 보지 못하는 상황으로 점차 빨려 들어갔다. 명성왕후 시해와 단발령 반포에 반발한 의병들이 전국적으로 일어나면서 갑오정권이 위기에 몰리고 있었다.

1896년 2월 11일(양력) 새벽 친러 세력들은 일본 수비대가 의병 진압을 위해 지방으로 파견 나가자 이 틈을 다시 활용하여 파천을 실행했다. 특히 김홍집 내각이 고종을 폐위한다는 설을 고종에게 알림으로써 고종의 파천 결심을 끌어냈다.[255]

드디어 이날 새벽, 고종은 친러파의 도움으로 러시아 공사관으로 거처를 옮겼다. 고종은 역괴(逆魁) 유길준, 조희연(趙羲淵), 우범선(禹範善), 이두황(李斗璜), 이진호, 이범래(李範來), 권형진(權瀅鎭)을 잡아서 즉각 참수하라는 명을 내렸다. 다만 어윤중은 살해 대상에서 빠져 있었다. 명성왕후 시해 당시 어윤중은 고향 보은에 내려가 있었기 때문에 살생부에 들어가지 않았던 것이다.

이날 김홍집과 정병하가 백성들에게 살해당했다.[256] 당시 김홍집은 유길준이 도망갈 것을 제안하자 이를 물리치고 "나는 먼저 폐하를 알현해서 폐하가 마음을 돌리실 것을 촉구하고 성사가 되지 않으면 일사보국(一死報

國)하는 길 밖에 없다."고 할 정도로 결의에 차 있었다.[257]

당시 조선주재일본 공사관의 보고에 따르면 당일 어윤중은 자신의 집에 머물고 있었다.[258] 그리고 박은식의 『한국통사』에 따르면 그는 아관파천 소식을 듣고 탁지부로 달려가서 장부를 정리하여 그곳 관리에게 넘겨준 다음 고향으로 내려가려 했다는 것이다.[259] 그가 과연 탁지부 서류를 부하 직원에게 넘기려 했는지는 불분명하지만 책임감이 매우 강했음을 보여주는 대목이다. 또한 그는 탁지부 대신을 사직하고 중추원 의장직을 수행하는 가운데 을미사변 직전인 1895년 8월 12일 휴가를 받아서 처자가 살고 있는 보은에 내려가 있었다.[260] 그런 까닭에 고종은 어윤중을 을미사변 역적으로 지목하지 않았다. 특히 아관파천을 측면에서 지원했던 서재필과 윤치호도 어윤중 살해의 불가함을 주장할 정도였다.[261]

어윤중의 죽음을 둘러싼 의문들

어윤중은 한양에 체류하면서 정국을 예의 주시하고 있었다. 하지만 김홍집과 정병하처럼 소위 '왜대신(倭大臣)'으로 몰려 백성들에게 변을 당할 가능성이 있었다.[262] 이에 다음 날 한양을 떠나 자신의 친척이 거주하고 있는 경기도 광주로 출발했다. 어윤중은 이곳에서 5일간 머물렀다. 그리고 한곳에 오랫동안 머무를 수가 없어서 충청도 보은으로 향하는 귀향길에 올랐다.[263] 그러다 도중에 머물렀던 용인 고을에서 1896년 2월 17일 마을 주민 정원로(鄭元老)에게 피살되었다.[264]

당시 윤용선·박정양 신내각은 어윤중의 횡사를 크게 애석하게 여겨 그 시신을 염해서 후히 장례를 치르도록 관계기관 관리에게 명령했다.[265] 『한국통사』의 저자 박은식도 많은 사람들이 슬퍼할 정도였다고 서술하고 있다.[266]

그러나 어윤중의 죽음에 관한 진실은 제대로 밝혀져 있지 않다. 즉 살해자의 신원과 피살 장소는 익히 알려져 있지만 살해 동기는 불분명하다. 이에 죽음을 둘러싼 원인과 피살 과정을 규명할 필요가 있다. 그것은 단지 범죄 행위를 규명하는 데 그치지 않고 어윤중의 삶을 총체적으로 이해하고 죽음의 의미를 역사적으로 파악하는 데 결코 놓칠 수 없기 때문이다.

어윤중의 죽음에 관한 설은 현재까지 남아 있는 자료에 따르면 크게 두 가지로 나누어 볼 수 있다. 즉 어윤중이 평소에 원한을 가진 용인 주민에게 살해당했다는 원한설과 어윤중을 갑오역적이라고 인식한 용인 주민에 의해 살해당했다는 역적설이다.

원한설을 대표적으로 보여주는 역사책은 황현의 『매천야록』이다.[267] 비록 야사 형태로 서술되었지만 저자가 직접 기록을 보거나 세간에서 신빙성이 높은 이야기를 수록하여 정리했다는 점에서 경청할 만한 기록이다. 어윤중의 죽음에 관한 서술 내용은 다음과 같다.

어윤중이 용인에서 피살되었다. 그는 김홍집이 살해된 것을 보고 자신도 그와 같은 벌을 받을까 싶어 부인의 교자를 타고 동대문 밖으로 나갔다. 잠시 자신의 고향인 보은으로 피신하기 위해서였다.

그러나 용인 어사리(魚死里)[268]의 어느 주점에 도착하여 식사를 하고 있던 중 군민(郡民) 정원로, 안관현 등이 어윤중과 오랜 원한이 있으므로, 어윤중이 도주한다는 소문을 듣고 그를 망명인으로 인식하여 공분(公憤)을 이용하여 원수를 갚으려고 그를 역적으로 지목하고, 여러 사람들과 함께 그의 뒤를 따라가 몽둥이로 쳐서 살해하였다.

그리고 사람들은 그 주점을 「성참(成讖)주점」이라고 하였다. 그것은 어윤중이 본래 점괘를 잘 보았는데 이때 그가 점을 쳐보니 동쪽으로 나가면 길하다는 점괘가 나와, 그가 동쪽으로 나갔다가 이런 참변을 당하였기 때문이다.[269]

이에 따르면 예전에 용인 주민 정원로와 안관현이 어윤중에게 평소 원한을 갖고 있다가 그가 아관파천 때문에 용인에 피신했음을 알고 주민들과 힘을 모아 죽였다는 것이다. 그런데 여기서 오랜 원한이 있었다고 서술하고 있는데 그 원한의 실체가 무엇인지가 불분명하다. 사실 어윤중이 용인에 거주하거나 고을 행정을 벌인 일이 없기 때문에 더더욱 원한의 실체가 애매모호하다. 특히 어윤중이 점괘 때문에 어사리로 떠났다는 말은 납득하기가 어렵다. 다만 그가 고향인 보은으로 가는 도중에 용인 어사리에서 죽음을 당했다는 점과 점괘에 밝았다는 점은 확인할 수 있다. 그 밖에 한말 3대 문장가의 한사람인 김택영(金澤榮)도 『한사계(韓史綮)』에서 "용인현에 이르러 원수진 사람에게 죽임을 당하였다."라고 서술하고 있다.[270]

한편 역적설을 대표적으로 보여주는 역사서는 정교의 『대한계년사』이다.[271] 이 역시 정교 자신이 보고 들은 이야기와 자료를 검토하고 정리한 역사서이다. 당시 정교는 독립협회에 가담하고 있을 정도로 중앙에서 활동했기 때문에 재야 유생으로 남아 있던 황현에 비해 중앙의 소식에 밝았다는 점에서 『매천야록』보다 더 많은 정보를 담고 있다. 『대한계년사』에서 밝힌 어윤중의 죽음에 관한 내용은 다음과 같다.

건원 원년 6월 13일 고등재판소장 한규설의 선고서는 다음과 같다.
"용인군 송전(松田)에 사는 평민 정원로는 건원 원년 2월 17일에 전(前) 탁지대신 어윤중이 용인을 지날 때, 그를 역적이라 지목하고 같은 고을 어비동(魚肥洞) 안관현의 집에 가서 어윤중을 죽일 모의를 하였다. 안관현의 머슴으로 같은 고을 와동(瓦洞)에 사는 임록길과 함께 장서리(長西里)까지 어윤중을 따라가 임록길보다 앞서 즉시 그를 죽였다. 동시에 임록길도 그를 해쳤다. 안관현은 미리 긴 몽둥이(桿棒)를 준비했으나, 그의 아들에게 용인 군수에게 알려, 전령(傳令)을 받아서 오도록 했다. 또 용인 군수의 편지를 가지고 양성(陽城)으로 갔다. 그러니 흉악함을 저지르는 데에는 참여하지 않았다. 또한 중간에서 여러 사람을 그만두도록 권하였다. 김순병(金淳秉)은 용인 군수로 난을 일으킨 백성들을 막지 못했지만 전령(傳令)을 발포하여 '피해 달아나 숨은 죄인을 빈틈없이 지켜보아 혹시라도 놓치는 일이 없도록 하라' 했고, 양성 군수에게 개인적으로 편지를 보내어 체포할 뜻을 표시했다. 그러니 정원로와 임록길은 사형에 처하고, 안관현은 태형(笞刑) 1백 대에 종신징역을, 김순병은 태형 6십 대에 처한다."하였다.

임금에게 아뢰니, 임금이 특별히 일일이 살펴 가벼운 쪽으로 처벌하는 의의에 따르라고 명령했다. 그래서 정원로는 유배 5년, 임록길은 유배 2년, 안관현은 유배 1년으로, 김순병은 한 등급을 낮추었다. 정원로 등은 전라도 완도군(莞島郡) 추자도(楸子島)에 귀양 보냈다.[272]

이에 따르면 정교는 『대한계년사』의 여타 사건 서술과 달리 자신이 보고 들었던 사실을 기술하기보다는 고등재판소에서 선고한 판결문을 그대로 인용하여 기술하고 있다. 그래서 이 내용은 『사법조첩(司法照牒)』에 실린 선고 내용과 유사하다.[273] 무엇보다 어윤중 살해에 가담하여 선고받은 피고는 『관보』에 나온다.[274] 이에 따르면 당시 정원로(평민 36세), 임록길(평민 25세), 안관현(평민 73세)은 각각 송전리, 와동, 어비에 거주하고 있었다. 판결문을 작성한 재판관은 고등재판소재판장 한규설, 판사 권재형, 판사 이희익이었다. 따라서 정교의 이런 서술은 여타 역사서에 비해 신빙성이 매우 높다.

우선 정원로와 안관현은 주도자일 뿐만 아니라 이들에게 고용된 임록길이 역적설을 퍼뜨려 마을 주민을 선동하여 어윤중을 살해했다는 점에서 내용이 『매천야록』보다 훨씬 풍부하다. 특히 어윤중을 살해한 동기가 원한이라기보다는 그를 역적으로 지목하고 살해했다는 점이 명백하게 드러나고 있다. 그리고 어윤중을 살해하는 방법이 매우 소상하게 밝혀져 있다. 끝으로 살인자에 대한 처벌 수위가 고종에 의해 낮춰졌다는 점이 확인된다.

그럼에도 몇 가지 의문이 제기된다. 무엇보다 어윤중의 살해는 이들의 단독 범행이었을까. 즉 어윤중이라는 고관을 일개 고을 주민들이 단독으로 살해하는 것이 가능한 일일까. 그리고 고종이 1차 재판에서 직접 가담한 정원로와 임록길, 안관현을 각각 사형과 종신징역에 처했는데 왜 갑자기 감형시켰을까.

이러한 의문은 제3의 자료라고 할 수 있는 『주한일본공사관기록』을 통해 실마리를 풀 필요가 있다. 물론 이 자료는 일본 측이 본국에 보고하기 위해 작성된 기록물로서 신뢰할 수 있는 자료이지만 어떤 사안에 관해서는 자신들의 불리한 사항을 감추기 위해 의도적으로 왜곡하는 경우도 있다. 그럼에도 어윤중에 관한 정보는 자신들로서도 유불리를 떠나 정확하게 파악하고자 했다는 점에서 신빙성이 있다. 이 자료에 실린 어윤중 관련 보고 내용을 보면 다음과 같다.

지난번에 새 내각이 왕의 폐위를 꾀한다는 역명(逆名)을 전 내각에게 전가하여 이를 전복할 뿐만 아니라 10월 8일 사변에 대한 복수로 김홍집 총리와 정병하 농상공부대신을 참살하고서도, 더욱이 현재 도망중인 조희연 이하 친위대의 대장 등을 계속 체포하라는 엄명을 내렸다는 내용은 전부터의 보고에 상세히 말씀드린 대로입니다만, 이번 김 외부 · 어 탁지부 대신 등에 대해서는 단지 그들이 일본당이라는 이유로 비록 공공연히 이들을 죽음에 빠뜨리도록 하는 일을 저지를 수 없겠으나, 질서가 문란한 이때에 있어서는 혹 암살 등의 위험이 없지 않을 것이라는 예측불허의 상상을 하고 있었습니다. 그런데 과연 상상하였던 대로 전 내각의 탁지부 대신이었던 어윤중 씨가 경성을 하직하고 고향인 보은(忠淸道)으로 돌아가는 도중 지난 19일 용인에서 끝내 폭객(暴客)에 의해 맞아 죽은 것은 실로 비탄해 마지않는 바입니다.

애당초 이범진 등 여럿 무리들로서는 모계가 성취된 여세를 몰아 金 총리는 물론 모든 일본당인 전 내각원을 한 사람도 빠짐없이 모두 죽여 훗날 세력을 만회하는 데 화근을 없애려는 것이 그들의 본래 바라는 바가 틀림없었으나, 한편으로는 과격한 거동이 혹 남의 힐책을 받을까 두려웠고, 또 한편으로는 서재필 · 윤치호 같은 무리가 안에 있어서 그 불가함을 주장한 것으로 인해, 하는 수 없이 시후(弑后)에 관련된 주요한 인물들만을 처형할 것을 명시(明示)한 데 불과합니다. 그러나 그 속마음에서는 결코 이를 달갑게 여기지 않고 있음은 역시 감출 수 없는 사실이라 할 것입니다.

당일에(아관파천 당일을 의미함) 김(윤식) 외부와 어(윤중) 탁지부 대신은 각각 결심하고 그들의 저택에 칩거하여 조용히 왕명이 내리는 것을 기다리고 있었는데 그 후 체포하라는 특별한 명이 없으므로 어 씨는 오히려 경성에 있으면서 전변하는 상황을 눈 앞에 보고 듣기가 거북해서 드디어 경성을 떠나 고향에서 한거(閑居)하려고 지난날 우선 광주(廣州, 경성에서 50리)에 있는 친척을 찾아갔으나 한 곳에 오래 머무를 수가 없어 5일 동안 있다가 나와서 귀향길에 올라 이날 용인에 숙박했습니다. 그런데 이 지방에는 터주격인 안 씨(안관현을 지칭)와 정 씨(정원로를 지칭)가 살고 있어서 어 씨가 투숙하였다는 말을 듣자 군수에게 다가가서 국적(國賊)인 어 씨를 살해해야 한다고 하였으나, 군수는 그에 대한 정부의 영달을 아직 못 받았다고 이에 응하지 않고, 오히려 어 씨에게 빨리 이곳을 떠나는 것이 안전할 것이라고 알렸습니다. 이에 어 씨는 다음날 아침 그곳을 출발하자마자 길에서 폭도를 만나 끝내 독수에 걸려 타살되었다고 합니다. 일설에는 그 안과 정 두 사람은 곧 이범진의 근친으로서 전에 어 씨 암살의 지시를 받고 있었으므로, 이에 이르러 폭민(暴民)과 의논하여 길을 지키다 처음 뜻대로 수행한 것이라고도 합니다. 그러나 현 내각은 어 씨의 횡사를 크게 애석해 하면서 그 시신을 염해서 후히 장례를 치르도록 그 관계기관 관리에게 명령하였다 합니다. 이는 지난 20일 고쿠부 쇼타로(國分象太郎) 통역관이 친히 이완용으로부터 들은 말이라고 하니 어쩌면 확실할 것입니다.[275]

보고 내용의 요지는 정교의 『대한계년사』와 유사하다. 그런데 전반부에서는 어윤중의 죽음에 대해 의문을 제기한 뒤 후반부에서 아관파천의 주도 인물인 이완용의 말을 근거로 삼아 어윤중 살해를 지시한 사주자로 이범진을 지목하고 있다. 물론 이 보고서는 자신들의 유불리를 따져 친러파에 의한 사주설로 몰아갈 가능성이 높다. 그렇더라도 서재필과 윤치호가 어윤중 살해를 반대했다는 점은 이미 다른 자료에서 확인되므로 신뢰할 수 있다. 그렇다면 이범진이 어윤중 살해의 배후조정자임을 밝힐 필요가 있다. 이런 의문을 풀기 위해서는 우선 안관현과 정원로가 이범진의 근친인지를 확인할 필요가 있다. 그러나 이들의 관계를 풀 수 있는 자료가 없으므로 또 다른 제3의 자료를 활용할 필요가 있다. 그것은 한말의 풍운아 윤효정의 『풍운 한말비사』라는 야사이다.

이 책에 따르면 사건의 중심에 유진구(兪鎭九)라는 의문의 인물이 등장하는데 『풍운 한말비사』에 근거하되 여타 자료와 연계하여 이 사건을 재구성하면 다음과 같다.[276]

유진구는 어윤중이 용인에 당도했을 때 정원로 집에 식객으로 와 있었다. 그는 을미사변 2달 뒤에 무인 출신으로 탁지부 대신 어윤중 휘하의 사계국장(司計局長)이었던 김재풍 등과 함께 궁내부 순사로서 명성왕후 복수를 위해 경복궁에 침입하려다가 실패한 적이 있었다. 소위 춘생문 사건의 당사자였다. 그런 점에서 유진구는 김재풍과 더불어 남촌의 대표적인 무인이었다.

당초 이들 무인은 베베르와 가까운 이범진 등과 춘생문 사건을 모의했다. 이들이 경복궁 후문인 신무문에 집결하면 이범진의 조카인 시위대장 이진호가 내응해 문을 열어주기로 되어 있었다.[277] 궁내부 순사인 유진구도 여기에 참여했다. 이때 이진호는 고민 끝에 상관인 어윤중에게 이를 알렸으나 어윤중은 이진호에게 알아서 판단토록 위임했다. 이에 이범진의 통보를 받은 이진호는 고민을 거듭하다가 결국 신무문을 열어주지 않았다. 거사는 수포로 돌아가고 유진구는 법망을 피해 도주하다가 광주에 숨어 있는 신세가 되었다. 유진구는 거사 실패의 책임이 어윤중에게 있다고 생각해 늘 복수할 기회를 노렸는데, 이때 어윤중의 소식을 접하게 된 것이다. 당시 유진구는 35세 평민 출신으로 북서 계동(北署 桂洞)에 거주하고 있었다.[278]

따라서 유진구로서는 어윤중을 살해하기 위해 정원로에게 사건의 자초지종을 알렸으며 정원로는 이를 듣고 대노했다. 그는 곧 동네청년들을 이끌고 가 어윤중이 묵고 있던 사랑방을 덮쳤다. 그러나 일행은 심상치 않은 마을 분위기를 눈치 채고 이미 떠난 뒤였다. 이들은 급히 가마를 추격해 마침내 어비울 주막 앞에서 일행을 붙잡았다. 어윤중은 가마에서 끌려나와 천변에서 무참히 타살되고 말았다.[279]

윤효정의 이러한 서술은 사건의 실체에 다가갈 수 있는 실마리를 제공한다. 그의 주장을 따라가다 보면 어윤중은 결국 아관파천의 주역 이범진의 사주를 받은 유진구에 의해 죽임을 당한 셈이다. 정원로 등을 비롯한 범행 가담자들이 어윤중과 직접적으로 원한 관계를 맺은 것도 아닌데다가 어윤중이라는 대신을 살해했음에도 훗날 감형을 받는 것으로 보아 윤효정의 이러한 서술은 대단히 신빙성이 있다. 물론 정원로 등의 피고들에 대한 판결문에서 범인들의 배후 인물이 전혀 나오지 않아 윤효정의 주장은 한낱 전해오는 풍문을 전달할 수도 있다. 그러나 윤효정 자신이 탁지부 주사로서 어윤중을 상사로 모시다가 명성왕후 시해 사건을 두고 결별했을 뿐더러 춘생문 사건에 가담했다는 점에서 그가 춘생문 사건의 전모를 잘 알고 있음을 감안할 필요가 있다. 특히 윤효정의 『풍운한말비사』가 그의 말년인 1931년부터 『동아일보』에 연재되었다는 점에서 굳이 과거의 진실을 감추거나 왜곡할 필요가 없다는 점에서 판결문에서 밝히지 못한 뒷이야기를 전하고 있다고 판단된다.

반면에 원한설은 정부가 어윤중의 죽음에 관한 진실을 은폐하기 위해 일부러 유포한 게 아닌가 한다. 더욱이 황현은 이들 범행자의 감형 이유를 다음과 서술하고 있다.

갑오년(1894) 여름, 곤전(坤殿, 명성왕후를 지칭)이 탁지부에 새우젓을 진상하라고 분부하자 내시에게 놀라 말하기를 "새우젓은 이미 많이 먹었는데 아직도 새우젓을 찾는단 말인가?"하였다. 그는 일찍이 청국의 서태후를 매도하며 말하기를 "늙은년이 반드시 청국을 망칠 것이야."라고 말하였다. 이것은 대개 곤전을 빗대어 가리킨 것이다.

그리고 하루는 고종이 조희연에게 매우 화를 내며 그를 군부직(軍部職)에서 제외하려고 하자 모든 각료들은 그는 아무 죄가 없다고 하였다. 고종은 더욱 화를 내어 "짐이 재신(宰臣) 하나를 물리치지 못하니 어찌 임금이라 할 수 있겠는가?"라고 하면서 어보(御寶)를 집어던지며 "짐은 임금이 아니니 경들이 이것을 가지고 가시오."라고 하였다.

이때 대신들은 벌벌 떨며 말을 하지 못하였다. 그러나 어윤중은 천천히 일어나 말하기를, "성인의 말에 임금은 신하를 예로써 대하고 신하는 임금을 충성으로써 섬기라고 하였는데, 폐하께서 신 등을 이렇게 대하시면 신들은 어떻게 폐하를 섬길 수 있겠습니까? 우레와 같은 위엄을 거두시고 공의를 펼 수 있게 하시길 바랍니다."라고 하였다. 고종은 아무 대답도 하지 않고 있었다. 그 후 법관들이, 정원로 등이 대신인 어윤중을 함부로 살해하였으니 그들의 죄는 교형으로 처리해야 한다고 주장하였다. 그러나 고종은 그들에게 사형을 감면하고 유배를 시키라는 특지(特旨)를 내렸다. 이것은 어윤중이 고종의 비위를 거슬렀기 때문이다.[280]

그렇다면 여기서 우리는 대담하게 역사의 수레바퀴를 거꾸로 돌릴 필요가 있다. 역사는 우연인가 필연인가. 그리고 인간의 운명은 어떻게 결정되는가. 만일 일본이 단발령을 강요하지 않았다면 정국은 어떤 방향으로 흘

러갔을까. 그렇게 되었다면 반일 의병이 일어날 명분이 약해지는데다가 친러파의 아관파천 시도는 실패로 돌아갔을 것이다. 또 어윤중이 군부대신 서리를 맡지 않았더라면 어윤중은 살아남을 수 있었다는 얘기이다. 물론 일본은 아관파천을 예상하지 못한 상태에서 단발령을 밀어붙여 조선에 대한 군사적 압박을 가하고 싶었을 것이다.

어윤중이 죽은 이후 정성우가 상소를 올려 명성왕후 시해 사건의 배후 조종자로 몰아세우며 어윤중 등의 처벌을 주장했다. 이에 고종은 "논박하는 글에 어째서 사실과 어긋나는 것이 많은가?"라는 비답을 내려 그들의 허황된 주장을 일축했다.[281] 고종이 어윤중과 정국 주도권을 둘러싸고 갈등이 야기되었지만 어윤중이 이들 사건의 배후 조종자가 아님을 명확하게 알고 있었기 때문이다. 이후에도 어윤중을 추가 처벌하라는 상소가 올라왔으나 고종은 받아들이지 않으면서 이러 상소를 불쾌하게 여겼다.[282]

이후 1906년 통감부가 설치되어 대한제국이 사실상 무력화되자 일부 인사들이 중심이 되어 과거 인물들을 복권시키려는 노력을 전개했다. 예컨대 이즈음 김윤식과 유길준은 일본의 장단에 맞춰 '국가를 위해 순절한 사람'들을 대상으로 하는 추도회를 조직하기도 했다.[283] 나아가 당국에 시호를 건의하고자 했다.[284] 여기에는 민태호, 조영하, 김옥균, 전봉준 등이 포함되었다. 그러나 추도 대상에는 민영환, 조병세 같은 인물은 포함되지 않았다. 당시 황현은 다음과 같이 추도 모임 주도자를 비꼬았다.

> 김윤식, 유길준 등이 강구회(講舊會)를 설치하였다. 그 항목은 향약과 같았다. 그리고 그들은 또 국가를 위해 순절한 사람들을 위하여 추도회를 결성하고, 최근에 국가를 위해 순절한 민태호, 조영하, 김옥균, 전봉준 등을 추

천하여 추도하였다.

그러나 그중 민영환, 조병세 등을 넣지 않은 것은 왜(倭)가 혹 무슨 이론(異論)을 제기할까 두려워했기 때문이다.[285]

김윤식과 유길준은 민영환과 조병세가 을사늑약 체결 때 늑약에 반대하여 순국한 인물임에도 일본이 기피하는 인물이어서 이들을 제외시켰던 것이다. 더욱이 이때 전봉준도 공적을 인정받아 표창장이 내려졌다. 그것은 통감부가 대한제국 정부에 의해 비판받았던 인물들을 복권시키면서 문명개화론자든 동학 후손이든 한국인의 민심을 무마하겠다는 계산이 깔려 있었다.

또한 어윤중도 1910년 6월 29일 국망 직전 시기에 그의 공적을 인정받기에 이르렀다. 이때 순종이 명을 내려 어윤중을 표창하고 규장각 대제학과 충숙(忠肅)이라는 시호를 추증했다. 조령의 내용은 다음과 같다.

고 탁지부 대신(度支部大臣) 어윤중(魚允中)은 도량이 넓고 식견이 깊으며 뜻이 굳고 기개가 확고하였다. 크게 나아갈 자질로 악한 것을 배척하고 착한 것을 내세우는 기풍을 지니고 여러 번 재정과 부세에 대한 일을 맡아보면서 오랜 폐단을 정리하였으며 변경의 일을 경영하면서 국방 대책을 강구하였으니, 참으로 새 정사의 귀감이고 큰 집을 지탱할 동량(棟樑)이었다. 그런데 그 포부를 펴보지 못한 채 갑자기 세상을 떠났으니 이제 새삼스럽게 돌이켜 생각하여 볼 때 비통한 마음을 어떻게 견딜 수 있겠는가? 아직도 표창하는 은전을 베풀지 못하였으니 특별히 정1품 보국숭록대부(輔國崇祿大夫) 규장각 대제학에 추증하도록 하라. 시호를 주는 절차는 시장이 올라오기를 기다리지 말고 시호를 의정하고, 연시하는 날에는 지방관(地方官)을 보내어 치제하라."
하였다.[286]

공적의 사유를 보면 어윤중의 행적과 대부분 일치한다. 재정개혁과 조세개혁이 그러하고 북방 국경 경영도 마찬가지이다.

그런데 다음날 함께 시호가 추증되는 인물이 김홍집과 김옥균이었다. 김홍집에게는 충헌(忠獻), 어윤중에게 충숙(忠肅), 김옥균에게 충달(忠達)이 내려졌다.[287] 그런데 어윤중과 김옥균은 사실 노선을 달리한 인물이라 같이 시호를 받는 것이 어색하다.

그렇다면 이들 어윤중과 전봉준이 이런 표창을 원했을까. 일제에 의해 망해가는 나라, 허울뿐인 나라가 뒤늦게 공적을 인정해 주어 표창을 준다는 것이 어윤중이나 전봉준에게 어떤 의미가 있었을까. 어윤중과 전봉준은 처지와 방법은 달랐지만 목표는 동일했다. 어윤중은 스위스처럼 작은 나라이지만 스스로 나라를 지키며 열강에게 업신여김을 받지 않을 소강국을 꿈꿨다. 전봉준 역시 민인들과 더불어 잘 사는 나라를 꿈꿨다.

그러나 그의 삶에 대한 재평가가 우여곡절 끝에 이처럼 이루어졌지만 어윤중 유족의 이후 삶은 녹록치 않았다. 1884년에 태어난 4대 독자 어영선(魚英善)은 이제 갓 10살을 넘어 자신의 삶을 스스로 개척할 수 없었다.[288] 그리고 어윤중 가문이 이전부터 쇠미한 데다가 어윤중 자신이 평소에 재물을 모은 관리가 아닌지라 유족들의 삶은 한미 그 자체였다. 현재 어윤중의 무덤 소재를 정확하게 확인할 수 없음은 이를 단적으로 보여준다. 그리하여 어영선은 잠시 어윤중의 지인들의 도움으로 잠시 주사직에 임명되었으나 그것도 잠깐이었으며 이후 그리 현달하지 못한 채 조용히 살다가 1942년에 사망했다. 그리고 손자 어강(魚江) 역시 토지조사사업 당시에는 보은 삼승면 선곡리 가택을 소유하고 있었으나 이후 어느 시점에 화순최씨가에 가택을 팔았다. 어윤중의 부인 풍양조씨는 1921년 사망하여 보은군 삼승면에 근접한 수한면 수한리에 묻혔다.[289]

에필로그

시대를 앞서간 엘리트 시무개혁관료의 삶

어윤중은 교정청 당상(堂上), 선혜청 제조, 군국기무처 의원, 공조판서, 탁지아문(탁지부) 대신, 중추원 (부)의장, 군부대신 서리 등에 발탁되었다. 갑오개혁기 탁지아문(탁지부) 대신 등 주요 관청에서 근무한 어윤중은 어떠한 평가를 받았을까? 단편적인 기록에 근거한 것이지만, 당시 어윤중은 상당히 긍정적인 평가를 받았다.

우선 어윤중과 사제 관계를 맺었지만 임오군란을 전후하여 급진 개화파 진영에 섰던 윤치호조차 평소 어윤중을 애증 어린 시선으로 바라보다가 어윤중의 죽음을 맞아 이를 매우 안타깝게 여겼다.

> 이달 9일 전 탁지부 대신 어윤중이 용인의 저자거리에서 폭도에게 피살되었다. 일본 측과 친일 인사들은 한성에서 지시를 받고 파견된 두세 명의 자객이 살해했다고 주장하고 있다. 그가 어떤 운명을 맞았든 그는 왕후 시해 후 들어선 내각의 인사로 죽은 사람들 가운데 내가 가장 유감스럽게 생각하는 유일한 사람이다.[1]

윤치호는 다른 인물을 평가할 때 지식인 특유의 냉소가 깔려 있지만 어윤중에게만은 "가장 유감스럽게 생각하는 유일한 사람"이라고 하여 어윤중의 죽음을 매우 애석하게 여겼다. 특히 그 역시 어윤중이 친러파에게 사주를 받은 자객에게 암살되었음을 강조하고 있다.

어윤중과 노선을 달리하며 위정척사 노선을 걸었던 황현마저 어윤중을 두고 "누차 사직을 하려 했으며, 억지로 관직생활을 하고 있는 사람이지만, 국가의 장래를 생각하여 어떠한 어려움도 피하지 않았다."는 평가를 내렸다.[2] 또한 구체적인 사례를 들어 어윤중이 청렴한 관리라는 사실을 강조했다.

탁지부 대신 어윤중은 국가의 장래를 생각하여 어떤 어려움도 피하지 않았지만 독립운동에 동조한 사람이 적어 늘 한탄하였고, 누차 사직을 하려고 해도 그의 사직을 받아들이지 않으므로 억지로 관직생활을 계속하고 있었다.[3]

어윤중은 오랫동안 재정을 맡고 있으면서 고종이 혹 사적으로 요구하는 경우가 있을 때는 즉시 그 청을 거절하였으므로 이때부터 두 사람은 고종에게 미움을 받았으며, 유길준도 성품이 강직하여 자신이 받은 뇌물이 드물고 또 받았더라도 사적으로 챙기는 일이 없었다. 그리고 그는, 자신은 매우 검소한 생활을 하면서 남의 식생활을 도와준 곳이 10여 호나 되었다.[4]

또한 한말의 대표적인 문장가 김택영(金澤榮, 1850~1927)도 다음과 같이 그의 자세와 성격을 묘사하고 있다.

어윤중은 질박하고 정직하며 과감하여 일에 임하여 고집하여 지킬 줄을 알았으므로, 개혁할 때에 홀로 외국인들에게 꺼림을 당하기도 하였다. 그러나 성격이 약간 거친 까닭에 사람들 가운데 더러 원망하는 자가 있기도 하였다.[5]

그는 이처럼 많은 식자층들에게 정직과 개혁의 화신으로 비쳤다. 심지어 반일 관료로서 칭송을 받기도 하였다.

그러나 그의 과감한 성격은 때로 원한을 사서 오해를 불러일으키기도 했다. 대표적으로 이토 히로부미를 처단한 안중근이 그의 옥중 자서전을 통해 어윤중의 치부 과정에서 드러난 문제점을 지적하면서 그의 또 다른 모습을 폭로했다. 관련 서술 내용은 장황하지만 독자들의 궁금증을 조금이나마 해소할 요량으로 제시하면 다음과 같다.

그 이듬해 을미년 여름에 어떤 손님 두 사람이 찾아와 아버지에게 하는 말이 "작년 전쟁 때 실어온 천여 푸대 곡식은, 그것이 동학당들의 물건이 아니라 본시 그 절반은 지금 탁지부 대신 어윤중 씨가 사두었던 것이요, 또 그 절반은 전 선혜청 당상 민영준 씨의 농장에서 추수해 들인 곡식이니 지체하지 말고 그 수량대로 돌려 드리시오." 하는 것이었다. 아버지는 웃으며 대답하되 "어 씨, 민 씨, 두 분의 쌀은 내가 알 바 아니요. 직접 동학당들의 진중에 있던 것을 빼앗아 온 것이니 그대들은 무리한 말을 다시는 하지 마시오." 하자 두 사람은 아무 대답도 없이 돌아가고 말았다.

하루는 경성에서 급한 편지 한 장이 왔다. 그 편지를 열어보니, "지금 탁지부 대신 어윤중과 민영준 두 사람이 잃어버린 곡식 푸대를 찾을 욕심으로 황제 폐하께 무고로 아뢰되 "안모가 막중한 국고금과 무역해 들인 쌀 천여 푸대를 까닭 없이 도둑질해 먹었기 때문에 사람을 시켜 탐사해 본즉, 그 쌀로써 병정 수천 명을 길러 음모를 꾸미려 하고 있사오니 만일 군대를 보내어 진압하지 않으면 국가에 큰 환난이 있을 것입니다."라고 하여, 곧 군대를 파견하려 하고 있으니 그렇게 알고 빨리 올라와 선후방침을 꾀하도록 하시오."라는 내용이었다(전 판결사 김종한의 편지).

아버지는 그 편지를 읽고 곧 길을 떠나 경성에 이르러 보니, 과연 그 말과 같으므로 사실을 들어 법관에 호소하고 두서너 번이나 재판을 했으나 끝내 판결을 보지 못했다. 김종한 씨가 정부에 제의하되 "안모는 본시 도적의 유가 아닐 뿐더러 의병을 일으켜 도적들을 무찌른 국가의 큰 공신이니, 마땅히 그 공훈을 표창해야 할 일이거늘, 도리어 근사하지도 않고 당치도 않은 말로써 모함할 수가 있겠습니까" 하였다. 그러나 어윤중은 끝내 들어주지 않더니, 뜻밖에 어 씨가 민란을 만나 난민들의 돌에 맞아 참혹하게 죽은 귀신이 되어 그의 모략도 끝나고 말았다.[6]

안중근의 이런 진술에 따르면 어윤중은 치부를 하기 위해서 안중근의 부친 안태훈을 협박하고 모략한 몹쓸 인물인 셈이다. 과연 이러한 진술은 사실일까.

우선 안중근의 진술에는 기본적인 사실 관계가 잘못되었다. 하나는 1895년 여름은 민영준이 이미 실각되어 원악도에 정배된 시점이어서 민영준이 자신의 곡식을 찾기 위해 농간을 부릴 수 없었다는 점이다.[7] 또 하나는 안중근이 어윤중과 민영준이 정적 관계임을 모르고 이들을 한데로 몰아 어윤중을 아버지를 협박한 당사자로 지목하고 있다는 점이다. 즉 1894년 7월 어윤중이 참여한 군국기무처에서 민형식과 함께 민영준을 처벌하고 그들이 백성들로부터 강제로 빼앗은 산림과 토지를 주인에게 돌려준다는 의안을 올릴 정도로 어윤중과 민영준은 정적 관계였다.[8] 물론 1895년 7월 3일 어윤중이 잠시 탁지부 대신에서 물러나고 심상훈이 탁지부 대신을 맡고 민영준이 석방되었기 때문에 민영준이 안태훈에게 압력을 가할 수 있다.[9] 그러나 이런 사실이 어윤중이 안태훈을 협박했다는 사실을 입증하는 것은 아니다.

다음 안중근은 왜곡되거나 와전된 사실에 근거하여 어윤중을 파렴치한으로 인식하고 있다는 점이다. 가장 단적인 예로 어윤중이 안태훈을 협박하여 자신이 사둔 곡식을 되찾으려고 했다는 사실이다. 그러나 오영섭이 밝힌 내용에 따르면 어윤중은 탁지부 대신으로서 동학농민군에게 빼앗겼다가 안태훈 의병진에게 넘어간 국곡(國穀)을 회수하려고 노력했다는 것이다.[10] 1894년 4월 18일 탁지부에서 황해도 관찰사 조희일에게 보낸 공문 내용은 다음과 같다.

> 신천군에 거주하는 안태훈이 사용한 공무미(公貿米) 5백 석을 숫자대로 조사하여 거둬들이고, 그가 거느린 의병들을 타이르고 깨우쳐 귀향시키라는 뜻을 관문을 만들어 잘 준행토록 하라.[11]

이 공문에 따르면 어윤중은 안태훈이 동학농민군을 진압할 때 노획한 정부미 500석을 이른바 의병의 군수미로 임의 사용한 것과 동학란이 진압되었음에도 불구하고 휘하의 의병들을 해산시키지 않고 청계동에서 거느리고 있는 점을 문제 삼았음을 확인할 수 있다.

물론 중앙정부의 이러한 조치는 양반 의병과 농민 간의 치열한 전투가 벌어졌고 안태훈이 동학농민군 진압에 공이 있다는 점에 비추어 볼 때 대단히 융통성 없는 조치로 보일 수 있다. 그러나 당시 국가 재정이 파탄을 맞고 있는 상황에서 어윤중은 이러한 위기를 해소하고 군대를 안정적으로 지휘하기 위해서는 국곡을 회수하고 의병 조직을 해체할 필요가 있었다. 또한 오영섭의 추정에 따르면 어윤중이 회수하려 한 곡식 중에 송도 상인 김수민의 곡식이 포함되어 있었는데 민영준이 복권 이후 이 곡식을 강제로 회수하고자 하였다는 점에서 이 곡식의 실질적인 소유주는 민영준이다.[12]

그렇다면 안중근의 진술은 반은 맞고 반은 틀린 셈이다. 정국의 혼란 속에서 안중근 자신도 진위를 가리기에는 어려웠을 것이고 들려오는 온갖 풍문과 와전에 쓸려 어윤중을 단단히 오해했다고 하겠다.

따라서 당대 많은 이들의 목소리에 경청할 필요가 있다. 다시 한 번 황현의 어윤중 평을 들어보자.

그는 성품이 강직하여 남이 원망을 하더라도 목적을 과감하게 달성하였으므로 과오도 많았지만 공무에 열중하여 시속배들은 그를 따를 사람이 없었다. 그는 김홍집과 함께 세상을 구제할 수 있는 인재로 불렸고, 그가 살해된 후에는 개화(開化)에 앞장설 사람이 없음을 모두 한탄하였다.[13]

또한 황현과 또 다른 노선을 걸었던 양명학자 박은식도 다음과 같이 그의 성격을 묘사하면서 그의 죽음을 아파했다.

어윤중은 평소 마음이 강직하고 결단성이 있어 어렵고 겁나는 일을 피하지 아니하여 골경지신(骨鯁之神, 강직한 신하)이 되었다가 이에 이르러 왕사(枉死,

재앙이나 살해에 의해 죽음을 당함)하여 많은 사람이 슬퍼하였다.[14]

일본 측도 어윤중이 자신들과 대립각을 자주 세웠음에도 불구하고 어윤중에 대한 긍정적인 평가는 마찬가지였다.

조선주재일본공사관은 1894년 7월 19일자(양)로 일본 외무대신 무쓰 무네미쓰 앞으로 노인정회담(老人亭會談)[15]의 내용과 함께 동년 7월 16일(양)에 열린 교정청 회의 내용을 요약하여 보냈다. 이 문서에는 어윤중과 박정양만이 진심으로 일을 하고 있다고 평가했다.

16일 의정부 교정위원 회의
회의의 개요는 다음과 같다. 일본은 이미 조선이 구법에 따라서 신명하기를 바라고 있다. 즉 일본인의 말 가운데 들을 만한 것이 있으면 듣되, 들을 필요가 없는 것은 듣지 않는다. 이번 회의는 실로 우리나라 스스로의 자유권 행사로 이루어지는 것이다. 그러므로 일본인이 말하는 것을 꼭 따르지 않아도 좋다. 그중 철도가설 등에 관한 사항 같은 것은 더욱이 절실하지 않은 것으로 돌려도 좋다는 것이다. 그런데 대신과 여러 관리들은 오직 관망할 따름이었으며 특별히 어떤 일에 대해서 의결한 바 없이 해산하였다. 교정청 당상관 중 오로지 어윤중과 박정양 등 두 사람만이 진심으로 일을 하고자 했을 뿐, 그 밖의 다른 사람들은 모두 권문의 친근자라 사람 수만 채운 자들이다. 요컨대 서로 마음을 합해서 함께 일하는 실이 없고 오로지 서로 가로막고 일을 늦추게 할 따름이다.[16]

어윤중에 대한 일본 측의 긍정적인 평가는 군국기무처 관리를 평가한 공사관의 자료에서도 동일하게 나타난다. 조선주재일본공사 오오토리 게이스케(大鳥圭介)가 일본의 외상 무쓰 무네미쓰에게 보낸 문서를 보면 군국기무처를 구성하는 대부분의 관리를 비판하고 있는 반면, 어윤중과 박정양을 명관(名官)이라 평가했다.[17] 당시 어윤중이 전술한 바와 같이 일본의 권고를 무시하고 조세제도 개혁을 진행하고, 일본의 지폐 차관에 강력하게 반발하여 일본 공사 이노우에와 끊임없는 마찰을 일으켰다는 점에서 일본의 이러한 평가는 이례적이다.[18] 심지어 어윤중은 일본 측에서 경질을 요구할 정도로 일본 측에 의한 '관제개혁'을 반대했다는 점도 감안할 필요가 있다.[19] 그것은 어윤중과 일본이 상당히 불편한 관계임에도 일본이 인정할 수밖에 없는 진실에서 비롯된 것이 아닐까.

끝으로 어윤중의 평생 동지였던 김윤식은 아관파천 당일 김홍집과 어윤중의 피살 소식을 듣고 개탄한 나머지 낙심해서 지각을 잃을 정도였다.[20] 두 사람의 모습이 마치 눈앞에 있는 것처럼 어른거려서 잠시도 그 두 분을 잊을 수 없다고 할 정도였다. 이어서 자신의 일생을 회고하면서 10명의 인물을 애도하는 글에서 다음과 같이 짧은 서문을 쓰고 애도시를 지었다.

하늘이 큰 임무 맡길 인재로 이 사람 냈건만　天降斯人大任才
재주만 있고 운은 없으니 아, 어찌된 일인가.　才無命嗟何哉
물에 빠진 백성 건지려다 도리어 비방 들었고　拯民如溺猶遭謗
나라 근심에 몸 잊었건만 오히려 시기 받았네.　憂國忘身反見猜
도적이라도 중유의 미더움 알았으니　盜賊亦知仲由信
조정은 이강 오기를 기다려야 했네.　朝廷須待李綱來
문득 염여에 놀라고 바람에 돛대 꺾이니　忽驚灩澦風檣折

온 나라 처량해지고 만사는 재가 되어버렸네. 邦國凄凉萬事灰[21]

김윤식은 여기서 어윤중을 금나라의 침략에 맞서 역전(力戰)을 주장한 송나라의 대표적인 주전론자(主戰論者)인 이강(李綱)에 비견하면서 그가 시대를 제대로 만나지 못해 그의 백성과 국가를 향한 충정이 제대로 인정받지 못했음을 안타까워했다.[22] 그리고 어윤중이 사망한 지 14년이 지난 1910년에 김윤식은 제사를 지내면서 어윤중에 대한 인물평을 다음과 같이 내렸다.

오호라 경께서는 嗚呼惟卿

고인의 유풍을 지니셨도다. 古之遺直

하늘이 위인을 낳아 天生偉人

사직을 지켜주셨도다. 以衛社稷

사직이란 무엇인가 社稷維何

오직 임금과 백성뿐이라. 惟君與民

백성을 보호할 수 없다면 不能庇民

무엇으로 임금을 높이랴. 何以尊君

이 뜻 하나만을 쥐고 秉執此義

백 번 꺾이어도 돌아보지 않았도다. 百折不回

내외를 두루 거치며 歷試內外

정성을 다하고 지혜를 다 쏟았나니. 竭誠盡知

백성을 이롭게 할 수만 있다면 苟利於民

온몸을 다 바쳐도 아깝지 않으리. 頂踵不惜

부월을 지니고 호남으로 가고　持斧湖南
경략사가 되어 서북으로 가서　經畧西北
묵은 폐단을 줄이고 없애니　蠲除宿弊
백성들이 이에 살아났도다.　赤子斯活[23]

김윤식은 어윤중의 죽음을 한탄하는 것을 넘어서 그가 세인들에게 잊혀지지 않고 역사 속에 오래 기억되기를 비는 마음에서 이 시를 읊었을 것이다. 이에 따르면 어윤중은 근대개혁을 추진하고 국가주권을 수호하기 위해 중국과 일본을 드나들며 동분서주하였으며 민생의 안정을 도모하고 적폐를 해소하기 위해 암행어사로서, 서북경략사로서 활약했다. 어윤중의 일대기는 외세의 침략과 시대의 엄혹한 압박에도 굴하지 않고 온몸을 내던졌던 시무개혁관료 그 자체를 보여준다.

어윤중은 아관파천 때 횡사한 데다가 후손들도 변변하지 못해 살아온 이력마저 별로 남아 있지 못하다. 그가 여타 인물들과 달리 문집조차 남기지 못한 것은 이 때문이었다. 심지어 무덤조차 알려져 있지 않을 정도로 철저하게 잊혀져 갔다.

그러나 가끔씩 친일파 인사들이 어윤중 추도회를 가졌다는 기사가 신문에 실리면서 일반인들에게도 알려졌다. 예컨대 『매일신보』 1917년 5월 26일자 보도에 따르면 조중응, 윤치호 등이 간도를 시찰했던 일행을 불러 어윤중 추도회를 가지면서 그의 간도 개척을 찬양했다. 일제는 간도 영토에 대한 관심이 많은 까닭에 어윤중의 행적을 철저하게 이용하고자 했다. 이러한 행사는 중일전쟁과 아시아태평양전쟁이 한창인 때에 더욱 눈에 띄었다.[24]

간도 개척과 관련하여 어윤중을 소개하는 일은 조선의 신문사도 마찬가지였다. 당시 국내 식자층들과 일반인들이 간도 거주 조선인들의 생존권 문제에 관심을 가지고 있었던 터라 조선인의 간도 이주를 어윤중의 행적과 관련하여 소개하기도 했다. 예컨대 1923년 3월 30일 자 『동아일보』에서는 어윤중이 1883년 정계비문에 있는 토문강이 송화강으로 흘러가는 것을 발견하고는 토문 이남 조선인들을 월경자로 처벌하지 않았음을 강조했다. 이는 당시 간도 조선인을 둘러싸고 중국 정부의 박해에 맞서서 저항하는 이곳 조선인들을 지원하기 위한 보도였다. 또한 최남선의 경우, 유대치의 업적을 기리기 위해 어윤중의 서북경략사 활동도 유대치의 구원심장(久遠深長)한 조선개조운동에서 찾았다.[25] 당시 어윤중의 개혁 노력은 철저하게 망각되었고 오로지 간도 문제와 연관되어 주시될 뿐이었다.

대동아공영론이 한창 기승을 부릴 때 어윤중은 김옥균과 함께 동아공영권에 기여한 인물로 소개되기도 했다.[26] 즉 이 글에 따르면 어윤중이 일본 시찰 당시 일본인 정치가와 학자들을 만났으며 특히 흥아회 소에지마 다네오미(副島種臣)와 만나 아시아주의를 찬동했다는 것이다.

그런가 하면, 어윤중은 한국인이든 일본인이든 문명개화주의자들에 의해 사대당과 독립당이라는 이항 대립 구도에 갇혀 사대당의 일원으로 인식되었다.[27] 우선 후쿠자와 유키치는 갑신정변의 원인과 결과를 사대당과 독립당의 대립·갈등에서 빚어졌다고 파악한 뒤 이 속에서 조선의 멸망 원인을 찾았다.[28] 이러한 근대사 인식 체계의 연원이 서구=문명, 비서구=야만이라고 하는 서구의 오리엔탈리즘에서 비롯되었다는 점에서 일제의 조선 침략과 통치를 정당화하고자 하는 일본판 오리엔탈리즘을 떠올릴 수 있다.[29]

이러한 인식 체계는 근대사 인식의 전범이 되어 한국인 식자층과 일본인 식자층에 공히 영향을 미쳤다.[30] 심지어 이인직은 그의 소설 「은세계」에서 김옥균을 '동양의 영웅'이라고 치켜세울 정도였다.[31] 그리고 최남선의 『조선역사통속강화』에서 개화당의 연원을 밝히면서 개화당에 박영효, 김옥균, 홍영식, 서광범 등을 포함시키면서 어윤중, 김홍집, 김윤식 등은 제외했다.[32]

해방 이후 어윤중에 대한 인식은 이전 시기에 비해 부정적인 방향으로 나아갔다. 김옥균이 해방 후 남북한에서 근대의 선각자, 자주독립을 추구한 애국자로 추앙받으면서 그와 경쟁 관계에 있었던 어윤중은 사대 친청파로 치부되거나 소극적 현실주의자로 격하되었다. 이병도의 경우, 이러한 수구 대 개화, 사대와 독립이라는 이항 대립 구도 속에서 개화독립당은 대개 나이가 젊고 기운이 팔팔한 유위(有爲, 능력과 쓸모가 있음)의 무리였다고 하여 은연중 김윤식, 김홍집, 어윤중 등을 제외시켰다.[33] 심지어 이병도는 1957년 『신국사대관』에서는 박영효 서광범과 어윤중, 김홍집을 분리시켜 서술하고 있다.

> 이때 내각은 일본 망명에서 돌아온 박영효 서광범 등을 가입하여 온전한 개혁당(개혁당) 내각을 조직하였는데, 미구(未久)에 박영효는 김굉집 · 어윤중 등의 구파인물과 더불어는 소기의 개혁을 달성하지 못하리라 하여 이들을 제거하려고 총사직을 종용한 일이 있었다.[34]

여기서 김홍집, 어윤중은 박영효 등 소장 개혁파들의 장애물로 묘사되고 있다. 철저하게 급진 개화파 박영효의 시각에서 이 시대 개혁운동을 정리하고 있는 셈이다.

물론 일부 글에서는 어윤중을 민씨 사대파도 아니고 독립당도 아니라고 변호하기도 한다.[35] 그런가 하면 1901년 제주민중항쟁을 그린 『변방에 우짖는 새』의 작가 현기영은 김윤식의 시선으로 어윤중이 친청파도 아니고 친일파도 아님에도 민중들에게 친일파로 몰려 살해당했음을 다음과 같이 기술하고 있다.

> 특히 탁지부 대신 어윤중이 맞아 죽은 일을 생각하면 도무지 남의 일 같지가 않았다. 어느 모로 보나 죄 흔적이 없는 그가 백성의 손에 죽다니! 평소에 강직하고 청렴하기로 칭송이 자자하던 이가 아니던가. 함께 영선사로 활약했던 젊은 시절부터 그는 어윤중과 각별히 친분이 두터운 사이였다. 국사를 논함에도 여러 모로 의기가 투합하여 내각의 소장 친일파로부터 이미 한물간 청나라에 아직도 연연하는 고루한 친청파로 의심을 받았다. 그런 속사정도 모르고 한데 싸잡아 친일파로 몰아치는 백성들이 김윤식은 퍽 원망스럽다.[36]

그러나 대다수 학자들은 위로부터의 개혁을 언급할 때 반드시 김옥균 등을 높이 치켜세웠다. 반면에 어윤중, 김윤식, 김홍집에 대한 인식이 친청파, 사대파에서 온건개화파로 바뀌었지만 그들이 한국 근대개혁운동에서 차지하는 위상은 여전히 낮게 자리매김되었다. 1960년대에 가장 많이 읽혔으며 각종 고시의 필독서로 알려질 정도로 일반 독자들이 많이 읽었던 『한국사신론』의 경우 1990년대에 들어와도 어윤중 등에 관한 서술은 다음과 같이 좀처럼 바뀌지 않았다.

당시의 대표적 정치가들이라고 할 만한 김홍집 · 김윤식 · 어윤중 등을 비롯하여 민씨 중에서도 민영익 같은 사람들이 개화에 찬성하고 있었다. 그러나 이들은 점진적인 방법을 주장하였고, 더구나 청의 원조에 의하여 이를 실시할 것을 생각하고 있었다.[37]

이에 따르면 이병도의 서술에 비해 의미를 좀 더 부여하고 있으나 어윤중 등은 여전히 청의 원조에 의존하는 인사들로 묘사되고 있다. 반면에 급진 개화파에 대한 서술 분량이 4배 이상 많을 뿐더러 갑신정변에 많은 지면을 할애하고 있다.[38] 그리고 1880년대 초반에 이루어졌던 각종 개화시설 확충 사업은 정부의 성과가 아니라 급진 개화파의 업적으로 둔갑시켰다.

물론 이현종 같은 이는 어윤중의 감생청 설치를 높이 평가했다.[39] 『근대의 한 · 중 · 일 관계』를 집필한 재미사학자 김기혁도 김옥균 등을 비현실적이고 과격한 이상주의자로 평가하면서 이들 갑신정변 지도자가 김홍집, 어윤중, 김윤식 같은 인물과 비교해 더 진보적이고 근대적인 사상의 소유자들이라고 보기에는 문제가 있다고 보았다.[40]

특히 정옥자는 1990년에 발표한 「개화파와 갑신정변」이라는 논문의 머리말에서 "일제시대 이후 주창된 수구파 대 개화파의 대립투쟁이라는 도식적 이해 방법이나 개화파 내의 급진 · 온건의 노선 분립의 해석으로는 이 시기에 추진된 개화정책에 대한 명쾌한 설명을 도출해 낼 수도 없거니와" 라는 발언을 통해 기존 학계의 이항대립적 접근 방식을 정면으로 비판한다. 정옥자는 어윤중, 김윤식 등의 대척에 섰던 급진 개화파의 갑신정변을 두고 국민적 공감대를 충분히 얻지 못하고 일으킨 성급성과 함께 안동 김씨 출신인 김옥균이 민씨 척족정권을 타도하고자 했던 권력 찬탈 시도로 파악한다. 결국 이 정변으로 말미암아 집권층의 개화 의지가 쇠퇴하여 10여 년의 퇴행기를 초래했다는 평가다.[41] 그러나 이러한 목소리는 소수에 불과하다. 학계의 주류는 사대–독립, 보수–개화라는 이항대립 구도에 입각하여 갑신정변–갑오개혁–독립협회–애국계몽운동이라는 기본 틀에서 근대민족운동을 파악하려는 시각에서 벗어나지 못했다.[42]

한편, 북한의 김일성이 1958년 3월 조선노동당 중앙위원회 총회 결어 연설에서 친일파로 규정된 기존의 김옥균 이미지를 불식시키자고 제안한 이래 김옥균은 1964년 『김옥균』이라는 단행본을 통해 부르주아 혁명의 지도자로 추앙되었고 어윤중은 김옥균의 포부와 도량을 보고 그에게 심복하여 개화파에 들어온 인물로 묘사된다.[43] 또한 임오군란 이후 어윤중 등은 온건 개화파로 분리되면서 김옥균과 달리 청국과의 관계를 유지하고자 했음을 강조한다.[44] 물론 어윤중을 여전히 개화파 성원으로 간주하면서 뒤에서는 김옥균을 지원했음을 부기했다. 그럼에도 북한학계 역시 어윤중을 수구 대 개화, 온건 개화 대 급진 개화라는 구도 속에 가두어 놓았다는 비판은 면하기 힘들다.

이처럼 남한 학계든 북한 학계든 공히 이항대립적 구도 속에서 갑신정변을 근대민족운동의 원천으로 인식한다. 남한 학계 주류의 이러한 경향은 일반 독자들이 읽는 신문에도 반영된다. 가령 신문사에서 연재하는 한국근대사 시리즈에는 이러한 이항대립 인식이 그대로 반영되어 예컨대 김옥균의 근거 없는 말을 빌어 김옥균이 조영하, 김윤식, 어윤중 등 청군과 행동을 같이하던 인물들을 무척 못마땅하게 여겼다는 내용을 소개하고 있다.[45] 나아가 김옥균은 이 무렵 "온건한 방법으로는 조국을 혁신할 수 없음은 물론 나라를 보전할 수도 없다."고 동지들에게 말하곤 했음을 강조한다. 또한 유대치가 어윤중에게 "새 문물을 배웠다는 사람으로서 고작 그런 일 밖에 못하느냐."고 절교를 선언하는 장면을 부각시킨다. 이러한 연재 기사는 갑신정변의 조급성과 외세 의존성을 비판하기보다는 갑신정변이 어윤중 등 친청 사대파의 잘못된 처세에 반발하여 일어날 수밖에 없었음을 변호하면서 그 실패를 어윤중 등에게 전가한 셈이다.

이러한 서술 경향은 제5차 교육과정 국사 교과서에도 그대로 반영되었다. '개화당의 형성과 활동'에서 해당 내용을 추리면 다음과 같다.

> 당시의 대표적인 정치가들이라고 할 만한 김홍집, 김윤식, 어윤중 등은 민씨정권과 결탁하여 청의 양무운동을 본받아 점진적인 개혁을 추구하였는데, 이들을 온건 개화파라고 한다.
> 이에 대하여, 김옥균, 박영효, 홍영식, 서광범 등 소장파 관료들은 청의 내정 간섭과 청에 의존하는 정부의 사대 정책에 반발하였고, 더욱이 청의 간섭에 의하여 정부의 개화정책이 원만하게 추진되지 못하는 현실을 강력하게 비판하였다. 급진 개화파 또는 개화당이라고 하는 이들은, 청의 간섭을 물리쳐 자주 독립을 확립하고, 일본의 메이지 유신을 본받아 급진적인 개혁을 추진하려 하였다.[46]

여기서는 어윤중을 비롯한 이른바 온건 개화파들이 친청 사대파로서 민씨정권과 결탁한 점을 부각시키고 있다. 반면에 김옥균 등 급진 개화파는 자주 독립을 확립하고 급진적인 개혁을 추진한 정치 세력으로 서술하고 있다. 김홍집, 김윤식, 어윤중 등을 온건 개화파의 범주에 넣어 나름대로 이전보다 의미를 좀더 부여하고 있지만 사대와 독립, 수구와 개화라는 기본 구도 속에서 결국 사대·수구의 범주에 가두고 말았다.

한편 1980년대 중반, 학계 일각에서 어윤중이 참가한 조사시찰단을 연구하면서 어윤중을 바라보는 시각에 변화가 나타났다. 즉 허동현은 동도서기파 또는 온건 개화파로 묶여 있는 어윤중을 이 범주에서 떼내어 일본형 국민국가를 수립하고자 노력한 개혁가로 부상시키고자 했다.[47] 그 점에서 어윤중 역시 사상의 측면에서 김옥균, 박영효와 마찬가지로 질적 발전을 도모했다고 판단하고 있는 것이다.

그러나 어윤중에 대한 이러한 접근 방식은 당시 조정 관료들의 노선과 지향에 대한 종합적인 검토가 수반되지 않은 채 어윤중의 개인 문제로 국한시킬 수 있다는 점에서 재고할 필요가 있다. 단적인 예로 어윤중이 대민관, 대일관에서 김윤식과 다소 차이를 보인다고 하더라도 어윤중이 김윤식과 뗄래야 뗄 수 없는 동지였다는 점을 부인할 수 없다. 그가 김윤식에게 보내는 편지에는 자신의 구상과 고민이 절절히 들어가 있을 뿐만 아니라 시무개혁의 방식과 국제정세관이 김윤식과 매우 유사함을 보여준다.[48] 특히 임오군란과 갑오개혁기 어윤중의 행적을 보면 김윤식과 동일선상에 있었다고 해도 과언이 아니다. 오히려 어윤중이 김옥균과 국제정세인식을 공유할 수 없는 까닭에 임오군란과 갑신정변에서 양자는 화해할 수 없는 길을 건너갔다고 보아야 할 것이다.

나아가 어윤중을 비롯한 이른바 동도서기파에 대한 인식이 수구 대 개화라고 하는 이항대립 구도 속에 갇힘으로써 그 실체를 제대로 인식하지 못하고 이들에 대한 평가 역시 인색한 것이 아닌가 반성할 필요가 있다. 당시 이들 동도서기파가 구상했던 근대화 방략은 청국 모델이냐 일본 메이지 모델이냐를 떠나서 당시 급속하게 변화하는 시세의 조류와 국제정세의 변동 속에서 현실적으로 가능한 방법이 무엇인가를 끊임없이 모색하면서 구현되는 것이었다.

따라서 어윤중의 삶과 역사적 의미를 온전하게 이해하기 위해서는 그를 둘러싼 외적 조건과 더불어 내적 전통에서 연원하는 사회경제적·사상적인 요인이 무엇인가를 찾아야 한다. 특히 어윤중은 북학파의 계승자 김윤식과 달리 남인 실학의 전통도 가학을 통해 이어받았기 때문에 부세개혁론과 함께 토지개혁론도 늘 고민했었다는 점에서 더욱 그러하다.

요컨대 어윤중은 약소국 조선에서 태어나 국교 확대 이전의 내적 전통체제를 배려하는 가운데 시세의 변동과 현실적 여건을 늘 염두에 두면서 민인과 소통하고 개혁을 실천하려 했던 시무개혁관료는 아니었을까.

오늘날 중국의 부상과 북미관계의 변화, 일본의 재군비 강화 등으로 인해 동아시아가 격동하고 있는 시점에서 상하 소통의 매개자로서 국내 각지는 물론 중국과 일본을 분주하게 오가면서 국내외 정세를 냉철하게 인식하고 한평생 민생의 안정과 주권의 확보, 영토 보전에 힘을 기울인 시무개혁론자 어윤중의 삶과 역사적 의미를 되새겨 볼 일이다.

주석

1. 난세의 시대

1 함종어씨 중앙종친회 홈페이지 연원과 씨족사(http://www.hamjong.or.kr/edasom/sub_a08.php).

2 현재 함종어씨 종친회 대표들이 함종어씨가 부원군 후손 집안이란 외척의 신분으로 매년 의릉(경종과 의선왕후의 릉) 기신제 봉행에 참예하고 있다. 『함종어씨 종보』 33, 2013년 4월 1일.

3 지두환, 『경종대왕과 친인척』, 역사문화, 2009, 235~241쪽 ; 임혜련, 「숙종~경종 년간 경종비 선의왕후의 지위와 입장」, 《한국사학보》 64, 2016.

최근 어유구의 8대손인 어환이 가문 대대로 내려오던 사도세자 친필 세첩을 공개했다. 이에 따르면 당시 영조가 만 3세인 사도세자가 쓴 글씨를 어유구에게 자랑하면서 어씨 문중에 하사했다(《동아일보》, 2017년 8월 25일). 영조 연간에 어유구와 영조의 관계를 잘 보여주는 대목이다.

4 진준현, 김홍도 연보, 『단원 김홍도 연구』, 일지사, 1999 ; 이준구 · 강호성 편저, 『조선의 화가』, 스타북스, 2007, 63쪽.

5 『燕巖集』 권10, 별집 罨畫溪蒐逸 士章 哀辭.

6 필자가 2017년 2월 11일 보은군 삼승면 선곡리를 방문했을 때 함종어씨로 이 곳

에 출가한 어느 할머니가 '어판사댁'의 옛 위치를 알려주었다.

7 《보은신문》, 2005년 7월 15일 ; 《충북일보》, 2015년 11월 30일.

8 최창조, 『한국의 자생풍수 2』, 민음사, 1997, 236~238쪽.

9 현재 봉비리는 양숙공 용문공 종중회의 시제 장소이다. 또 봉비리 양숙공파 용문공파 후손들이 카페를 만들어 운영할 정도로 봉비리 출신들이 활동하고 있다. http://cafe.daum.net/hamjongUH 2017년 8월 23일 확인.

10 최창조, 「한국풍수의 재발견(32)」, 《경향신문》, 1993년 3월 27일.

11 고덕리 출생설은 이미현이 주장했지만 그 근거를 명확하게 제시하고 있지 못하다. 다만 주장의 전거를 미처 달지 못한 게 아닌가 추정된다는 점에서 그의 주장도 경청할 필요가 있다(이미현, 「魚允中 硏究」, 조선대학교 석사학위논문, 2001, 2쪽). 그 밖에 광주 출생설로는 허동현, 「어윤중의 개화사상 연구–온건개화파 내지 친청사대파설에 대한 비판적 검토–」, 《한국사상사학》 17, 2001, 438쪽과 신동준, 『개화파열전』, 푸른역사, 2009, 117쪽 참조.

12 『토지조사부』(국가기록원 소장), 경기도 광주군 구천면 고덕리.

13 『한국민족문화대백과사전』, 어담 항목.

14 어숙권의 가계와 생애에 관해서는 이수인, 「『패관잡기』 연구 시론 : 『한고관외사』 본 『패관잡기』 완본의 발굴 보고를 겸하여」, 《한문학논집》 18, 2000, 151~166쪽 참조. 그 밖에 어숙권은 신사임당의 그림을 보고 『패관잡기』에서 "어찌 부녀자의 그림이라 하여 경홀히 여길 것이며 또 어찌 부녀자에서 합당한 일이 아니라고 나무랄 수 있을 것이랴."하여 신사임당이 그린 포도와 산수가 당대의 최고라고 극찬할 정도였다.

15 어윤경, 「선외가댁인 반남박씨와의 교분 하」, 『함종어씨종보』 33, 2013년 4월 1일.

16 현재의 사당은 고덕리가 1982년 정부의 도시계획 구역으로 편입되어 경기도 여주군 가남면 금당리로 이건(移建)되었다.

17 어씨 종친회 홈페이지 http://www.hamjong.or.kr/.

18 『贈吏曹參判魚公若愚妻贈貞夫人驪州李氏之墓』(군산시 성산면 성덕리 소재)

19 『朝鮮贈吏曹參判咸從魚公若愚之墓』(군산시 성산면 성덕리 소재)

20 장영숙, 「박영효의 가풍과 초기 개혁사업의 실상」, 《숭실사학》 38, 2017, 82~83쪽.

21 『贈吏曹參判魚公若愚妻贈貞夫人驪州李氏之墓』(군산시 성산면 성덕리 소재) ; 『종정연표』, 1886년 12월 9일.

22 『贈吏曹參判魚公若愚妻贈貞夫人驪州李氏之墓』(군산시 성산면 성덕리 소재) ; 『종정연표』, 1886년 12월 9일.

23 『朝鮮贈吏曹參判咸從魚公若愚之墓』(군산시 성산면 성덕리 소재). 『종정연표』, 12월 9일에서는 부친의 사망 사실만 기록하고 있을 뿐 이사 기록은 보이지 않는다.

24 『함종어씨세보 九』(규고 299-10-9, 1947).

25 충청북도 보은군 삼승면 선곡리 281번지로 삼승면사무소에서 좌측으로 300m지점의 원남사거리에서 보은 방면으로 7km 지점에 있는 송죽초등학교 쪽으로 좌회전하여 2km가량 가면 선곡 3구 마을 표지석에서 마을길 따라 700~800m 지점에 있다. 또한 함종어씨 집성촌은 충청북도 보은군 장안면 봉비리(忠淸北道 報恩郡 長安面 鳳飛里)에 있다.

26 김용섭, 「양안의 연구-조선후기의 농가경제-」, 『조선후기농업사연구[I]-농촌경제 · 사회변동-』, 일조각, 1982, 123쪽.

27 망원한국사연구실 19세기 농민항쟁분과 편, 『1862년 농민항쟁; 중세말기 전국 농민들의 반봉건투쟁』, 동녘, 1988, 364쪽.

28 김용섭, 「양안의 연구-조선후기의 농가경제-」, 『조선후기농업사연구[I]-농촌경제 · 사회변동-』, 일조각, 1982.

29 정경임, 「광무양안을 통해 본 충북 소읍민의 경제상황」, 《충북사학》 26, 2011.

30 『국조방목』, 규장각한국학연구원 소장([奎貴11655])

31 『목민심서』 권18, 병전, 應變.

32 『일성록』, 1826년 5월 2일.

33 『헌종실록』 권8, 헌종 7년 9월 7일.

34 『懷德縣三政說捄弊條目成冊』(규고 5120-62), 한국학문헌연구소, 『삼정책』 2, 아세아문화사, 1986 수록.

35 정약용, 「哀絕陽」, 『이조시대 서사시』 상(임형택 편역), 창작과비평사, 1992, 241~242쪽.

36 『승정원일기』, 철종 13년 5월 23일, 충청좌도 암행어사 김익현 서계.

37 망원한국사연구실 19세기 농민항쟁분과 편, 앞의 책, 347~349쪽.

38 위의 책, 415쪽.

39 『승정원일기』, 헌종 12년 7월 15일.

40 김태웅, 「서구자본주의의 침투와 위기의식 고양」, 『한국사 10 : 중세사회의 해체 2』(한국사편집위원회 편), 한길사, 1994, 174~175쪽.

41 『고종실록』 권1, 고종 원년 2월 29일.

42 『기원집(杞園集)』(규 11975). 규장각문집해설(http://e-kyujanggak.snu.ac.kr/home/, 2017년 2월 10일 확인).

43 위키백과 박지원 항목(https://ko.wikipedia.org/wiki/, 2016년 11월 25일 확인).

44 김윤주, 『역주 과정록』, 태학사, 19쪽.

45 洪吉周, 「杞園先生年譜跋」. 이와 관련하여 유봉학, 『조선후기 학계와 지식인』, 일지사, 1999, 119쪽 참조.

46 홍석주는 정조의 치세기에 규장각 초계문신으로 학문수련을 거치고 19세기 들어와 경학 연구서를 저술했던 학인이다. 그의 학문은 홍낙성(洪樂性), 홍인모(洪仁謨)로 이어지는 가학과 초계문신 학자, 정약용과 같은 당대 최고의 학자들과의 교류를 통해 형성되었으며, 정조 또한 중요한 영향을 끼쳤다. 또한 그는 주자의 경학 연구를 중시했던 송학 계열의 학자였다. 그는 한학이 경학사에서 차지하는 비중과 명물 훈고상의 장점을 인정했으나, 번쇄한 경학고증에 빠지는 것을 비판했다. 그리고 송학 중에서도 심성이기지설(心性理氣之說)에 치우쳐 심학(心學)을 부인하는 경향에 대해서는 역시 비실용적이라는 관점에서 비판했다. 나가가 그는 양명학, 불교, 도교 등 여러 분야의 학문을 수용하려고 노력하는 등 개방적인 학문관을 가지기도 했었다. 홍석주는 실사와 실용의 관점에서 위민 정치를 실현하고 실무 능력을 갖추는 학문의 실천성을 강조했다. 그의 저서 『초계고식(抄啓故寔)』과 『상서보전(尙書補傳)』에는 홍석주의 경학 연구가 경세학의 실천으로 이어지는 과정을 잘 보여주고 있다. 그는 주자와 정조의 정치를 경세학의 모델로 삼았는데, 군주의 권한과 역할을 제한한 상태에서 신료를 국가 운영의 실질적인 주도자로 상정하고, 능력을 갖춘 인재가 신료로 선발되고 이들이 민을 위한 정치를 실천함으로써 당대 모순이 해결될 수 있다고 파악했다. 홍석주

의 이런 주장은 19세기 초 지방관의 경험을 통해 더 강화되었으며, 그는 민의 피폐상을 목격하고 다양한 대책을 건의하기도 했었다(김문식, 「홍석주의 경학사상 연구」, 《규장각》 16, 1994)

47 『淵泉集』 권 21, 「三淵先生簡牘跋」(김문식, 위의 논문), 주석 12 참고.

48 호락논쟁의 사회정치적 의미에 관해서는 권오영, 「18세기 호락논변의 쟁점과 그 성격」, 『조선후기 유림의 사상과 활동』, 돌베개, 2003과 이경구, 「호락논쟁(湖洛論爭)을 통해 본 철학논쟁의 사회정치적 의미」, 《한국사상사학》 26, 2006 참조.

49 『湛軒書』, 내집 권1, 「答徐成之論心說」.

50 『湛軒書』, 내집 권4, 보유, 「醫山問答」.

51 이태진, 「서장 국립서울대학교 뿌리찾기의 민족사적 의의」, 『국립서울대학교 개학 반세기사 1895~1946』(서울대학교 · 서울대학교총동창회 편), 서울대학교출판문화원, 2016, 152쪽.

52 조선 정조 때 문관으로 정약용의 아들이다. 정조 때 벼슬이 직장(直長)에 이르렀고, 아우 학유(學游)는 헌종 때 '농가월령가(農家月令歌)'를 지어 유명하다.

53 魚命能, 『愚堂稿』. 이와 관련하여 김영호, 1. 「개화사상의 형성과 그 성격」, 『한국사』 16(국사편찬위원회 편), 1983, 255쪽 참조.

54 이헌창, 「18세기 광주 실학의 경제환경」, 《한국실학연구》 8, 2004 : 김종혁, 「18세기 광주 실학의 지리환경」, 위와 같음.

55 김영진, 「유산(酉山) 정학연(丁學淵)의 생애와 저작에 대한 일고(一考)」, 《다산학》 12, 2008, 95쪽. 농사 경험을 읊은 '種蒜詞'(7언고시, 1804),' 養蠶詩一百韻'(5언고시, 1807년)은 대표적인 농사 체험을 바탕으로 쓴 시라고 하겠다.

56 『驪州李氏萬家譜』.

57 황미숙, 「18세기 말 수원 사대부, 이석조의 화성 진흥책」, 《역사민속학》 49, 2015, 241~242쪽.

58 황미숙, 「수원 사대부 李奭祚 『輯說』의 均田論」, 《역사민속학》 50, 2016, 254쪽.

59 황미숙, 위의 논문, 2016, 265쪽.

60 황미숙, 앞의 논문, 2015, 241~242쪽.

61 이석조 저, 김문 외 역, 『(국역) 『輯說』 2, 수원박물관, 2013, 14쪽.

62 『정조실록』 권36, 정조 16년 12월 정축.

63 『고종실록』 권13, 고종 13년 11월 27일.

64 『고종실록』 권23, 고종 23년 7월 24일.

65 『매천야록』 권1-上, 갑오(1894) 이전.

66 『승정원일기』, 1868년 7월 5일.

67 원창애 외, 『조선시대 과거제도 사전』 칠일제 항목, 한국학중앙연구원, 2014.

68 『승정원일기』, 1868년 7월 8일.

69 『승정원일기』, 1866년 11월 28일.

70 『승정원일기』, 1868년 7월 6일, 7일.

71 『종정연표』, 1889년 7월 8일.

72 『弘齋全書』 권11, 序引 4, 翼靖公奏藁典禮類敍.

73 박현순, 「정조대 과거제 운영의 정비」, 《한국문화》 62, 2013, 67~71쪽.

74 『매천야록』 권1-상, 갑오(1894) 이전.

75 『국조방목』(奎貴 116550) ; 『종정연표』, 1869년 8월 20일.

76 『매천야록』 권1-上, 甲午(1894) 以前 ; 『매천야록』 권2, 光武 2년 戊戌(1898).

77 백외준, 「개항 전후 이건창의 대외인식과 해방론」, 고려대학교 석사학위논문, 2012, 5~7쪽.

78 허동현, 「1881년 조선 조사 일본시찰단에 관한 일연구」, 《한국사연구》 52, 1986, 102~103쪽.

79 『민족문화대백과사전』, 김만식(金晩植) 항목.

80 『종정연표』, 1869년 5월 11일; 『승정원일기』, 1869년 5월 12일.

81 『종정연표』, 1869년 6월 27일.

82 『승정원일기』, 1871년 1월 11일.

83 『승정원일기』, 1878년 7월 19일.

84 어윤중, 『함종어씨세보』 新刊序(함종어씨중앙종친회 소장).

1 사변가주서(事變假注書)라고도 하며, 조선(朝鮮) 때 승정원(承政院)의 정7품 벼슬로 정원(定員) 이외(以外)의 주서(注書)로 오로지 비변사(備邊司)와 국청(鞫廳)의 일을 맡아보았다. 『한국고전용어사전』 사변가주서 항목.

2 『승정원일기』, 고종 6년 5월 12일.

3 벼슬 이름 앞에 붙어 그것이 임시직(臨時職)임을 나타내는 말이다. 『한국고전용어사전』 권지 항목.

4 외교(外交) 문서(文書)를 맡은 관청(官廳)이다. 『한국고전용어사전』 승문원 항목.

5 교서관(校書館), 승문원(承文院)에 딸리어, 경서(經書) 및 기타 문서의 교정(校正)을 맡아보던 종9품 벼슬이다. 『한국민족문화대백과사전』 부정자 항목.

6 홍문관에 속한 교리, 수찬 등을 임명할 때의 제1차 인선 기록이다. 『한국고전용어사전』 홍문록 항목.

7 홍문관에서 교리(校理) 이하의 벼슬아치를 임명할 때의 기록으로 부제학 이하의 벼슬아치들이 자격 있는 사람을 골라 올린 명단에 영의정 등이 다시 각각 적격자를 골라 권점을 찍어 임금에게 올렸다. 『한국고전용어사전』 도당록 항목.

8 홍건식(洪健植), 조우희(趙宇熙), 이건창(李建昌), 이원일(李源逸), 어윤중(魚允中), 강문형(姜文馨), 박용대(朴容大), 이수만(李秀萬), 서주순(徐冑淳), 오인영(吳麟泳), 김영목(金永穆), 김명진(金明鎭) 이상 12명이다. 『종정연표』, 1871년 정월 11일.

9 홍문관, 사헌부, 사간원을 말한다. 『한국민족문화백과사전』 삼사 항목.

10 집현전(集賢殿) · 홍문관(弘文館) · 승문원(承文院) · 교서관(校書館) 등에 둔 정 · 종5품 관직으로 정원은 관청에 따라 달라서 교서관에는 1원을 두었으나, 집현전 · 홍문관 · 승문원에는 2원씩 배정했다. 또 벼슬의 품계도 달라서 집현전 · 홍문관의 교리는 정5품 관직이었으나 승문원 · 교서관의 교리는 종5품 관직이었다. 『한국민족문화백과사전』 교리 항목.

11 경연청에서 임금에게 경서(經書)를 강의하는 일을 맡아보던 정5품 문관 벼슬로 검토관의 위, 시강관의 아래로 홍문관의 교리가 겸임하였다. 『한국민족문화백과

사전』 시독관 항목.

12 임금 앞에 나아가 경서(經書) 등을 강론(講論)하는 것이다. 『한국고전용어사전』 진강 항목.

13 진강의 내용은 『중용』의 '시운연비(詩云鳶飛)'부터 '물시어인(勿施於人)'까지였다. 『승정원일기』, 고종 8년 2월 25일.

14 『승정원일기』, 고종 8년 3월 25일. 어윤중은 맹자의 말을 빌어 "아무리 잘 자라는 식물이라도 하루 햇볕을 쪼이고 열흘 추운 곳에 두면 잘 자라지 못한다."는 말에 불행히도 가깝게 되었다며 고종을 나무라고 있다. 『승정원일기』, 고종 10년 7월 10일에도 어윤중은 고종에게 날이 덥다고 경연을 정지한 것에 대해 지적하면서 성학(聖學)을 부지런히 할 것을 아뢰었다.

15 『승정원일기』, 고종 11년 4월 5일.

16 『승정원일기』, 고종 14년 4월 20일. 어윤중은 『통감(通鑑)』에 대한 진강에서 "진나라 임금이 비록 실제의 덕은 없었지만 오히려 능히 검소함을 천하에 보여 마침내 오나라를 평정하는 공을 이룩하였습니다. 더구나 어진 임금이 임금 자리에 있으면서 몸소 검약을 실천한다면 위에서 행하여 아래에서 본받는 것이 그림자나 메아리보다도 더 빠를 것입니다."라고 했다.

17 『승정원일기』, 고종 11년 4월 5일.

18 김태웅, 제4장 2절 개항기, 『서울재정사』(서울특별시사편찬위원회 편), 서울특별시, 2007, 412~417쪽.

19 허동현, 『일본이 진실로 강하더냐—근대의 길목에 선 조선의 선택-』, 당대, 1999, 97~101쪽.

20 『일성록』, 1871년 4월 20일.

21 원재연, 「『海國圖志 收容 前後의 禦洋論과 西洋認識 -李圭景(1788~1856)과 尹宗儀(1805~1886)를 중심으로-」, 《한국사상사학》 17, 2001.

22 청담(淸潭)은 오늘날 경기도 고양시 덕양구 효자동 계곡 일대에 해당한다. 『고양군지(高陽郡邑誌)』(규 12706, 1755), 下道面, 淸潭里, 亭觀에 따르면 이곳에 참판 홍석보(洪錫輔)의 와운루[와룡루]가 있는 것으로 나오는데, 한장석의 이 글과 어유봉의 「청담동부기」에서 설명한 것과 위치가 일치한다. 오마이뉴스 홈페이지

http://www.ohmynews.com. 2016년 12월 22일.

23 이종헌, 「강남 말고 북한산 깊숙이 숨은 청담동을 아시나요」, 오마이뉴스 http://www.ohmynews.com. 2016년 12월 22일.

24 한장석, 『眉山集』 권8, 記, 「游淸潭記」.

25 『미산집』(한국고전번역원 번역) 권1, 시(詩) "늦봄에 서경당 여심 응순과 어성집 윤중과 함께 청담을 유람하는데 먼저 진관사에 도착했다"〔暮春與徐絅堂汝心 應淳 魚聖執 允中 偕作淸潭之遊先到津寬寺〕. 이하 다수의 시들은 한국고전번역원의 국역본에 의거했다.

26 노대환, 「19세기 중엽 유신환 학파의 학풍과 현실 개혁론」, 《한국학보》 19-3, 1993.

27 김용섭, 「한말 고종조의 토지개혁론」, 『新訂 증보판 한국근대농업사연구[Ⅱ]-농업개혁론 · 농업정책(2)-』, 지식산업사, 2004, 11~12쪽.

28 『絅堂集』 권3, 잡저, 논, 정전론.

29 김용섭, 「갑신 갑오개혁기 개화파의 농업론」, 『新訂 증보판 한국근대농업사연구[Ⅱ]-농업개혁론 · 농업정책(2)-』, 지식산업사, 2004, 43~44쪽.

30 신기선, 「경당문답」, 『양원유집』 권16, 348~349쪽. 이와 관련하여 백천, 「『陽園遺集』 國譯 研究 : 序文 · 記文 · 題文 · 跋文을 中心으로 」, 조선대학교 박사학위논문, 2016, 9쪽 참조.

31 안광국, 「杞園 魚有鳳의 記文 譯注」, 《고전번역연구》 4, 2013, 154~155쪽.

32 한장석, 『眉山集』 권7.

33 노대환, 『동도서기론 형성과정 연구』, 일지사, 2005, 106~107쪽.

34 홍길주의 토지개혁론에 관해서는 김용섭, 「주자의 토지론과 조선후기 유자」, 『신정 증보판 조선후기농업사연구[Ⅱ]』, 지식산업사, 2007, 558~559쪽 참조.

35 『縹礱乙幟』 권1, 雜著, 制田.

36 『愚堂集』 序.

37 백승철, 「운양 김윤식의 국제 정세인식과 외교론」, 《열상고전연구》 42, 2014, 16~17쪽.

38 『일성록』, 고종 13년 4월 16일.

39 어윤중이 박원양의 문하생이었음은 갑신정변 직후 박원양이 스승이어서 그의 시신을 매장했다는 고백에서 잘 드러난다. 『고종실록』 권23, 고종 23년(1886) 7월 24일.

40 『고종실록』 권23, 고종 23년 7월 24일.

41 박영효의 회고에 따르면 1874년 박규수 집 사랑방에는 김옥균, 홍영식, 서광범, 박영효, 박영교가 참석했다고 진술하고 있다. 그러나 이런 모임이 한두 번이 아니었다고 감안한다면 이 자리에는 김윤식, 어윤중도 참석했을 가능성이 높다. 이광수, 「甲申政變回顧談, 朴泳孝氏를 만난 이야기」, 《동광》 19, 1931.

42 윤소영, 「1880년대 초기 어윤중의 근대화구상—김옥균과의 대비를 통하여——」, 《한국학연구》 창간호, 1990, 129쪽 재인용.

43 慶應義塾 편, 『福澤諭吉傳』 21, 岩波書店, 1964, 374쪽. 이와 관련하여 김종학, 『개화당의 기원과 비밀외교』, 일조각, 2017, 125~126쪽 참조.

44 『季清中日韓關係史料』 제3권, 照鎮金允植魚允中所探各情節略, 826쪽.

45 김명호, 『환재 박규수 연구』, 창비, 2008, 40~41쪽.

46 성균관에 속하여 성균관의 학생을 지도하는 일을 맡아보던 정6품 벼슬. 『고전용어사전』 전적 항목.

47 임금의 특명으로 치르던 과거. 『고전용어사전』 응제 항목.

48 『승정원일기』, 고종 7년 4월 7일.

49 『종정연표』, 1872년 2월 4일.

50 『瓛齋集』 권7, 咨文, 美國兵船滋擾咨, 金允植 謹按.

51 『매천야록』 권1, 갑오이전 상.

52 유봉학, 앞의 책, 117쪽, 121쪽.

53 이건창, 『明美堂全集』 하 권16, 明美堂詩文集敍傳.

54 유동준, 『유길준전』, 일조각, 1987, 44쪽.

55 『龍湖閒錄』 23책, 계미년, 統理軍國事務衙門.

56 노대환, 「閔泳翊의 삶과 정치활동」, 《한국사상사학》 18, 2002, 473쪽.

57 황현, 『매천야록』 권1, 갑오이전 상.

58 어윤중 영세불망비(魚允中 永世不忘碑)는 경상남도 양산시 교동 198-2[교동1길

10]에 있으며 양산향교 앞 양쪽 비석군 가운데 오른쪽 비석군의 앞줄, 정문 담장으로부터 4번째에 놓여 있다. 비두와 비신 및 비좌로 이루어져 있다. 비석 재질은 화강암으로 비두는 높이 56㎝, 너비 80㎝, 두께 30㎝로, 꽃과 구름이 새겨진 관석(冠石) 모양을 하고 있다. 비신은 높이 111.5㎝, 너비 52㎝, 두께 22.2㎝이고, 비좌는 가로 97㎝, 세로 77㎝, 높이 8㎝이며 약간 훼손되어 있다. 비문은 대체로 양호하게 보존되어 있다.

59 『경상도지도(慶尙道地圖)』(1872), 양산. 이와 관련하여 최완기, 『조선후기선운업사연구』, 일조각, 1989, 92쪽 ; 문광균, 「조선후기 양산 감동창의 설치와 변천」, 《한국문화》 66, 2014 참조.

60 『영남읍지』(규12173, 1871).

61 『구포복설상서』 아홉 번째 상소문(1874년 7월, 양산시립박물관 소장) ; 양산시립박물관, 『1874, 한양으로 떠난 세 사람 이야기』, 2017, 80쪽.

62 『구포복설상서』 열 번째 상소문(1874년 7월, 양산시립박물관 소장) ; 양산시립박물관, 위의 논문, 84쪽.

63 부산 북구청, 『부산북구향토지』, 전설, (19) 양산 구포복설비(龜浦復設碑)의 내력, 1998.

64 『구포복설상서』 세 번째 상소문(1874년 4월, 양산시립박물관 소장) ; 양산시립박물관, 앞의 논문, 62쪽.

65 『구포복설상서』 아홉 번째 상소문(1874년 7월, 양산시립박물관 소장) ; 양산시립박물관, 앞의 논문, 80쪽.

66 『구포복설상서』 열한 번째 · 열두 번째 상소문(1874년 8월, 양산시립박물관 소장) ; 양산시립박물관, 앞의 논문, 86~89쪽.

67 1878년에 편찬된 『양산군읍지』를 보면 구포에 조창(漕倉)이 설치되어 있음을 알 수 있다. 기록에 의하면 "감동창, 강 연안(沿江)의 여러 고을에서 거두어들인 조세곡식(賦米)과 사인(射人), 포수(砲手) 등의 급료미(給料米)를 저치(儲置)한다"고 나와 있다. 이와 관련하여 부산광역시 북구 편, 『부산 북구 향토지』, 2014, 409~410쪽 참조.

68 『종정연표』, 1874년 12월 15일.

69 『미산집』, 권1, 시(詩).

70 『종정연표』, 1875년 4월 18일.

71 이영호, 『한국근대 지세제도와 농민운동』, 서울대학교출판부, 2001, 57~59쪽 ; 양상현, 「울산안핵론」을 통해서 본 1875년 울산농민항쟁」, 《고문서연구》 35, 2009.

72 김선경, 「'1862년 농민항쟁'의 도결 혁파 요구에 관한 연구」, 『이재룡박사환력기념 한국사학논총』, 한울, 1990 ; 이영호, 위의 책, 57~59쪽.

73 『종정연표』, 1875년 6월 1일.

74 『종정연표』, 1875년 8월 13일.

75 金綺秀, 『日東記遊』 권1, 別離.

76 『종정연표』, 1876년 윤5월 10일.

77 수신사 김기수의 견문 활동에 관해서는 한철호, 「제1차 수신사(1876) 김기수의 견문활동과 그 의의」, 《한국사상사학》 27, 2006 참조.

78 김기수의 만국 공법 인식에 관해서는 한철호, 「제1차 수신사(1876) 김기수의 일본인식과 그 의의」, 《사학연구》 84, 2006, 160~162쪽 참조.

79 『종정연표』, 1876년 6월 15일.

80 『종정연표』, 1876년 9월 24일.

81 백승철, 「개항 이후(1876~1899) 농민항쟁의 전개와 지향」, 『1894년 농민전쟁연구 2』(한국역사연구회), 역사비평사, 1992, 311쪽.

82 고석규, 『19세기 조선의 향촌사회연구－지배와 저항의 구조－』, 서울대학교출판부, 1998, 20쪽.

83 당시에 파견되었던 암행어사는 경기도 암행어사 李鑢永, 충청좌도 암행어사 李承皐, 충청우도 암행어사 李建昌, 전라좌도 암행어사 沈東臣, 전라우도 암행어사 魚允中, 경상좌도 암행어사 李萬植, 경상우도 암행어사 李正來이다.

84 『종정연표』, 1877년 7월 18일.

85 『우도어사상령의정서(右道御使上領議政書』(국립순천대학교 박물관 소장).

86 1874년 암행어사 파견에 관해서는 한철호, 「고종 친정 초(1874) 암행어사 파견과 그 활동－지방관 징치를 중심으로－」, 《사학지》 31, 1998 참조.

87 『승정원일기』, 고종 15년 6월 16일.

88 『매천야록』 권1, 갑오이전 상.

89 『승정원일기』, 고종 15년 7월 19일.

90 『고종실록』 권15, 고종 15년 9월 3일 ; 『종정연표』, 1878년 8월 13일.

91 신라시대 사람인 전주이씨(全州李氏)의 시조(始祖) 사공(司空) 이한(李翰)의 위패를 봉안한 곳. 조선 영조 47년(1771)에 창건함. 현재 전라북도 전주시 풍남동에 있는데, 전라북도 유형문화재 제18호로 지정되었음.

92 조선조 태조의 영정(影幀)을 봉안한 곳. 4대 세종 24년(1442) 시조(始祖)의 출생지인 전라북도 전주(全州)에 세움.

93 『승정원일기』, 고종 15년 9월 2일.

94 『승정원일기』, 고종 15년 7월 5일.

95 『승정원일기』, 고종 15년 7월 8일.

96 『고종실록』 권11, 고종 11년 10월 27일.

97 『승정원일기』, 고종 15년 7월 6일.

98 1894년에는 영유 현령으로 재직하면서 부민들에게 억지로 빌려주고 빈민들에게는 억지로 배렴하여 고신 추탈을 당하기도 했다. 『승정원일기』, 고종 31년 3월 15일.

99 『승정원일기』, 고종 22년 9월 15일.

100 『승정원일기』, 고종 15년 9월 12일, 고종 16년 1월 20일.

101 『朝鮮贈吏曹參判咸從魚公若愚之墓碑銘』.

102 어윤중이 명당에 집착했다는 점은 다른 야사에도 보인다. 『매천야록』에 따르면 어윤중이 1893년 선무사 시절에 자신의 위세로 하동군에 거주하는 악양손씨의 선영에다가 가묘를 해 두었다는 풍문이 돌았다. 사실 여부는 확인할 수 없지만 어윤중 자신이 풍수에 정통했다고 자부할 정도로 명당길지설에 민감했음을 짐작할 수 있다(『매천야록』 권2, 甲午以前 下).

103 『종정연표』, 1878년 11월 28일 ; 『승정원일기』, 고종 15년 11월 28일, 12월 15일.

104 『승정원일기』, 고종 15년 8월 13일.

105 『승정원일기』, 고종 15년 9월 10일.

106 『승정원일기』, 고종 15년 9월 12일.

107 『고종실록』 권16, 고종 16년 3월 4일 ; 『호남계록』 3(한국학중앙연구원 소장).

108 『승정원일기』, 고종 17년 2월 4일, 2월 14일.

109 『고종실록』 권17, 고종 17년 6월 7일.

110 『종정연표』, 1880년 2월 26일, 4월 28일, 4월 29일.

111 박재경, 「조선시대 策文 연구」, 서울대학교 박사학위논문, 2014, 118쪽.

112 위의 논문, 부록.

113 『승정원일기』, 고종 11년 5월 9일. 허전의 토지개혁론에 관해서는 김용섭, 「철종조의 응지삼정소와 삼정이정책」, 『신정증보판 한국근대농업사연구[Ⅰ]-농업개혁론 · 농업정책(1)-』, 지식산업사, 2004, 544~551쪽 ; 정욱재, 「性齋 許傳의 경세론-「三政策」을 중심으로」, 《한국인물사연구》 19, 2013 참조.

114 『승정원일기』, 고종 1년 7월 15일.

115 『승정원일기』, 고종 11년 5월 9일.

116 정경주 · 김철범, 『성재 허전, 조선말 근기실학의 종장』, 경인문화사, 2013, 56~60쪽, 168쪽, 222~225쪽.

117 『승정원일기』, 고종 10년 5월 26일, 11년 5월 9일.

118 『종정연표』, 1880년 5월 4일.

119 韓國學文獻硏究所 編, 『朴定陽全集』 2권, 亞細亞文化社, 1984, 355~356쪽. 이와 관련하여 허동현, 「1881年 朝鮮 朝士 日本視察團에 관한 一硏究」, 《한국사연구》 52, 1986, 100쪽 참조.

120 『종정연표』, 1881년 1월 11일.

121 『매천야록』 권1, 갑오이전 상.

122 국사편찬위원회, 우리역사넷 http://contents.koreanhistory.or.kr/id/G0042 참조(2016. 12. 11).

123 조항래, 「병자수신사 김기수사행고」, 《대구사학》 1, 1969.

124 李憲柱, 「제2차 修信使의 활동과 『朝鮮策略』의 도입」, 《한국사학보》 25, 2006.

125 구선희, 「개항기 관제개혁을 통해본 권력구조의 변화」, 《한국사학보》 12, 2002, 309~314쪽.

126 허동현, 『근대한일관계사연구 : 조사시찰단의 일본관 국가구상』, 국학자료원,

2000.

127 이헌영, 「日槎集略」, 『(국역)해행총재』 11권, 민족문화추진위원회, 1977, 12쪽.

128 이헌영, 위의 책, 15쪽.

129 이헌영, 위의 책, 73쪽.

130 대장성은 일본의 중앙 행정기관으로, 메이지 원년(1868)에 일본 조정의 정부 운영을 위한 자금 조달의 기관으로 설치되었다. 주로 국가예산의 관리 및 기획, 조세 정책, 금융행정을 통괄하는 대형 관청이었다.

131 송병기, 「개화기 일본유학생 파견과 실태」, 《동양학》 18, 1988, 251쪽.

132 彭澤周, 『明治初期日韓淸關係の硏究』, 塙書房, 1969, 346쪽.

133 兪東濬, 『兪吉濬傳』, 일조각, 1987, 54쪽.

134 고석규, 『19세기 조선의 향촌사회연구』, 서울대학교출판부, 1998, 20쪽.

135 『종정연표』, 1881년 1월 11일, 1881년 12월 14일. 이와 관련하여 허동현, 「1881年 朝鮮 朝士 日本視察團에 관한 一硏究」, 《韓國史硏究》 52, 1986, 103쪽 참조.

136 어윤중과 윤치호의 관계가 사제 관계로 알려져 있다(佐翁尹致昊先生 稀年記念會 編, 『佐翁尹致昊先生略傳』, 基督教 朝鮮監理會總理院, 1934, 27쪽).

137 허동현, 「1881년 조사시찰단의 활동에 관한 연구」, 《국사관논총》 66, 1995, 24쪽. 수원들에 대한 인적 배경은 허동현, 『근대한일관계사 연구』, 국학자료원, 2000, 58쪽에 자세히 언급되어 있다.

138 박은숙, 『갑신정변 연구-조선의 근대적 개혁구상과 민중의 인식』, 역사비평사, 2005, 53쪽.

139 당시 환율은 일본돈 1엔에 3냥 3전 3푼이었다(국사편찬위원회 편, 『한국사』 38, 2003, 109쪽).

140 허동현, 앞의 논문, 1986, 100~107쪽.

141 허동현, 앞의 책, 2000, 56~59쪽.

142 『종정연표』, 1881년 10월 2일.

143 『매천야록』 권1, 갑오이전 상.

144 공학도는 1881년 영선사와 함께 청나라에 파견된 38명의 유학생들로, 텐진기기국에 배속되어 화약이나 탄약제조법뿐만 아니라 각 분야의 자연과학 지식과 외

국어도 습득하였다.

145 김윤식, 『운양속집』(연세대학교 국학연구원 번역) 제1권 / 시(詩) 보유(補遺)를 붙이다. '어일재 윤중 이완서 조연이 문의관으로서 천진에 왔다'〔魚一齋 允中 李浣西 祖淵 以問議官來津〕 보유(補遺), 혜안, 2013.

146 『승정원일기』, 고종 18년 12월 14일. 그 밖에 어윤중의 조사시찰단에서의 행적은 『從政年表』와 『談草』에서 확인해 볼 수 있다.

147 어윤중의 저작에 대해서 더 면밀한 검토가 필요하다. 허동현은 『東萊御使書啓別單』과 『橫濱稅關慣行方法』이 『魚允中全集』에 수록되어 있기는 하나, 어윤중과 함께 시찰단으로 동행한 이헌영이 남긴 것으로 보는 것이 더 타당하다고 보고 있기 때문이다. 허동현, 「개화기 인물사연구의 현황과 과제」, 《한국인물사연구》 1, 2004.

148 『한국민족문화대백과사전』, 일본대장성시찰기 항목.

149 허동현, 「1881년 조사 어윤중의 일본 경제인식-『財政見聞』을 중심으로」, 《한국사연구》 93, 1999, 142쪽.

150 『어윤중전집』(아세아문화사), 「수문록」.

151 김태웅, 「1894~1910년 지방세제의 시행과 일제의 조세수탈」, 《한국사론》 26, 1991, 103~104쪽.

152 『한국민족문화대백과사전』, 수문록 항목.

153 林毅陸, 古筠紀念會, 『김옥균전』, 1934, 275~276쪽. 이와 관련하여 최진식, 「어윤중의 부강론 연구」, 《국사관논총》 41, 1993, 60쪽 ; 허동현, 앞의 논문, 1996, 142쪽.

154 『어윤중전집』, 「수문록」, 85쪽.

155 『어윤중전집』, 「수문록」, 54쪽.

156 김옥균과 박영효의 치도론과 위생 담론에 관해서는 신동원, 「김옥균의 치도사상에 관한 고찰」, 《한국보건사학회지》 1, 1990 ; 김광우, 「대한제국 시대의 도시계획 : 한성부 도시개조사업」, 《향토서울》 50, 1991 ; 김동완, 「19세기 말 개화 지식인의 도시 인식과 실천론 : '치도론'(治道論)의 통치 합리성과 근대 인식」, 《공간과 사회》 25-2, 2015 참조.

157 『어윤중전집』, 「수문록」, 77쪽.

158 『談草』, 李觀察興銳來訪. 이와 관련하여 김기엽, 「1881년 어윤중이 쓴 「담초(談草)」의 특징과 대담에 나타난 한 · 중 · 일의 정세」, ≪정신문화연구≫ 41-2, 2018, 316쪽 참조.

159 허동현, 「1981년 조사 어윤중의 일본 경제정책 인식」, 《한국사연구》 93, 1996, 132~136쪽.

160 허동현, 위의 논문, 136~140쪽.

161 『공문편안』 4, 1894년 9월 1일.

162 이영호, 앞의 책, 101쪽.

163 『고종실록』 권32, 고종 31년 12월 27일. 이중하는 1880년대 중반 어윤중에 이어 감계 문제로 청국 관원을 만나 조청 국경 문제를 논의하였다(『운양집』 권8, 袁總理世凱 乙酉(1885)). 이에 관해서는 김형종, 『1880년대 조선-청 공동감계와 국경회담의 연구』, 서울대학교출판문화원, 2018, 334~385쪽 참조.

164 『어윤중전집』, 「문견록」, 11~12쪽. 이와 관련하여 윤소영, 「1880년대 초기 어윤중의 근대화구상」, 《한국학연구》 창간호, 1991,132~133쪽.

165 『어윤중전집』, 「수문록」, 31~32쪽.

166 『종정연표』, 1881년 12월 14일.

167 『어윤중전집』, 「수문록」, 45쪽.

168 윤소영, 앞의 논문, 136쪽.

169 『어윤중전집』, 「經略使與陳本植晤談草」(1883년 2월 26일), 467쪽.

170 『어윤중전집』, 「수문록」, 海軍振張論, 61~62쪽.

171 윤소영, 앞의 논문, 140쪽.

172 조경달, 『근대조선과 일본-조선의 개항부터 대한제국의 멸망까지』(최덕수 옮김), 열린책들, 2015, 84쪽.

173 『어윤중전집』, 「수문록」, 75쪽.

174 서재필, 「회고 갑신정변」(변영로 역), 《동아일보》, 1935년 1월 1일.

175 조경달, 위의 책, 84쪽.

176 『종정연표』, 1881년 9월 13일; 『談草』, 別劉道台瑞芬. 유서분과의 대화에서는 서

양의 기술을 배워 자강하는 방법에 대해 토론하였다.

177 강진아, 『이주와 유통으로 본 근대 동아시아 경제사』, 아연출판부, 2018, 66~69쪽.

178 이광린, 「'易言'과 한국의 개화사상」, 『한국사학논총-이홍직박사회갑기념』, 신구문화사, 1969 ; 이화승, 「19세기 상해의 경제개혁사상, 상전 -정관응 사상의 배경과 전개」, 《현대중국연구》 4-2, 2002, 170~174쪽 ; 민현식, 『한글본 이언(易言) 연구』, 서울대학교출판부, 2008, 325~338쪽.

179 『종정연표』, 1881년 9월 13일. 이와 관련하여 이광린, 앞의 논문, 415쪽 참조.

180 양무운동의 일환으로 1872년에 설립된 招商局은 중국 항운업을 총괄한 管督商辦企業이었다. 百度 http://baike.baidu.com/, 2017년 8월 17일 확인.

181 『談草』(장서각 소장). 이와 관련하여 한임선, 「장서각 소장자료 『담초』를 통해 본 어윤중의 개화사상」, 《장서각》 23, 2010 참조.

182 김종원, 「朝·中商民水陸貿易章程에 대하여」, 《역사학보》 32, 1966, 131쪽.

183 최덕수 외, 『조약으로 본 한국근대사』, 열린책들, 2010, 70쪽.

184 『담초』, 見唐廷樞.

185 한임선, 앞의 논문, 195쪽.

186 『담초』, 別劉道台瑞芬.

187 『고종실록』 권18, 고종 18년 12월 14일.

188 『종정연표』, 1881년 12월 14일.

189 『종정연표』, 1881년 12월 14일.

190 『종정연표』, 1882년 2월 3일.

191 『고종실록』 권19, 고종 19년 7월 9일. 이와 관련하여 김태웅, 「이유원의 경세론과 국제 정세 인식」, 《진단학보》 128, 2017, 145~146쪽 참조.

192 『종정연표』, 1881년 10월 10일. 이와 관련하여 권혁수, 『19세기말 한중 관계사 연구』, 백산자료원, 2000, 103쪽 참조.

193 『운양집』 권11, 書牘 上, 上北洋大臣李鴻章書 辛巳冬.

194 『고종실록』 권19, 고종 19년 2월 3일.

195 統理機務衙門, 『啓下咨文册』(규 7902), 제12책.

196 전해종, 「통리기무아문 설치의 경위에 대하여」, 《역사학보》 17·18, 1962.

197 『고종실록』 권19, 고종 19년 2월 17일.

198 『고종실록』 권19, 고종 19년 2월 17일 ; 『종정연표』, 1882년 2월 17일.

199 『고종실록』 권19, 고종 19년 2월 17일 ; 『종정연표』, 1882년 2월 17일.

200 『고종실록』 권19, 고종 19년 2월 17일 ; 『종정연표』, 1882년 2월 17일.

201 『종정연표』, 1882년 3월 28일, 4월 1일.

202 『종정연표』, 1882년 3월 28일, 3월 29일.

203 『종정연표』, 1882년 4월 1일.

204 『종정연표』, 1882년 4월 1일. 다만 오자가 분명할 경우에는 『청계중일한관계사료』를 참조하여 바로 잡았다.

205 『청계중일한관계사료」 2, #417-(1), 591b~592a쪽. 이와 관련하여 구선희, 앞의 책, 62~64쪽과 『국역 청계중일한관계사료』 3(김형종 외), 동북아역사재단, 2016, 327~328쪽 참조.

206 김종원, 「조청교섭사연구:무역관계를 중심으로」, 서강대학교 박사학위논문, 1983, 124~129쪽.

207 『종정연표』, 1882년 4월 20일.

208 최덕수 외, 앞의 책, 75~77쪽.

209 『청계중일한관계사료』 2, #417-(1), 594b쪽. 이와 관련하여 구선희, 『韓國近代對淸政策史 硏究』, 혜안, 1999, 51쪽.

210 『종정연표』, 1882년 6월 초2일.

211 이태영, 「한 · 독수호통조약의 성립」, 『한독수교 100년사』, 한국사연구협의회, 1984, 33쪽.

212 최덕수 외, 앞의 책, 80쪽.

213 『청계중일한관계사료』 2, #417-(1), 601a쪽.

214 『청계중일한관계사료』 2, #417-(1), 601b쪽.

3. 임오군란의 수습과 서북경략사 활약

1 임오군란의 발발, 전개 과정에 관해서는 조성윤, 임오군란, 『한국사』 38(국사편찬위원회 편), 1999 참조.

2 박은식, 『한국통사』(김태웅 역해), 아카넷, 2012, 104~105쪽.

3 백종기, 「임오군란을 에워싼 청일 양국의 대한정책에 관한 일관견」, 《大東文化硏究》 16, 1982, 161쪽.

4 『종정연표』, 1882년 7월 19일.

5 근대한국외교문서 편찬위원회 편, 「김윤식 · 어윤중의 향도관 임명 상신」(고종 19년 6월 29일), 『근대한국외교문서』 6, 207쪽.

6 백종기, 앞의 논문, 162쪽.

7 근대한국외교문서 편찬위원회 편, 「오장경 부대의 조선 도착 후 상황 보고」(광서 8년 7월 7일), 『근대한국외교문서』 6, 120~122쪽 ; 「어윤중-마건창 회담(1)」(광서 8년 6월 27일), 『근대한국외교문서』 6, 192~193쪽.

8 근대한국외교문서 편찬위원회 편, 「어윤중-마건창 회담(1)」(광서 8년 6월 27일), 『근대한국외교문서』 6, 192~193쪽 ; 「어윤중-마건창 회담(3)」(광서 8년 7월 1일), 『근대한국외교문서』 6, 213쪽 ; 「오장경 부대의 조선 도착 후 상황 보고」(광서 8년 7월 7일), 『근대한국외교문서』 6, 120~122쪽.

9 근대한국외교문서 편찬위원회 편, 「어윤중-마건창 회담(1)」(광서 8년 6월 27일), 『근대한국외교문서』 6, 192~193 ; 근대한국외교문서 편찬위원회 편, 「오장경 부대의 조선 도착 후 상황 보고」(광서 8년 7월 7일), 『근대한국외교문서』 6, 120~122쪽.

10 백종기, 앞의 논문, 164~165쪽.

11 권혁수, 『19세기말 한중 관계사 연구』, 백산자료원, 2000, 94~95쪽.

12 최덕수 외, 앞의 책, 270~271쪽.

13 『승정원일기』, 고종 19년 7월 18일.

14 『고종실록』 권19, 고종 19년 7월 20일.

15 『승정원일기』, 고종 19년 7월 22일.

16 『운양집』 권9, '曉諭國內大小民人 壬午'.

17 『고종실록』 권19, 고종 19년 8월 5일.

18 『고종실록』 권19, 고종 19년 7월 5일 ; 『종정연표』, 1882년 7월 25일.

19 『靑友日錄』, 고종 19년 7월 26일.

20 기무처절목은 김종학이 일본 국회도서관 헌정자료실에 소장되어 있는 『井上馨關係文書』 내 "명치십오년조선관계서류철"이라는 문서철에서 발굴했다. 김종학, 『개화당의 기원과 비밀외교』, 일조각, 2017, 167쪽.

21 김종학, 앞의 책, 167~168쪽.

22 『일성록』, 1882년 7월 25일.

23 『음청사』, 1882년 7월 10일.

24 김종학, 앞의 책, 170쪽.

25 『청계중일한관계사료』 3, #554-(2), 914b쪽, 광서 8년 8월 8일.

26 김종원, 『근세 동아시아관계사 연구-조청교섭과 동아삼국교역을 중심으로-』, 혜안, 1999, 335~339쪽.

27 『종정연표』, 1882년 8월 22일. 이와 관련하여 방향, 「개항 후 한국의 대청통상교섭의 변화와 근대외교관계의 수립」, 연세대학교 박사학위논문, 2013, 57쪽 참조.

28 「조청상민수륙무역장정」은 최덕수 외, 앞의 책, 112~116쪽에 의거했다.

29 김종원, 『근세동아시아사 관계사 연구』, 혜안, 336~338쪽.

30 한철호, 「한국 근대 주진대원의 파견과 운영(1883~1894)」, 《동학연구》 23, 2007.

31 이영록, 「개항기 한국에 있어 영사재판권: 수호조약상의 근거와 내용」, 《법사학연구》 32, 2005.

32 최덕수 외, 앞의 책, 120쪽.

33 김문기, 「19세기 조선과 청의 어업분쟁 : 1882년 '조청무역장정' 체결 이전까지」, 『19세기 동북아 4개국의 도서분쟁과 해양경계』(이근우 외), 동북아역사재단, 2008 ; 김문기, 「온난화와 청어: 천 · 해 · 인의 관점에서」, 《역사와경계》 90, 2014.

34 김종원, 「朝中商民水陸貿易章程에 대하여」, 《역사학보》 32, 1966, 120쪽.

35 김종원, 위의 논문, 128쪽.

36 『종정연표』, 1882년 9월 26일 ; 『고종실록』 권19, 고종 19년 9월 26일.

37 근대한국외교문서 편찬위원회 편, 「장정초안 작성경위 보고」(광서 8년 8월 29일), 『근대한국외교문서』 6, 587~589쪽.

38 김종원, 앞의 책, 349쪽.

39 구선희, 「청일전쟁의 의미-조청 '속방'관계를 중심으로」, 《한국근현대사연구》 37, 2006, 99쪽 ; 방향, 앞의 논문, 62쪽.

40 김지영, 「어윤중의 경제사상」, 《사학연구》 51, 1996, 100쪽.

41 『종정연표』, 1882년 9월 24일, 9월 26일.

42 서영희, 「개항기 봉건적 국가재정의 위기와 민중수탈의 강화」, 『1894년 농민전쟁 연구 1』(한국역사연구회 편), 역사비평사, 1991, 127~133쪽 ; 김태웅, 「제2절 개항기」, 『서울재정사』(서울특별시사편찬위원회 편), 2007, 412~417쪽.

43 『종정연표』, 1882년 10월 13일 ; 『고종실록』 권19, 고종 19년 10월 20일, 12월 29일.

44 『고종실록』 권19, 고종 19년 12월 29일 ; 『종정연표』, 1883년 12월 30일.

45 감생청이 설치된 지 한 달도 안 지났음에도 일부 고관들이 감생청 사업이 인심의 의현(疑眩)을 산다며 조속히 마감할 것을 지시하거나 사업에 대해 회의감을 표명하고 연기를 주장했다. 『고종실록』 권19, 고종 19년 11월 18일.

46 옛날 중국에서 관리들의 성적(成績)을 매기던 제도.

47 최진식, 「한국근대의 온건개화파 연구-김윤식 · 김홍집 · 어윤중의 사상과 활동을 중심으로-」, 영남대학교 박사학위논문, 1990, 99, 139~140쪽.

48 『고종실록』 권19, 고종 19년 10월 12일.

49 『종정연표』, 1882년 12월 10일.

50 『고종실록』 권19, 고종 19년 12월 22일.

51 『고종실록』 권19, 고종 19년 11월 18일.

52 『종정연표』, 1883년 1월 4일, 1월 20일.

53 『승정원일기』, 고종 19년 12월 28일.

54 『종정연표』, 1883년 1월 28일.

55 『고종실록』 권20, 고종 20년 1월 14일.

56 『매천야록』 권1, 갑오이전 상.

57 『고종실록』 권20, 고종 20년 3월 30일, 4월 28일, 5월 1일.

58 『종정연표』, 1883년 1월 28일.

59 위와 같음.

60 『종정연표』, 1883년 1월 28일, 10월 20일.

61 『종정연표』, 1883년 6월 6일.

62 『종정연표』, 1883년 6월 13일.

63 『승정원일기』, 1883년 8월 1일.

64 『종정연표』, 1883년 8월 5일.

65 『梅泉野錄』 卷2, 建陽元年 丙申 ①. 이와 관련하여 이상찬, 「1896년 의병운동의 정치적 성격」, 서울대학교 박사학위논문, 1996, 204쪽 참조.

66 『東學亂記錄』 上, 甲午實記, 甲午 10월 28일, 11월 2일 ; 『梅泉野錄』 권2, 고종 32년 을미.

67 이상찬, 앞의 논문, 203쪽.

68 『승정원일기』, 1883년 8월 8일.

69 『종정연표』, 1883년 9월 19일 ; 『승정원일기』, 1883년 9월 19일.

70 『승정원일기』, 1883년 9월 19일.

71 김형종 외 譯, 앞의 책, 23~30쪽.

72 리홍권, 「19세기말 朝鮮에서의 淸商활동 연구-1882~1884년을 중심으로-」, 강원대학교 석사학위논문, 2006, 9쪽.

73 『고종실록』 권20, 고종 20년 12월 3일 ; 『中江通商章程條款』(奎 23402).

74 리홍권, 앞의 논문, 14~15쪽.

75 『고종실록』 권21, 고종 21년 5월 26일 ; 『吉林朝鮮商民貿易章程』(奎 23401).

76 『簡牘要抄』 2(규고 3438-26)(『어윤중전집』, 564쪽 수록).

77 『啓下啓文策』 13, 『조청국경회담자료집』(동북아역사재단 홈페이지) ; 김형종 편역, 『1880년대 조선-청 국경회담 관련자료 선역』, 서울대학교출판문화원, 2014, 236쪽; 김형종, 『1880년대 조선-청 공동감계와 국경회담의 연구』, 서울대학교출판문화원, 2018, 112~119쪽.

78 『簡牘要抄』 2(규고 3438-26)(『어윤중전집』, 616쪽 수록).

79 김형종 편역, 앞의 책, 238쪽.

80 1885년 감계사로 임명된 이중하는 『감계사등록』을 남겼다.

81 楊昭全 · 孫玉梅, 『中朝邊界沿革及界務交涉史料彙編(상 · 하)』, 吉林文史出版社,1994, 1167~1169쪽 ; 김형종 편역, 위의 책, 275쪽 ; 『종정연표』, 1883년 6월 1일.

82 『雲養集』 권8, 공함(公函), 袁總理世凱 乙酉(1885).

83 『조청국경회담자료집』, 「鐘城郡公文書」, 동북아역사재단 http://contents.nahf.or.kr ; 「일제의 한국침략사료총서」 2, 「間島의 版圖에 관한 淸韓兩國紛議 一件」. 공훈전자사료관 http://e-gonghun.mpva.go.kr.

84 『北輿要選』 하, 探界公文攷 ; 『增補文獻備考』 권36, 輿地考 24, 續附北間島疆界.

85 『고종시대사』 2집, 高宗 20年 7月 29日 ; 『종정연표』, 1883년 7월 4일.

86 양태진, 『한국변경사연구』, 법경출판사, 1989, 288~289쪽.

87 『승정원일기』, 고종 21년 6월 17일.

88 조선인의 월경죄에 관한 처벌에 관해서는 이홍권, 「19세기~20세기초 조선의 滿洲 이주민정책에 대한 연구」, 강원대학교 박사학위논문, 2017, 13~14쪽 참조.

89 류연산, 『혈연의 강』, 연변인민출판사, 1999, 138~140쪽.

90 『종정연표』, 1883년 6월 1일, 6월 2일.

91 김형종 편역, 앞의 책, 247~248쪽.

92 김형종 편역, 위의 책, 237쪽. 초간총국의 설치와 개간민 모집에 관해서는 이홍권, 앞의 논문, 36~38쪽.

93 이기석 외, 『두만강 하구 녹둔도 연구』, 서울대학교출판문화원, 2012, 11~43쪽.

94 이기석 외, 위의 책, 47쪽.

95 위의 책, 49쪽.

96 『감계사등록』, 1887년(丁亥) 4월 초7일 勘界會談.

97 『승정원일기』, 1883년 9월 23일.

98 조선후기 평안도 지역 압록강변의 방어체계와 진보 설치 논의에 관해서는 차용걸, 「兩江地帶의 관방체제 연구시론-18세기 이후의 鎭堡와 江灘把守의 배치를 중심으로-」, 《군사》 창간호, 1980 ; 이철성, 「17세기 평안도 「강변 7읍」의 방어체

제」,《한국사학보》 13, 2002 ; 강석화, 「조선후기 평안도지역 압록강변의 방어체계」,《한국문화》 34, 2004 ; 이규철, 「藥泉 南九萬의 北邊 上疏와 廢四郡 · 厚州鎭 설치 논의」,《한국인물사연구》 26, 2016 참조.

99 영조대 조청관계에 대해서는 한명기, 「17 · 8세기 한중관계와 인조반정」,《한국사학보》 13, 2002, 35~37쪽 ; 허태구, 「동아시아 중화질서의 변동과 조선왕조의 정치 · 사상적 대응」,《역사학보》 221, 2014, 48~50쪽 참조.

100 『고종실록』 권20, 고종 20년 4월 4일.

101 위와 같음.

102 육군군사연구소편, 『한국군사사 9, 근현대 Ⅰ』, 육군본부, 2012, 138쪽.

103 『고종실록』 권20, 고종 20년 4월 19일.

104 『고종실록』 권20, 고종 20년 11월 23일.

105 『고종실록』 권20, 고종 20년 11월 24일.

106 『고종실록』 권20, 고종 20년 4월 19일.

107 김태웅, 『한국근대 지방재정 연구–지방재정의 개편과 지방행정의 변경』, 아카넷, 2012, 105~128쪽.

108 『고종실록』 권20, 고종 20년 4월 19일.

109 『관북읍지』(규 12179), 文川.

110 『春城誌』(국사편찬위원회 소장).

111 김태웅, 앞의 책, 140~142쪽.

112 김태웅, 위의 책, 142~144쪽.

113 『春城誌』, '貢生新定節目'.

114 각 고을 '癸未事例'의 내용을 보면 이향의 봉록이 빠짐없이 규정되어 있다.

115 송양섭, 임술민란기 부세문제 인식과 삼정개혁의 방향, 『임술민란과 19세기 동아시아 민중운동』(배항섭 · 손병규 책임 편집), 성균관대학교출판부, 2013, 161~162쪽.

116 김태웅, 앞의 책, 145~147쪽.

117 『고종실록』 권21, 고종 21년 2월 24일.

118 『승정원일기』, 고종 21년 2월 24일.

119 『황성신문』, 1898년 12월 20일.

120 『승정원일기』, 고종 21년 6월 17일.

121 『고종실록』 권20, 고종 20년 4월 6일.

122 『春城府志』, 「興學」. 이와 관련하여 신용하, 「우리나라 최초의 근대학교 설립에 대하여」, 《한국사연구》 10, 1974, 199쪽 참조.

4. 재기의 꿈을 꾸었으나

1 『종정연표』, 1883년 10월 4일.

2 『승정원일기』, 1883년 10월 22일.

3 『종정연표』, 1883년 11월 6일.

4 『승정원일기』, 1883년 11월 24일.

5 『고종실록』 권20, 고종 20년 4월 19일, 8월 27일 ; 『종정연표』, 1883년 8월 30일, 9월 27일 ; 『승정원일기』, 1883년 11월 23일, 12월 14일, 1884년 3월 16일.

6 『승정원일기』, 1884년 2월 17일.

7 『승정원일기』, 1883년 2월 24일.

8 『승정원일기』, 1883년 2월 24일.

9 『매천야록』 권1, 갑오이전 상.

10 『승정원일기』, 1883년 5월 9일.

11 『승정원일기』, 1883년 6월 17일.

12 『승정원일기』, 1892년 10월 29일, 11월 22일 ; 『會寧府民擾時關文與査報草』(영남대 소장) 10월 1차보고. 이에 관해서는 우인수, 「1892년 회령농민항쟁의 원인과 전개과정」, 《역사교육논집》 13 · 14, 1990, 717쪽 참조.

13 우인수, 위의 논문, 721쪽.

14 『승정원일기』, 1892년 12월 23일.

15 김정기, 「대원군 납치와 반청의식의 형성」, 《한국사론》 19, 1988, 493~496쪽.

16 박은숙, 『갑신정변연구』, 역사비평사, 2005, 72~74쪽.

17 위의 책, 99쪽.

18 石河幹明 편, 『福澤諭吉傳』 3, 岩波書店, 1960, 276~284쪽. 이와 관련하여 김종학, 『개화당의 기원과 비밀외교』, 일조각, 2017, 146~147쪽 참조.

19 『종정연표』, 1884년 5월 9일.

20 『종정연표』, 1884년 6월 13일.

21 『종정연표』, 1884년 6월 25~28일.

22 『종정연표』, 1884년 10월 6일.

23 어영선은 『함종어씨세보 九』(규고 299-10-9, 1947)에 따르면 1884년 6월 9일에 출생하였다.

24 『함종어씨세보 九』(규고 299-10-9, 1947). 『종정연표』 1885년 2월 13일자 일기에 따르면 여식 혼사로 휴가 대신 면직을 요청하였다. 보은까지 왕복 거리 10여 일 이상이었다. 당시 고종은 면직 상소를 받아들이지 않고 휴가로 처리하였다.

25 『상지즉조29년신묘경과증광사마방목(上之卽祚二十九年辛卯慶科增廣司馬榜目)』(한국학중앙연구원 장서각[K2-3546]) 1910년 8월 度支部財務官 權道相을 六品 承訓郎으로 陞格하였다(권도상(權道相)의 교지, 기초학문자료센터 https://www.krm.or.kr/krmts/search/).

26 『상지즉조29년신묘경과증광사마방목(上之卽祚二十九年辛卯慶科增廣司馬榜目)』(한국학중앙연구원 장서각[K2-3546]).

27 『종정연표』, 1884년 10월 19일.

28 『고종실록』 권23, 고종 23년 7월 24일.

29 『윤치호일기』, 1884년 1월 2일.

30 『종정연표』, 1884년 10월 20일.

31 『대한계년사(大韓季年史)』 권1, 갑신년(1884).

32 『승정원일기』, 고종 19년 11월 18일. 이와 관련하여 한철호, 『한국 근대 개화파와 통치기구 연구』, 선인, 2009, 196~209쪽 참조.

33 『고종실록』 권21, 고종 21년 10월 20일.

34 『종정연표』, 1884년 10월 22일.

35 『종정연표』, 1884년 10월 22일.

36 『종정연표』, 1884년 11월 7일.

37 『종정연표』, 1885년 1월 4일.

38 『종정연표』, 1885년 1월 8일.

39 『종정연표』, 1885년 2월 13일.

40 『종정연표』, 1885년 4월 6일 ; 『고종실록』 권22, 고종 22년 4월 6일.

41 『승정원일기』, 1885년 5월 7일.

42 서영희, 「개항기 봉건적 국가재정의 위기와 민중수탈의 강화」, 『1894년 농민전쟁 연구 1』(한국역사연구회 편), 역사비평사, 1991, 141~143쪽.

43 박은숙, 『갑신정변 연구-조선의 근대적 개혁구상과 민중의 인식』, 역사비평사, 2005, 545쪽.

44 『종정연표』, 1885년 5월 1일.

45 『승정원일기』, 1885년 5월 7일.

46 『승정원일기』, 1885년 6월 11일, 10월 2일, 10월 13일, 10월 26일, 1886년 1월 2일, 2월 6일, 3월 26일, 5월 1일.

47 구선희, 앞의 책, 126~129쪽.

48 『승정원일기』, 1886년 4월 10일. 『종정연표』에는 4월 9일에 기술되어 있는데 후자의 기록이 오류로 보인다.

49 구선희, 앞의 책, 126~130쪽.

50 『종정연표』, 1886년 4월 11일.

51 『고종실록』 권23, 고종 23년 5월 25일, 7월 23일 ; 『종정연표』, 1886년 7월 19일.

52 『승정원일기』, 1886년 7월 24일.

53 위와 같음.

54 『속음청사』 하, 부록, '追補陰晴史'.

55 구선희, 『한국근대 대청정책사 연구』, 혜안, 1999, 126~133쪽 ; 박은숙, 「김윤식과 원세개 · 이홍장 · 주복의 교류(1881~1887)」, 《한국사학보》 61, 2015, 542~545쪽 ; 유바다, 「金允植의 外交論에 대한 國際法的 검토」, 《한국인물사연구》 24, 2015, 54쪽.

56 정옥자, 「운양 김윤식(1835~1922)연구」, 『역사와 인간의 대응-한국사편』(고병

익선생회갑기념사학논총간행위원회 편), 한울, 1985, 187~188쪽.

57 구선희, 앞의 책, 135쪽.

58 『종정연표』, 1886년 8월 2일, 8월 4일, 9월 3일.

59 『종정연표』, 1886년 9월 3일.

60 『종정연표』, 1886년 9월 14일.

61 『승정원일기』, 1886년 11월 15일.

62 『승정원일기』, 1886년 12월 10일.

63 『종정연표』, 1886년 12월 15일.

64 이 기간에 『종정연표』를 보면 대부분의 내용이 각종 왕릉이나 전각(殿閣)에 헌관으로 참여한 내용과 문안 인사를 드린 내용으로 채워져 있다.

65 『종정연표』, 1887년 12월 7일.

66 『운양집』(연세대학교 국학연구원 번역) 제4권 / 시(詩, 면양행음집(沔陽行吟集) 2 무자년(1888, 고종25) 7월부터 임진년(1892, 고종29) 계동(季冬)까지 어일재 윤중 시랑을 전송하다〔送魚一齋 允中 侍郎〕.

67 역사학연구소, 『함께 보는 한국근현대사』, 서해문집, 2016, 49~50쪽.

68 우윤, 『전봉준과 갑오농민전쟁』, 창작과비평사, 1992, 126~140쪽.

69 김양식, 『새야 새야 파랑새야』, 서해문집, 2005, 58쪽.

70 『梧下記聞』, 首筆 ; 『梅泉野錄』 권1, 下, 甲午 以前.

71 『취어』 20일 探知, 21일 發報.

72 『매천야록』 권1, 下, 갑오 이전.

73 『취어』, 報恩官衙 通告 계사 3월 31일, 東學人掛書于三門外.

74 『승정원일기』, 1893년 3월 25일.

75 『고종실록』 권30, 고종 30년 3월 25일.

76 『갑오실기』 상1.

77 『일성록』, 고종 30년 3월 25일.

78 구선희, 앞의 책, 221쪽.

79 『취어』, 飭諭文.

80 『매천야록』 권1, 갑오이전 하.

81 『매천야록』 권1, 갑오이전 하. 이와 관련하여 김양식, 앞의 책, 64~65쪽 참조.

82 우윤, 앞의 책, 139쪽.

83 『취어』, 宣撫使 再次狀啓.

84 「栗山日記」 계사 3월 15일(『동학농민전쟁사료대계』, 여강출판사, 1995). 이와 관련하여 배항섭, 「1890년대 초반 민중의 동향과 고부민란」, 『1894년 농민전쟁연구4』(한국역사연구회 편), 역사비평사, 1995, 42쪽.

85 『고종실록』 권30, 고종 30년 4월 1일.

86 『고종실록』 권30, 고종 30년 4월 10일

87 『고종실록』 권32, 고종 31년 7월 19일.

88 『취어』, 宣撫使再次狀啓 魚允中兼帶.
"신이 지난 달 26일 민당에게 가서 타이르고 설득한 연유는 이미 아뢴 바 있고(臣於前月二十六日往諭民黨之由前已馳 啓爲白有在果)"

89 정창렬, 『갑오농민전쟁』(정찰렬저작집 간행위원회 편), 선인, 2014, 107쪽 ; 배항섭, 「19세기 후반 민중운동과 公論」, 《한국사연구》 161, 2013, 335~336쪽 ; 김인걸, 『조선후기 공론정치의 새로운 전개-18, 19세기 향회, 민회를 중심으로-』, 서울대학교출판문화원, 2017, 158~159쪽.

90 留春亭主人(杉山米吉) 編, 『現今清韓人傑伝』 한국편, 杉山書店, 明治 27年(1894) 9月, 21쪽.

91 東洲山人 編, 『日清韓三国英名伝』, 魚住嘉三郎, 明治 27年(1895) 9月, 92~93쪽. 牛台山人(鈴木純一郎) 著, 『日清韓対戦実記』, 東生書館, 明治 27年(1895) 8月, 67~68쪽.

92 『운양집』 권12, 宣撫使魚一齋別紙.

93 이건창, 『明美堂集』 권7, 請剿邪匪附陳勉疏 ; 『고종실록』 권30, 고종 30년 8월 21일 ; 『승정원일기』, 1893년 8월 21일.

94 『승정원일기』, 1898년 10월 29일.

95 김태웅, 앞의 책, 185~196쪽.

96 『매천야록』 권1 하.

97 『매천야록』 권1, 갑오이전 하.

98 『승정원일기』, 1893년 8월 21일.

99 이건창, 『明美堂集』 권7, '請剿邪匪附陳勉疏'

100 이건창, 『明美堂集』 권16.

101 조휘각, 「영제 이건창의 생애와 경세관」, 《윤리연구》 43, 2000, 50~51쪽.

102 정창렬, 『민중의 성장과 실학』, 선인, 2014, 286~287쪽. 조경달, 「조선의 민본주의와 민중운동」, 『임술민란과 19세기 동아시아 민중운동』(배항섭 · 손병규 책임 편집), 성균관대학교출판부, 2013, 368~ 372쪽.

103 이건창, 『明美堂集』 권7, 請剿邪匪附陳勉疏.

104 이건창, 『明美堂集』 권16, 敍傳.

105 『매천야록』 권1, 갑오이전 하.

106 『續陰晴史』 권7, 1893년 4월.

107 이도재(1848~1909)는 고종 19년(1882) 생원으로서 정시문과에 병과로 급제하고, 홍문관부수찬에 임명되었다. 이듬해 6월 경상좌도암행어사, 10월 강원도암행어사를 거쳐 승정원동부승지에 특제(特除), 1884년 참의군국사무(參議軍國事務), 강원도독련어사(江原道督鍊御史), 좌부승지를 역임하고 이조참의가 되었다. 1885년 성균관대사성을 거쳐 1886년 호군으로 재임 중 사대수구파에 의해 고금도에 유배, 거소에 유폐되었다.

108 『甲午實記』 古 4206-67(서울대 규장각 문서) ; 『梅泉野錄』 권1, 甲午以前 下 ; 『고종실록』 권30, 고종 30년 8월 25일.

109 『매천야록』 권1, 갑오이전 하.

110 『갑오실기』, 상1.

111 『매천야록』, 갑오이전 상 ; 『고종실록』 권30, 고종 30년 8월 21일.

112 『고종실록』 권30, 고종 30년 8월 26일.

113 『승정원일기』, 고종 31년 5월 16일.

114 『승정원일기』, 고종 30년 8월 29일.

115 『승정원일기』, 고종 31년 2월 12일.

116 『고종실록』 권31, 고종 31년 2월 15일.

117 『승정원일기』, 고종 31년 4월 29일.

118 『승정원일기』, 고종 31년 5월 16일.

119 『고종실록』 권31, 고종 31년 2월 15일.

120 신용하, 『동학과 갑오농민전쟁연구』, 제4장 갑오농민전쟁의 제1차 농민전쟁, 일조각, 1993 ; 정창렬, 『갑오농민전쟁연구』, 선인, 2012, 174~180쪽.

121 『일본외교문서』 32, 우치다 영사가 무쓰 외상으로 보낸 8월 4일자 상신서.

122 김명섭, 「제1차 갑오농민전쟁기 정부의 개혁추진과정」, 《한국근현대사연구》 3, 1995, 13~17쪽.

123 김양식, 『근대한국의 사회변동과 농민전쟁』, 신서원, 1996, 115~119쪽.

124 위와 같음.

125 『승정원일기』, 고종 31년 5월 19일, 5월 20일.

126 『승정원일기』, 고종 31년 5월 25일.

127 『승정원일기』, 고종 31년 5월 19일, 6월 8일.

128 『승정원일기』, 고종 31년 6월 12일.

129 김명섭, 앞의 논문, 19쪽.

130 위의 논문, 20쪽.

131 『승정원일기』, 고종 31년 6월 11일.

132 김명섭, 앞의 논문, 22쪽.

133 『고종실록』 권31, 고종 31년 6월 13일.

134 『駐韓日本公使館記錄』 5권, 四. 機密諸方往 一, (7) 韓國朝廷 內部의 分離와 軋轢 (양력, 1894년 9월 21일).

135 『續陰晴史』 7, 沔行遣日記, 高宗 31년 6월 24일.

136 『일본외교문서』 27, 596쪽 ; 『주한일본공사관기록』 1, 97쪽 ; 『주한일본공사관기록』 3, 26쪽.

137 박종근, 『청일전쟁과 조선』(박영재 역), 일조각, 1989, 48~72쪽; 황태연, 『갑오왜란과 아관망명』, 청계, 2017, 51~71쪽.

138 『일성록』, 고종 31년 6월 22일.

139 군국기무처에 관해서는 왕현종, 앞의 책, 148~154쪽 참조.

140 박종근, 앞의 책, 83~90쪽.

141 『고종실록』 권31, 고종31년 7월 2일.

142 유영익, 앞의 책, 141~142쪽.

143 『고종실록』 권31, 고종 31년 6월 28일.

144 『고종실록』 권32, 고종 31년 8월 2일.

145 『유길준전서』 Ⅳ, '問答', 376~377쪽.

146 왕현종, 앞의 책, 220~221쪽.

147 위의 책, 222쪽.

148 『고종실록』 권32, 고종 31년 9월 11일.

149 유영익, 앞의 책, 138~139쪽.

150 『駐韓日本公使館記錄』 7권, 一. 機密本省往來 一 ~ 四, (12) 朝鮮內閣ノ分離並總辭職動議ノ件 ; 왕현종, 앞의 책, 219~220쪽.

151 『駐韓日本公使館記錄』 7권, 一. 機密本省往來 一 ~ 四, (12) 朝鮮內閣의 分裂 및 總辭職 動議 件(1895년 5월 1일).

152 Spencer J. Palmer ed., *Korean-American relations : documents pertaining to the Far Eastern diplomacy of the United States, vol.Ⅱ : The period of growing influence, 1887~1895*, Berkeley : Univ. of California Press, 1963, No.94, 1895년 3월 1일, p.352.

153 『윤치호일기』, 1894년 9월 12일(음력 8월 13일).

154 유영익, 앞의 책, 185쪽.

155 박종근, 앞의 책, 162~165쪽.

156 『일본외교문서』 28권 1책, 425쪽.

157 井上馨侯伝記編纂会 編集, 『世外井上公傳』 제4권, 1934, 479~480쪽.

158 김현철, 「박영효의 「근대국가 구상」에 관한 연구-개화기 문명개화론자에 나타난 전통과 근대를 중심으로-」, 서울대학교 박사학위논문, 1998, 145~147쪽 ; 황태연, 앞의 책, 460~463쪽.

159 『주한일본공사관기록』 7권, 一. 機密本省往來 一~四, (27) [朴泳孝事件에 관한 정보] 機密第70號 발신일 1895년 7월 12일(1895년 7월 12일), 臨時代理公使 杉村濬-]外務大臣臨時代理 文部大臣 侯爵 西園寺公望.

160 『주한일본공사관기록』 7권, 一. 機密本省往來 一~四, (17) 朝鮮內閣의 破裂(機密第56號의 계속: 內閣分裂에 관하여 朴泳孝에게 忠告). 이와 관련하여 황태연, 앞의 책, 554~557쪽.

161 황태연, 위의 책, 455~456쪽.

162 박은식, 『한국통사』(이장희 역) 상, 제48장 「아관파천과 김홍집 등이 살해됨」, 박영사, 1996.

163 오두환, 「갑오개혁기의 부세금납화에 관한 연구」, 《경제사학》 7, 1984, 1~2쪽.

164 김태웅, 「1894~1910년 지방세제의 시행과 일제의 조세수탈」, 《한국사론》 26, 1991, 95쪽.

165 서영희, 앞의 논문, 135~137쪽 ; 정희찬, 「갑오개혁기(1894~96년) 상납 愆滯 문제와 公錢의 換送」, 《한국사론》 57, 2011, 259~267쪽.

166 유길준, 「稅制議」, 『유길준전서』 Ⅳ, 정치경제편, 일조각, 1971.

167 이영호, 앞의 책, 112쪽.

168 이영호, 앞의 책, 113쪽.

169 『고종실록』 권31, 고종 31년 8월 22일.

170 김태웅, 앞의 책, 219쪽.

171 이영호, 앞의 책, 95쪽.

172 이영호, 위의 책, 98쪽.

173 『어윤중전집』, 「간독요초」 2, 591쪽.

174 『주한일본공사관기록』 5권, 6. 內政釐革의 件 一, (22) 內政釐革에 관한 日本公使의 異見 제의 및 이에 따른 왕복문서 5.

175 『승정원일기』, 고종 31년 12월 27일.

176 『어윤중전집』, 「재정문견 1」, 125~146쪽.

177 『주한일본공사관기록』 5권, 六. 內政釐革의 件 一, (22) [內政釐革에 관한 日本公使의 異見 제의 및 이에 따른 왕복문서], 1) [內政釐革에 관한 日本公使의 異見 제의 및 이에 따른 왕복문서] 1, 양력 1월 24일(1894년 1월 24일), 伯爵 井上馨 → 總理 · 內務 · 度支 세 대신.

178 『주한일본공사관기록』 7권, 一. 機密本省往來 一 ~ 四, (12) 朝鮮內閣의 分裂 및

總辭職 動議 件 (1895년 5월 1일).

179 『주한일본공사관기록』 5권, 六. 內政釐革의 件 一, (22) [內政釐革에 관한 日本公使의 異見 제의 및 이에 따른 왕복문서], 3) [內政釐革에 관한 日本 公使의 異見 제의 및 이에 따른 왕복문서] 3 (음력 정월 10일(1895년 1월 10일)), 총리대신 김홍집 → 이노우에.

180 『駐韓日本公使館記錄』 5권, 六. 內政釐革의 件 一, (22) [內政釐革에 관한 日本公使의 異見 제의 및 이에 따른 왕복문서], 5) [內政釐革에 관한 日本公使의 異見 제의 및 이에 따른 왕복문서] 5(음력 정월 13일(1895년 2월 7일), 度支大臣 魚允中 → 이노우에.

181 『고종실록』 권33, 고종 32년 1월 8일.

182 『고종실록』 권33, 고종 32년 8월 15일.

183 허동현, 「1881년 어윤중의 명치 일본 경제정책 인식–『재정견문』의 분석을 중심으로」, 《한국사연구》 93, 1996, 138~139쪽 ; 정병욱, 「한말 · 일제초기 은행설립론과 국가 · 상인」, 《한국사학보》 17, 2004, 149쪽.

184 『어윤중전집』, 「재정문견」, 363쪽.

185 위의 책, 365쪽.

186 『어윤중전집』, 「수문록」, 37쪽.

187 『고종실록』 권32, 고종 31년 7월 24일.

188 오두환, 앞의 논문, 20쪽.

189 『어윤중전집』, 「재정문견」, 372쪽.

190 왕현종, 「한말 지세제도의 개혁과 그 성격」, 《한국사연구》 77, 1992, 95~96쪽.

191 『駐韓日本公使館記錄』 6권, 九. 日本銀行及第一銀行 對朝鮮政府貸金, (1) 陰曆歲末에 臨迫하여 日本第一國立銀行으로부터 朝鮮政府에 貸金의 件(양력, 1895년 2월 6일).

192 『종정연표』, 고종 15년 6월 16일.

193 『종정연표』, 고종 20년 5월 10일.

194 『고종실록』 권33, 고종 32년 3월 12일. 이와 관련하여 송찬섭, 『조선후기 환곡제 개혁연구』, 서울대학교출판부, 2002, 320쪽 참조.

195 『고종실록』 권33, 고종 32년 3월 12일.

196 『어윤중전집』, 「재정문견」, 342쪽.

197 『어윤중전집』, 「재정문견」, 346쪽.

198 『어윤중전집』, 「수문록」, 37~38쪽.

199 도면회, 「갑오개혁 이후 화폐제도의 문란과 그 영향(1894~1905)」, 《한국사론》 21, 1989, 385~398쪽.

200 『주한일본공사관기록』 5권, '철도, 전선, 開港貸金公債' 기밀 제21호 조선공채의 건.

201 위와 같음.

202 『주한일본공사관기록』 6권, 九. 日本銀行及第一銀行 對朝鮮政府貸金, (1) 陰曆歲末에 臨迫하여 日本第一國立銀行으로부터 朝鮮政府에 貸金의 件, [別紙 乙號] [右件 借款擔保로 日本이 選定한 海關稅務司 配置 條件 提示](음력, 1894년 12월 26일).

203 『주한일본공사관기록』 5권, 4. 機密諸方往 一, 朝鮮新貨幣 鑄造에 대한 依賴의 件(양력, 1894년 9월 12일).

204 『駐韓日本公使館記錄』 1권, 十. 諸方機密公信往 二, (15) 英 · 韓 양국 간에 잠정적으로 체결된 募債 및 鐵道建設과 鑛山開發에 관한 秘密公文 발견의 件.

205 1893년 제5대 해관 총세무사로 조선에 부임하여 탁지부 고문직을 겸임한 맥리비 브라운은 조선의 재무행정과 관세행정 및 금융화폐정책 등 경제 분야에 큰 영향력을 행사한 경제 고문이었다. 그는 12년간 총세무사 및 3년간 탁지부 고문직을 맡았다. 맥리비 브라운에 관해서는 김현숙, 「한말 고문 J. McLeavy Brown에 대한 연구」, 《한국사연구》 66, 1989 참조.

206 왕현종, 『한국 근대국가의 형성과 갑오개혁』, 역사비평사, 2003, 196쪽; 한승훈, 「19세기 후반 朝鮮의 對英정책 연구(1874~1895) : 조선의 균세정책과 영국의 간섭정책의 관계 정립과 균열」, 고려대학교 대학원, 2015, 218쪽.

207 한승훈, 위의 논문, 221쪽.

208 한승훈, 위의 논문, 222~225쪽.

209 한승훈, 위의 논문, 230쪽.

210 『日本外交文書』 28-1, 문서번호 200, 321쪽 ; 문서번호 201, 322~325쪽.

13만 원 가운데 일본제일은행이 5만 원, 일본우선주식회사가 8만 원을 분담하였다. 13만 원 중 7만 원은 은화, 6만 원은 지폐로 지급되었다. 담보는 인천관세, 이자는 처음에 지불되는 6.5만 원은 10%, 후불 6.5만 원은 8%였다. 부수조건에 선취권 · 관세담보의 일본독점, 당시 영국인 브라운(J. M. Brown, 柏卓安) 총세무사의 사임을 요구하며 후임 총세무사의 보장과 일본우선주식회사의 조선연해 운행권이 포함되었다.

211 『日本外交文書』 28-1, 문서번호 289, 477쪽 ; 문서번호 294, 480쪽.

212 유영익, 앞의 책, 62~63쪽.

213 『주한일본공사관기록』 5권, 七. 內政釐革의 件 二, (10) [內政改革에 관한 貸付金에 대한 上申](1894년 12월 4일).

214 Park, Il-keun ed., *Anglo-American and Chinese diplomatic materials relating to Korea, 1887~1897,* Pusan : Pusan National Univ., 1984, Part Ⅳ, Inclosure 3 in No 252, Proposal Loan of 3,000,000 dollars ; Japanese Terms.

215 『일본외교문서』 28-1, 문서번호 224, 343쪽 ; 문서번호 227(부속서 1 · 2), 344~345쪽.

216 『국역 윤치호 영문 일기』 3, 1895년 3월 14일(음력 2월 18일).

217 『주한일본공사관기록』 5권, 五. 機密通常和文電報往復 一 · 二 第1冊, (24) [朝鮮政府에 대한 借款 件], 2) [朝鮮政府에 대한 借款 件] 6(양력 1895년 2월 13일).

218 『주한일본공사관기록』 5권, 八. 鐵道 · 電線 · 開港 貸金公債 上, (14) 朝鮮公債의 件(양력 1895년 4월 4일).

219 杉村濬, 『在韓苦心錄』, 일본외무성, 1932, 125쪽.

220 『일본외교문서』 28; 1, #238, 357쪽(부속서 1, 갑호) ; #243, 363쪽 ; 杉村濬, 위의 책, 125~126쪽.

221 차관 협상에 관해서는 유영익, 『갑오경장연구』, 일조각, 1990, 67~71쪽 참조.

222 『고종실록』 권33, 고종 32년 3월 5일 ; 탁지부 편, 『大朝鮮國政府與大日本帝國日本銀行所訂借款約書』(奎 23075, 1895).

조선이 청, 일본, 독일 등에서 들여온 차관을 분석한 김정기의 연구에 따르면 1895년의 예산총액(3백29만 원) 중에서 이 차관이 차지하는 비율은 91%에 달하였다. 김정기, 「조선 정부의 일본차관도입(1882~1894)」, 『한우근박사정년기념사학논총』, 지식산업사, 1981 참조.

223 『일본외교문서』 28-1. 1895년 2월 2일. 陸奧宛 井上 전보 '제일 국립은행으로부터 조선국정부에의 대부금에 관한 具申의 건', 323쪽.

224 『주한일본공사관기록』 5권, '철도, 전선, 開港貸金公債' 기밀 제21호 조선공채의 건.

225 『윤치호 영문 일기』 3, 1895년 3월 31일(음력 3월 6일).

226 『일본외교문서』 29, 문서번호 319, 509~616쪽.

227 유영익, 앞의 책, 210~211쪽.

228 『海鶴遺書』 권5, 答魚度支允中書, 89쪽.

229 유영렬, 「한국에 있어서 근대적 정체론의 변화과정」, 《국사관논총》 103, 2003, 3쪽.

230 이태진, 「대한제국의 황성(皇城) 만들기-최초의 근대적 도시개조사업-」, 『고종시대의 재조명』, 태학사, 2000 ; 황태연, 『백성의 나라 대한제국』, 청계, 2017, 45~56쪽.

231 《황성신문》, 1899년 1월 13일 자.

232 김현숙, 「한말 고문 J. McLeavy Brown에 대한 연구」, 《한국사연구》 66, 1989, 144쪽.

233 이윤상, 「1894~1910년 재정제도와 운영의 변화」, 서울대학교 박사학위논문, 1996, 146~148쪽; 김대준, 『고종시대의 국가재정 연구-개근대적 예산제도 수립과 변천』, 태학사, 2004, 115~129쪽.

234 허동현, 「어윤중의 개화사상 연구」, 《한국사상사학》 17, 2001, 459쪽.

235 김현철, 「박영효의 「근대국가 구상」에 관한 연구-개화기 문명개화론자에 나타난 전통과 근대를 중심으로-」, 서울대학교 박사학위논문, 1999, 62쪽 ; 황태연, 『갑오왜란과 아관망명』, 청계, 2017, 460~461쪽.

236 『고종실록』 권33, 고종 32년 윤5월 14일.

237 박종근, 앞의 책, 281쪽.

238 김문자, 『명성황후 시해와 일본인』(김승일 옮김), 태학사, 2011, 403~406쪽.

239 박종근, 앞의 책, 282쪽.

240 『윤치호일기』 1895년 12월 15일(양력) ; 『고종실록』 권33, 고종 32년 11월 16일.

241 『대한계년사』 권2, 1895년 11월조. 이와 관련하여 박종근, 앞의 책, 324쪽 참조.

242 『고종실록』 권33, 고종 32년 11월 16일.

243 당시 조선인들 대다수는 일본의 강요에 의한 단발령을 국가패망의 증좌로 인식하였다. 이에 관해서는 황태연, 앞의 책, 554~557쪽 참조.

244 『윤치호일기』, 1896년 1월 1일(음력 11월 17일).

245 이민원, 「조선의 단발령과 을미의병」, 《의암학연구》 창간호, 2002, 46~50쪽.

246 『윤치호일기』, 1895년 12월 26일.

247 《報知新聞》, 1896년 2월 2일. 이와 관련하여 이민원, 앞의 논문, 52~53쪽 참조.

248 이상찬, 앞의 논문, 205쪽.

249 이상찬, 위의 논문, 206쪽.

250 이상찬, 위의 논문, 206~207쪽.

251 이상찬, 위의 논문, 206~214쪽.

252 『錦城正義錄』, 丙篇.

253 김영수, 「아관파천기 정치세력 연구」, 성균관대학교 석사학위논문, 1999, 7~14쪽 ; 이민원, 「춘생문사건 전후의 조선」, 《지역문화연구》 4, 2005, 31~35쪽 ; 황태연, 앞의 책, 505~519쪽.

254 『駐韓日本公使館記錄』 7권, 一. 機密本省往來 一~四, (41) 28日 事變의 顚末(1895년 12월 30일).

255 김영수, 앞의 논문, 29~34쪽 ; 황태연, 앞의 책, 561~581쪽.

256 『고종실록』 권34, 고종 33년 2월 11일.

257 『駐韓日本公使館記錄』 9권, 三. 機密本省往來 一 · 二, (8) 朝鮮國 大君主 및 世子宮 러시아 公使館에 入御한 顚末報告(1896년 2월 13일).

258 『駐韓日本公使館記錄』 9권, 三. 機密本省往來 一 · 二, (8) 朝鮮國 大君主 및 世子宮 러시아 公使館에 入御한 顚末報告.

259 박은식, 『한국통사』(이장희 역) 상, 제48장 「아관파천과 김홍집 등이 살해됨」, 박영사, 1996.

260 『승정원일기』, 고종 32년 8월 12일.

261 『駐韓日本公使館記錄』 9권, 三. 機密本省往來 一 · 二, (11) 新政府의 現況 報告.

262 『매천야록』 권2, 高宗 32년.

263 『주한일본공사관기록』 9권, 三. 機密本省往來 一 ·二, (11) 新政府의 現況 報告.

264 『고종실록』 권34, 고종33년 2월 17일.

265 『駐韓日本公使館記錄』 9권, 三. 機密本省往來 一 ·二, (8) 朝鮮國 大君主 및 世子宮 러시아 公使館에 入御한 顚末報告.

266 박은식, 『한국통사』(이장희 역) 상, 제48장 「아관파천과 김홍집 등이 살해됨」, 박영사, 1996.

267 황현과 『매천야록』에 대한 종합적인 분석은 하우봉 외, 『매천 황현과 역사서술』, 디자인흐름, 2011 참조.

268 어사리(魚死里)는 어비리(魚肥里)의 와전으로 보인다. 어비리의 본 이름은 어비동(魚肥洞)이다. 1879년(정조 13)의 『호구총수』에 어비동으로 기록되어 있다. 어사리는 어윤중의 죽음을 참언과 결부시킨 표현이라 여겨진다.

269 『매천야록』 권2, 高宗 32년 乙未(1895년) ④, 24. 어윤중의 피살.

270 『한사계(韓史綮)』 권6, 태상황 하~양제.

271 정교의 삶과 『대한계년사』에 관해서는 유영렬, 「한국근대사연구에 필수적 사료 『대한계년사』(정교(鄭橋)저/ 조광(趙珖)편)」, 《한국민족운동사연구》 40, 2004와 배항섭, 「鄭喬(1859~1925)의 관직경력과 사회활동」, 《한국사연구》 165, 2014 참조.

272 『大韓季年史』 上, 140쪽.

273 『司法照牒』 3券 (奎17280), 建陽元年自五月 至六月 七月 日 訴, 1896년 6월 1일(양).

274 정원로는 평민으로 당시 36세였다. 《관보》, 건양 원년 6월 23일, 403쪽.

275 『駐韓日本公使館記錄』 9권, 三. 機密本省往來 一 ·二, (11) 新政府의 現況 報告 1896년 2월 24일.

276 윤효정, '魚允中落鄕', '今之魚悲울을古之落鳳坡', 『한말비사』, 교문사, 1995, 181~182쪽 ; 윤효정 저, 박광희 역, 『대한제국아 망해라』, 다산초당, 2010, 348~350쪽.

277 『한국외교사전』, 김홍륙 항목.

278 『法部來文』(奎 17762, 4책), '奏本 2度와 宣告書 3度, 告示 1度의 관보 게재를 요

청하는 通牒 제60호'.

279 신동준, 『개화파열전』, 푸른역사, 2009, 114~115쪽.

280 『매천야록』 권2, 고종 32년 을미(1895년).

281 『고종실록』 권34, 고종 33년 7월 9일(양).

282 『고종실록』 권35, 고종 34년 5월 26일(양), 8월 12일(양).

283 『매천야록』 권6, 융희 2년 갑술.

284 『대한매일신보』, 1910년 7월 12일, 7월 23일.

285 『매천야록』 권6, 융희 2년 무신.

286 『순종실록』 권4, 순종 3년(1910) 6월 29일(양).

287 『순종실록』 권4, 순종 3년(1910) 6월 30일(양).

288 『咸從魚氏世譜』 九 文丁 襄丁上(1947).

289 『咸從魚氏世譜』(규고 299)

에필로그

1 국사편찬위원회, 『국역 윤치호 영문 일기』 3, 1896년 2월 25일.

2 『매천야록』 권2, 고종32년(1895년).

3 위와 같음.

4 위와 같음.

5 『한사계(韓史綮)』, 권6 태상황 하~양제.

6 안중근, 『안중근의사자서전』, 안중근의사기념관, 1990, 10~12쪽.

7 『고종실록』 권32, 고종 31년 7월 16일, 7월 17일.

8 『고종실록』 권32, 고종 31년 7월 15일.

9 『고종실록』 권33, 고종 32년 7월 3일.

10 오영섭, 『한국 근현대사를 수놓은 인물들(1)』, 제3부 제1장 「개화기 안태훈의 생애와 활동」, 경인문화사, 2007, 239~242쪽.

11 탁지부, 『공문편안』 제20책(규 18154), 1894년 5월 18일.

12 오영섭, 앞의 책, 242쪽.

13 『매천야록』 권2, 고종 32년(1895년).

14 박은식, 『한국통사』(이장희 역) 상, 제48장 「아관파천과 김홍집 등이 살해됨」, 박영사, 1996.

15 일본이 조선에 요구한 내정개혁 문제에 대하여 1894년(고종 31) 7월 10일부터 15일(양)까지 민영준의 별장 노인정에서 3차에 걸쳐 협상을 벌인 회담을 말한다. 일본공사 오토리 게이스케(大鳥圭介)와 조선 내아문독판(內衙門督辦) 신정희(申正熙) 및 협판(協辦) 김가진(金嘉鎭), 조인승(曺寅承) 등이 협상을 벌였다.

동학농민운동의 진압을 빌미로 조선에 군대 약 7천 명을 파병한 일본은, 전주화약에 따른 농민군의 해산으로 조선출병의 명분을 잃어버렸다. 정부가 철병을 요구하는 데도, 일본은 조선침략을 꾀할 속셈에서 도리어 조선의 내정개혁을 강요했다. 조선은 일본 측의 끈질긴 강요로 7월 7일 신정희 · 김가진 · 조인승 등 3명을 내정개혁조사위원으로 임명하고, 7월 10일 서울 남산에 있는 노인정에서 일본공사 오토리와 회담했다. 일본은 자신들의 요구가 받아들여지지 않자, 마침내 7월 23일 1개 연대 1,500명의 군대로 경복궁을 점령하고, 이어 서울 안의 조선 병영을 습격하여 무장을 해제시켰다.

16 『주한일본공사관기록』 1권, 3. 全羅民擾報告 宮闕內騷擾의 件, 內政改革勸告에 대한 朝鮮政府의 反應.

17 『주한일본공사관기록』 5권, 4. 機密諸方往 一 , 韓國朝廷 內部의 分離와 軋轢.

18 『주한일본공사관기록』 5권, 鐵道 · 電線 · 開港貸金公債 機密21號 朝鮮公債의 件.

19 김태웅, 『한국근대 지방재정 연구』, 아카넷, 2012, 189쪽.

20 『駐韓日本公使館記錄』 9권, 三. 機密本省往來 一 · 二, (8) 朝鮮國 大君主 및 世子宮 러시아 公使館에 入御한 顚末報告.

21 『운양집』 권5, 시(詩), 영도고(瀛島稿) 정유년(1897, 광무1) 12월부터 신축년(1901, 광무5) 5월까지.

22 이강에 관해서는 『宋史』 권358, 李綱列傳 참조.

23 『雲養集』 권9, 御製代撰, 致祭文 共十七。錄十。度支大臣忠肅公魚允中致祭文 庚戌(1910).

24 장풍산인, 「한말명사사화 8 서북경략사로서의 어윤중」, 《매일신보》, 1944년 7월 9일.

25 최남선, 「백두산근참 63, 두만토문의 異同」, 《동아일보》, 1926년 10월 15일.

26 長風山人, 「大東亞基地思想史 1」, 《매일신보》, 1944년 5월 31일.

27 김태웅, 「대한제국 인식의 변천과 국사교재의 서술」, 『역사교육의 방향과 국사교육』(윤세철교수정년기념역사학논총위원회 편), 솔, 2001 ; 류승렬, 「사대=수구대 독립=개화의 이항대립적 근대서사 프레임의 창출과 변용」, 《역사교육》 142, 2017.

28 후쿠자와 유키치, 「朝鮮事變」, 《時事新報》, 1884년 12월 15일.

29 강상중, 『오리엔탈리즘을 넘어서』(이경덕, 임성모 옮김), 이산, 2004, 87~89쪽 ; 윤상인, 「지리담론을_통해 본 근대일본인의 심상지리와 아시아인식-후쿠자와 유키치를 중심으로」, 《아시아문화연구》 23, 2011, 144~149쪽.

30 류승렬, 앞의 논문, 229~244쪽.

31 류승렬, 위의 논문, 247쪽.

32 이광수, 『민족개조론』, 대성문화사, 1967, 21~24쪽.

33 진단학회, 『국사교본』, 군정청 문교부, 1946, 151~152쪽.

34 이병도, 『신수국사대관』, 보문각, 1961, 539~540쪽.

35 《동아일보》, 1931년 5월 17일.

36 현기영, 『변방에 우짖는 새』, 창작과비평사, 1983, 22쪽.

37 이기백, 『한국사신론』, 일조각, 1990, 360쪽.

38 이기백, 위의 책, 360~364쪽.

39 이현종, 「魚字와 田字」, 《경향신문》, 1982년 3월 5일.

40 「근대의 한청일관계」, 《경향신문》, 1984년 9월 28일.

41 정옥자, 「개화파와 갑신정변」, 《국사관논총》 14, 1990 ; 정옥자, 『조선후기 역사의 이해』, 일지사, 1993 수록.

42 김태웅, 앞의 논문, 2001, 741~743쪽.

43 오길보, 「개화파의 형성과 그의 초기 활동」, 『김옥균』(북한 사회과학원 역사연구소 편 복간본), 역사비평사, 1990, 103쪽.

44 이국순, 「임오군인폭동 이후의 개화파 활동」, 위의 책, 143쪽.

45 「한반도 백년(92) 3일천하의 주역 김옥균 [17] 동지들과 다시 도일」, 《경향신문》 1972년 11월 28일 자.

46 국사편찬위원회, 『국사』(하), 1990, 83쪽.

47 허동현, 앞의 논문, 2004.

48 崔震植, 「韓國近代의 穩健開化派 硏究 –金允植 · 金弘集 · 魚允中의 思想과 活動을 中心으로」, 영남대학교 박사학위논문, 1990.

참고문헌

단행본

강상중, 『오리엔탈리즘을 넘어서』(이경덕, 임성모 옮김), 이산, 2004.

강진아, 『이주와 유통으로 본 근대 동아시아 경제사』, 아연출판부, 2018.

고석규, 『19세기 조선의 향촌사회연구–지배와 저항의 구조–』, 서울대학교출판부, 1998.

구선희, 『韓國近代 對淸政策史 硏究』, 혜안, 1999.

권오영, 『조선후기 유림의 사상과 활동』, 돌베개, 2003.

권혁수, 『19세기 말 한중 관계사 연구』, 백산자료원, 2000.

김대준, 『고종시대의 국가재정 연구–근대적 예산제도 수립과 변천–』, 태학사, 2004.

김명호, 『환재 박규수 연구』, 창작과비평, 2008

김문자, 『명성황후 시해와 일본인』(김승일 옮김), 태학사, 2011.

김성배, 『유교적 사유와 근대 국제정치의 상상력–구한말 김윤식의 유교적 근대 수용』, 창비, 2009.

김양식, 『근대한국의 사회변동과 농민전쟁』, 신서원, 1996.

김양식, 『새야 새야 파랑새야』, 서해문집, 2005.

김용섭, 『신정 증보판 조선후기농업사연구[Ⅱ]–농업과 농업변동론–』, 지식산업사, 2007.

김용섭, 『新訂 증보판 한국근대농업사연구[Ⅰ]–농업개혁론 · 농업정책(1)–』, 지식산업사, 2004.

김용섭, 『新訂 증보판 한국근대농업사연구[Ⅱ]-농업개혁론 · 농업정책(2)-』, 지식산업사, 2004.
김용섭, 『조선후기농업사연구[Ⅰ]-농촌경제 · 사회변동-』, 일조각, 1982.
김인걸, 『조선후기 공론정치의 새로운 전개-18, 19세기 향회, 민회를 중심으로-』, 서울대학교 출판문화원, 2017.
김종원, 『근세 동아시아관계사 연구-조청교섭과 동아삼국교역을 중심으로-』, 혜안, 1999.
김종학, 『개화당의 기원과 비밀외교』, 일조각, 2017.
김태웅, 『한국근대 지방재정 연구-지방재정의 개편과 지방행정의 변경』, 아카넷, 2012.
김형종, 『1880년대 조선-청 공동감계와 국경회담의 연구』, 서울대학교출판문화원, 2018.
노대환, 『동도서기론 형성과정 연구』, 일지사, 2005.
류연산, 『혈연의 강』, 연변인민출판사, 1999.
망원한국사연구실 편, 『1862년 농민항쟁: 중세말기 전국 농민들의 반봉건투쟁』, 동녘, 1988.
민현식, 『한글본 이언(易言) 연구』, 서울대학교출판부, 2008.
박은숙, 『갑신정변 연구-조선의 근대적 개혁구상과 민중의 인식』, 역사비평사, 2005.
박종근, 『청일전쟁과 조선』(박영재 역), 일조각, 1989.
배항섭 · 손병규 편, 『임술민란과 19세기 동아시아 민중운동』, 성균관대학교출판부, 2013.
부산 북구청, 『부산 북구 향토지』, 1998.
부산광역시 북구 편, 『부산 북구 향토지』, 2014.
북한사회과학원 역사연구소 편, 『김옥균』(복간본), 역사비평사, 1990.
서울특별시사편찬위원회 편, 『서울재정사』, 서울특별시, 2007.
송찬섭, 『조선후기 환곡제개혁연구』, 서울대학교출판부, 2002.
신동준, 『개화파열전』, 푸른역사, 2009.
신용하, 『동학과 갑오농민전쟁연구』, 일조각, 1993.
양산시립박물관, 『1874, 한양으로 떠난 세 사람 이야기』, 2017.
양태진, 『한국변경사연구』, 법경출판사, 1989.
역사학연구소, 『함께 보는 한국근현대사』, 서해문집, 2016.
오영섭, 『한국 근현대사를 수놓은 인물들(1)』, 경인문화사, 2007.
왕현종, 『한국 근대국가의 형성과 갑오개혁』, 역사비평사, 2003.
우윤, 『전봉준과 갑오농민전쟁』, 창작과비평, 1992.

원창애 외, 『조선 시대 과거제도 사전』, 한국학중앙연구원, 2014.
유동준, 『유길준전』, 일조각, 1987.
유봉학, 『조선후기 학계와 지식인』, 일지사, 1999.
유영익, 『갑오경장연구』, 일조각, 1990.
육군군사연구소편, 『한국군사사 9, 근현대 Ⅰ』, 육군본부, 2012.
이기석 외, 『두만강 하구 녹둔도 연구』, 서울대학교출판문화원, 2012.
이영호, 『한국근대 지세제도와 농민운동』, 서울대학교출판부, 2001.
이준구 · 강호성 편저, 『조선의 화가』, 스타북스, 2007.
이태진, 『고종시대의 재조명』, 태학사, 2000.
정경주 · 김철범, 『성재 허전, 조선말 근기실학의 종장』, 경인문화사, 2013.
정옥자, 『조선후기 역사의 이해』, 일지사, 1993.
정창렬, 『갑오농민전쟁』(정찰렬저작집 간행위원회 편), 선인, 2014.
정창렬, 『민중의 성장과 실학』(정찰렬저작집 간행위원회 편), 선인, 2014.
조경달, 『근대조선과 일본-조선의 개항부터 대한제국의 멸망까지』(최덕수 옮김), 열린책들, 2015.
지두환, 『경종대왕과 친인척』, 역사문화, 2009.
진준현, 『단원 김홍도 연구』, 일지사, 1999.
최완기, 『조선후기 선운업사연구』, 일조각, 1989.
최창조, 『한국의 자생풍수 2』, 민음사, 1997.
한철호, 『한국 근대 개화파와 통치기구 연구』, 선인, 2009.
허동현, 『근대한일관계사연구: 조사시찰단의 일본관 국가구상』, 국학자료원, 2000.
허동현, 『일본이 진실로 강하더냐—근대의 길목에 선 조선의 선택-』, 당대, 1999.
황태연, 『갑오왜란과 아관망명』, 청계, 2017.
황태연, 『백성의 나라 대한제국』, 청계, 2017.
彭澤周, 『明治初期日韓清關係の研究』, 塙書房, 1969.

논문

강석화, 「조선후기 평안도지역 압록강변의 방어체계」, 《한국문화》 34, 2004.

구선희, 「개항기 관제개혁을 통해본 권력구조의 변화」, 《한국사학보》 12, 2002.

구선희, 「청일전쟁의 의미-조청 '속방'관계를 중심으로」, 《한국근현대사연구》 37, 2006.

김광우, 「대한제국 시대의 도시계획: 한성부 도시개조사업」, 《향토서울》 50, 1991.

김기엽, 「1881년 어윤중이 쓴 「담초(談草)」의 특징과 대담에 나타난 한 · 중 · 일의 정세」, 《정신문화연구》 41-2, 2018.

김동완, 「19세기 말 개화 지식인의 도시 인식과 실천론: '치도론'(治道論)의 통치 합리성과 근대 인식」, 《공간과 사회》 25-2, 2015.

김명섭, 「제1차 갑오농민전쟁기 정부의 개혁추진과정」, 《한국근현대사연구》 3, 1995.

김문기, 「19세기 조선과 청의 어업분쟁 : 1882년 '조청무역장정' 체결 이전까지」, 『19세기 동북아 4개국의 도서분쟁과 해양경계』(이근우 외), 동북아역사재단, 2008.

김문기, 「온난화와 청어: 천 · 해 · 인의 관점에서」, 《역사와 경계》 90, 2014.

김문식, 「홍석주의 경학사상 연구」, 《규장각》 16, 1994.

김선경, 「'1862년 농민항쟁'의 도결 혁파 요구에 관한 연구」, 『이재룡박사환력기념 한국사학논총』, 한울, 1990.

김영수, 「아관파천기 정치세력 연구」, 성균관대학교 석사학위논문, 1999.

김영진, 「유산(酉山) 정학연(丁學淵)의 생애와 저작에 대한 일고(一考)」, 《다산학》 12, 2008.

김영호, 「개화사상의 형성과 그 성격」, 『한국사』 16(국사편찬위원회 편), 1983.

김정기, 「대원군 납치와 반청의식의 형성」, 《한국사론》 19, 1988.

김정기, 「조선정부의 일본차관도입(1882~1894)」, 『한우근박사정년기념사학논총』, 지식산업사, 1981.

김종원, 「朝中商民水陸貿易章程에 대하여」, 《역사학보》 32, 1966.

김종원, 「조청교섭사연구: 무역관계를 중심으로」, 서강대학교 박사학위논문, 1983.

김종혁, 「18세기 광주 실학의 지리환경」, 《한국실학연구》 8, 2004.

김지영, 「어윤중의 경제사상」, 《사학연구》 51, 1996.

김태웅, 「1894~1910년 지방세제의 시행과 일제의 조세수탈」, 《한국사론》 26, 1991.

김태웅, 「대한제국 인식의 변천과 국사교재의 서술」, 『역사교육의 방향과 국사교육』(윤세철교수정년기념역사학논총』, 솔, 2001.

김태웅, 「서구자본주의의 침투와 위기의식 고양」, 『한국사 10 : 중세사회의 해체2』(한국사편집위원회 편), 한길사, 1994.

김태웅, 「이유원의 경세론과 국제 정세 인식」, 《진단학보》 128, 2017.

김현숙, 「한말 고문 J. McLeavy Brown에 대한 연구」, 《한국사연구》 66, 1989.

김현정, 「19세기 말 20세기 초 김윤식의 교유망과 서울 북촌의 공간변화」, 《서울학연구》 59, 2015.

김현철, 「박영효의 「근대국가 구상」에 관한 연구-개화기 문명개화론자에 나타난 전통과 근대를 중심으로-」, 서울대학교 박사학위논문, 1998.

노대환, 「19세기 중엽 유신환 학파의 학풍과 현실 개혁론」, 《한국학보》 19-3, 1993.

노대환, 「閔泳翊의 삶과 정치활동」, 《한국사상사학》 18, 2002.

도면회, 「갑오개혁 이후 화폐제도의 문란과 그 영향(1894~1905)」, 《한국사론》 21, 1989.

류승렬, 「사대=수구 대 독립=개화의 이항대립적 근대서사 프레임의 창출과 변용」, 《역사교육》 142, 2017.

리홍권, 「19세기말 朝鮮에서의 淸商활동 연구-1882~1884년을 중심으로-」, 강원대학교 석사학위논문, 2006.

문광균, 「조선후기 양산 감동창의 설치와 변천」, 《한국문화》 66, 2014.

박은숙, 「김윤식과 원세개 · 이홍장 · 주복의 교류(1881~1887)」, 《한국사학보》 61, 2015.

박재경, 「조선시대 策文 연구」, 서울대학교 박사학위논문, 2014.

박현순, 「정조대 과거제 운영의 정비」, 《한국문화》 62, 2013.

방향, 「개항 후 한국의 대청통상교섭의 변화와 근대외교관계의 수립」, 연세대학교 박사학위논문, 2013.

배항섭, 「19세기 후반 민중운동과 公論」, 《한국사연구》 161, 2013.

배항섭, 「鄭喬(1859~1925)의 관직경력과 사회활동」, 《한국사연구》 165, 2014.

백승철, 「개항 이후(1876~1899) 농민항쟁의 전개와 지향」, 『1894년 농민전쟁연구 2』(한국역사연구회 편), 역사비평사, 1992.

백승철, 「운양 김윤식의 국제 정세인식과 외교론」, 《열상고전연구》 42, 2014.

백외준, 「개항 전후 이건창의 대외인식과 해방론」, 고려대학교 석사학위논문, 2012.
백종기, 「임오군란을 에워싼 청일 양국의 대한정책에 관한 일관견」, 《大東文化硏究》 16, 1982.
백천, 「『陽園遺集』 國譯 硏究: 序文 · 記文 · 題文 · 跋文을 中心으로 」, 조선대학교 박사학위논문, 2016.
서영희, 「개항기 봉건적 국가재정의 위기와 민중수탈의 강화」, 『1894년 농민전쟁연구 1』(한국역사연구회 편), 역사비평사, 1991.
송병기, 「개화기 일본유학생 파견과 실태」, 《동양학》 18, 1988.
신동원, 「김옥균의 치도사상에 관한 고찰」, 《한국보건사학회지》 1, 1990.
안광국, 「杞園 魚有鳳의 記文 譯注」, 《고전번역연구》 4, 2013.
양상현, 「『울산안핵론』을 통해서 본 1875년 울산농민항쟁」, 《고문서연구》 35, 2009.
오두환, 「갑오개혁기의 부세금납화에 관한 연구」, 《경제사학》 7, 1984.
왕현종, 「한말 지세제도의 개혁과 그 성격」, 《한국사연구》 77, 1992.
우인수, 「1892년 회령농민항쟁의 원인과 전개과정」, 《역사교육논집》 13 · 14, 1990.
원재연, 「『海國圖志 收容 前後의 禦洋論과 西洋認識 −李圭景(1788~1856)과 尹宗儀(1805~1886)를 중심으로−」, 《한국사상사학》 17, 2001.
유바다, 「金允植의 外交論에 대한 國際法的 검토」, 《한국인물사연구》 24, 2015.
유영렬, 「한국근대사연구에 필수적 사료 『대한계년사』(정교(鄭喬) 저/조광(趙珖) 편)」, 《한국민족운동사연구》 40, 2004.
유영렬, 「한국에 있어서 근대적 정체론의 변화과정」, 《국사관논총》 103, 2003.
윤상인, 「지리담론을 통해 본 근대일본인의 심상지리와 아시아인식−후쿠자와 유키치를 중심으로」, 《아시아문화연구》 23, 2011.
윤소영, 「1880년대 초기 어윤중의 근대화구상−김옥균과의 대비를 통하여−」, 《한국학연구》 창간호, 1991.
이경구, 「호락논쟁(湖洛論爭)을 통해 본 철학논쟁의 사회정치적 의미」, 《한국사상사학》 26, 2006.
이광린, 「'易言'과 한국의 개화사상」, 『한국사학논총−이홍직박사회갑기념』, 신구문화사, 1969.
이규철, 「藥泉 南九萬의 北邊 上疏와 廢四郡 · 厚州鎭 설치 논의」, 《한국인물사연구》 26, 2016.

이미현, 「魚允中 硏究」, 조선대학교 석사학위논문, 2001.
이민원, 「조선의 단발령과 을미의병」, 《의암학연구》 창간호, 2002.
이민원, 「춘생문사건 전후의 조선」, 《지역문화연구》 4, 2005.
이상찬, 「1896년 의병운동의 정치적 성격」, 서울대학교 박사학위논문, 1996.
이수인, 『『패관잡기』 연구 시론 : 『한고관외사』 본 『패관잡기』 완본의 발굴 보고를 겸하여」, 《한문학논집》 18, 2000.
이영록, 「개항기 한국에 있어 영사재판권: 수호조약상의 근거와 내용」, 《법사학연구》 32, 2005.
이윤상, 「1894~1910년 재정 제도와 운영의 변화」, 서울대학교 박사학위논문, 1996.
이철성, 「17세기 평안도 「강변 7읍」의 방어체제」, 《한국사학보》 13, 2002.
이태영, 「한 · 독수호통조약의 성립」, 『한독수교 100년사』, 한국사연구협의회, 1984.
이태진, 「서장 국립서울대학교 뿌리찾기의 민족사적 의의」, 『국립서울대학교 개학 반세기사 1895~1946』(서울대학교 · 서울대학교총동창회 편), 서울대학교출판문화원, 2016.
李憲柱, 「제2차 修信使의 활동과 『朝鮮策略』의 도입」, 《한국사학보》 25, 2006.
이헌창, 「18세기 광주 실학의 경제환경」, 《한국실학연구》 8, 2004.
이화승, 「19세기 상해의 경제개혁사상, 상전 –정관응 사상의 배경과 전개」, 《현대중국연구》 4–2, 2002.
이흥권, 「19세기~20세기 초 조선의 滿洲 이주민정책에 대한 연구」, 강원대학교 박사학위논문, 2017.
임혜련, 「숙종~경종 년간 경종비 선의왕후의 지위와 입장」, 《한국사학보》 64, 2016.
장영숙, 「박영효의 가풍과 초기 개혁사업의 실상」, 《숭실사학》 38, 2017.
전해종, 「통리기무아문 설치의 경위에 대하여」, 《역사학보》 17 · 18합집, 1962.
정경임, 「광무양안을 통해 본 충북 소읍민의 경제상황」, 《충북사학》 26, 2011.
정병욱, 「한말 · 일제초기 은행설립론과 국가 · 상인」, 《한국사학보》 17, 2004.
정옥자, 「개화파와 갑신정변」, 《국사관논총》 14, 1990.
정옥자, 「운양 김윤식(1835~1922)연구」, 『역사와 인간의 대응–한국사편』(고병익선생회갑기념사학논총간행위원회 편), 한울, 1985.
정욱재, 「性齋 許傳의 경세론– 「三政策」을 중심으로」, 《한국인물사연구》 19, 2013.
정희찬, 「갑오개혁기(1894~96년) 상납 愆滯 문제와 公錢의 換送」, 《한국사론》 57, 2011.

조경달, 「조선의 민본주의와 민중운동」, 『임술민란과 19세기 동아시아 민중운동』(배항섭 · 손병규 책임 편집), 성균관대학교출판부, 2013.

조성윤, 임오군란, 『한국사』 38(국사편찬위원회 편), 1999.

조항래, 「병자수신사 김기수사행고」, 《대구사학》 1, 1969.

조휘각, 「영제 이건창의 생애와 경세관」, 《윤리연구》 43, 2000.

차용걸, 「兩江地帶의 관방체제 연구시론-18세기 이후의 鎭堡와 江灘把守의 배치를 중심으로-」, 《군사》 창간호, 1980.

최진식, 「어윤중의 부강론 연구」, 《국사관논총》 41, 1993.

최진식, 「한국근대의 온건개화파 연구-김윤식 · 김홍집 · 어윤중의 사상과 활동을 중심으로-」, 영남대학교 박사학위논문, 1990.

崔震植, 「韓國近代의 穩健開化派 硏究 -金允植 · 金弘集 · 魚允中의 思想과 活動을 中心으로」, 영남대학교 박사학위논문, 1990.

한명기, 「17 · 8세기 한중관계와 인조반정」, 《한국사학보》 13, 2002.

한승훈, 「19세기 후반 朝鮮의 對英정책 연구(1874~1895): 조선의 균세정책과 영국의 간섭정책의 관계 정립과 균열」, 고려대학교 대학원, 2015.

한임선, 「장서각 소장자료 『담초』를 통해 본 어윤중의 개화사상」, 《장서각》 23, 2010.

한철호, 「제1차 수신사(1876) 김기수의 견문활동과 그 의의」, 《한국사상사학》 27, 2006.

한철호, 「제1차 수신사(1876) 김기수의 일본인식과 그 의의」, 《사학연구》 84, 2006.

한철호, 「한국 근대 주진대원의 파견과 운영(1883~1894)」, 《동학연구》 23, 2007.

허동현, 「1881년 조사시찰단의 활동에 관한 연구」, 《국사관논총》 66, 1995.

허동현, 「1881년 조사 어윤중의 일본 경제인식-『財政見聞』을 중심으로」, 《한국사연구》 93, 1999.

허동현, 「1881년 조선 조사 일본시찰단에 관한 일 연구」, 《한국사연구》 52, 1986.

허동현, 「1981년 조사 어윤중의 일본 경제정책 인식-『재정견문』의 분석을 중심으로」, 《한국사연구》 93, 1996.

허동현, 「개화기 인물사연구의 현황과 과제」, 《한국인물사연구》 1, 2004.

허동현, 「어윤중의 개화사상 연구-온건개화파 내지 친청사대파설에 대한 비판적 검토-」, 《한국사상사학》 17, 2001.

허태구, 「동아시아 중화질서의 변동과 조선왕조의 정치 · 사상적 대응」, 《역사학보》 221, 2014.

황미숙, 「18세기 말 수원 사대부, 이석조의 화성 진흥책」, 《역사민속학》 49, 2015.

황미숙, 「수원 사대부 李奭祚 『輯說』의 均田論」, 《역사민속학》 50, 2016.

찾아보기

ㅅ

ㅇ

근대 재정개혁의 설계자

어윤중과 그의 시대

1판 1쇄 찍음 | 2018년 8월 24일
1판 1쇄 펴냄 | 2018년 9월 3일

지은이 | 김태웅
펴낸이 | 김정호
펴낸곳 | 아카넷

출판등록 2000년 1월 24일(제406-2000-000012호)
10881 경기도 파주시 회동길 445-3 2층
전화 031-955-9510(편집) · 031-955-9514(주문) | 팩시밀리 031-955-9519
책임편집 | 김일수
www.acanet.co.kr | www.phildam.net

Printed in Seoul, Korea.

ISBN 978-89-5733-601-4 93990

이 도서의 국립중앙도서관 출판시도서목록(CIP)은 서지정보유통지원시스템 홈페이지(http://seoji.nl.go.kr)와
국가자료공동목록시스템(http://www.nl.go.kr/kolisnet)에서 이용하실 수 있습니다.
(CIP제어번호: CIP2018026541)